中国式现代化苏州新实践

主 编／张 健

水乡红韵
党旗扬

本册主编／徐继梅 陈 磊 周云涛

南京大学出版社

丛书主编

张　健

丛书编委会成员

沈明星　汤艳红　仇光辉　金伟栋

本册主编

徐继梅　陈　磊　周云涛

序

苏州是中国改革开放的前沿阵地，在中国式现代化实践探索中一直走在前做示范。早在2009年，时任国家副主席的习近平同志就寄语苏州，"像昆山这样的地方，包括苏州，现代化应该是一个可以去勾画的目标"，并在2012年对苏州提出更高的期望，要求苏州"勇立潮头、当好排头兵"，"为中国特色社会主义道路创造一些经验"。党的十八大以来，习近平总书记对苏州工作多次作出重要讲话、重要指示。2013年提出"'天堂'之美在于太湖美，希望苏州为太湖增添更多美丽色彩"，2014年提出"中新合作苏州工业园区在开放创新、综合改革方面发挥试验示范作用"，2023年提出"上有天堂下有苏杭，苏杭都是在经济发展上走在前列的城市。文化很发达的地方，经济照样走在前面。可以研究一下这里面的人文经济学"。2023年7月，习近平总书记亲临苏州考察，对苏州刚柔并济织就成"科技""人文"共荣共生的"双面绣"给予了高度肯定："苏州在传统与现代的结合上做得很好，不仅有历史文化传承，而且有高科技创新和高质量发展，代表未来的发展方向。"2024年3月，习近平总书记参加十四届全国人大二次会议江苏代表团审议时，勉励张家港市南丰镇永联村："走共同富裕的乡村振兴道路，你们是先行者，要把这个路子蹚出来。要继续推进共同富裕，走中国式现代化道路。"可以说，苏州是习近平新时代中国特色社会主义思想的坚定信仰者、忠实践行者，承载着习近平总书记"勾画现代化目标""为中国特色社会主义道路创造一些经验""代表未来的发展方向"的殷切期望，必须以加倍的努力承担起为中国式现代化贡献地方实践智慧和经验方案的时代使命。

江苏苏州干部学院是集党的理论教育、党性教育、履职能力培训和知识更新为一体的省党性教育干部学院，2022年入列中央组织部公布的72家省（自治区、直辖市）党性教育干部学院目录。学院坚持以习近平新时代中国特色社会主义思想为指引，牢记"为党育才，为党献策"初心，全面落实全国干部教育培训规划要求，讲好发生在苏州的中国故事。中央高度重视干部培训教材建设，十八大以来习近平总书记亲自为第四、第五、第六批全国干部学习培训教材作序。《干部教育培训工作条例》《全国干部教育培训规划（2023—2027年）》等对干部培训教材建设做了明确部署。为此，江苏苏州干部学院大力推进干部培训教材体系建设，用主题突出、各具特色、丰富生动、务实管用的《中国式现代化苏州新实践》丛书作为干部培训系列教材，系统总结习近平新时代中国特色社会主义思想在苏州的创新实践，生动描绘苏州贯彻落实习近平总书记考察江苏、苏州重要讲话精神的奋进图景。

《中国式现代化苏州新实践》丛书以苏州深入贯彻落实习近平新时代中国特色社会主义思想为视角，深入剖析了中国式现代化的内涵与特征，通过翔实的资料、生动的案例，展现了苏州在经济建设、政治建设、文化建设、社会建设、生态文明建设和党的建设等方面的实践与创新，全面汇编党的二十大以来苏州聚焦"四个新"重大任务、"数字化改革"助力赋能、"生态绿色"发展质地、"'三农'发展"坚实支撑、"党的建设"政治保障等不同领域奋力推进中国式现代化新实践的先进典型。丛书不仅是一部实践记录簿，更是一部理论探索之作。编者们通过深挖苏州率先探索中国式现代化道路背后的深层逻辑，揭示出苏州在推进中国式现代化过程中走在前做示范的关键要素与路径机制，编制了独具特色的"苏州密码"。这些理论提炼与实践案例的深度融合，既是对苏州经验的高度凝练，也为全国其他地区乃至全球范围内探索符合自身实际的现代化之路提供了有益启示。在内容组织上，汇编的每个案例跳出案例发展本身设置了导学（引言）和研学（案例点评）内容，前者突出理论溯源，以习近平总书记的重要论述、重要讲话精神为主，后者突出实践要求，以案例可学习可复制的实操要点为主，注重了理论与实践的有机结合。在呈现形式上，运用数字化手段，每个案例都可以通过扫描二维码实现 VR 展播，是一本富有科技色彩的电子读本、立体教材，增强了读者的感性认识，有助于读者实现在此基础上的理性跃升。

作为党员干部学习借鉴苏州现代化之路的教学蓝本，社会各界观察理解苏州现代化之路的展示窗口，《中国式现代化苏州新实践》系列图书正在陆续出版发行中，将和广大读者逐一见面。丛书的出版发行是江苏苏州干部学院对"用新实践感悟新思想""用新思想指导新实践"干部教育培训理念的积极探索，为参加干部培训的学员提供了一个学习、借鉴苏州现代化之路的教学蓝本,为社会各界提供一个观察、理解苏州现代化之路的展示窗口,让大家在学习过程中更好地领会习近平新时代中国特色社会主义思想的理论伟力和实践要求,更好地感受苏州传统与现代完美结合、科技与人文共荣共生的鲜活脉动和发展智慧。

苏州大学特聘教授、博士生导师
苏州大学"东吴智库"首席专家　方世南

目 录

序　　/ 001

第一篇　城市社区党建　　/ 001

- "双引双融"筑牢县域现代化典范善治基石
  张家港市委　　/ 002
- 做实党建引领　聚力打造"海棠铺子"惠农惠企惠民平台
  常熟市委　　/ 011
- 以智治促善治　数字党建激发基层治理高效能
  常熟市委　　/ 019
- 打造党建引领基层治理"大庆模式"
  太仓市娄东街道娄江社区党总支　　/ 028
- 用红管先锋"金钥匙"解锁基层治理"幸福密码"
  昆山市委　　/ 037
- "一站式、分级调、全周期"　创新党建引领社会治理现代化的吴江实践　苏州市吴江区委政法委　　/ 046
- "社情民意联系日"激发基层治理新活力
  苏州国家历史文化名城保护区党工委、苏州市姑苏区委　　/ 054

- 构建党建引领"三圈六型"社区分类治理体系　绘就基层治理"锦绣画卷"
  苏州国家历史文化名城保护区党工委、苏州市姑苏区委　/ 063
- "红色管家"赋能社会治理　激活基层党建"根系末梢"
  苏州工业园区党工委　/ 072
- 聚力增能　携手进位　探索党建引领"中心＋社区"组团发展新模式　苏州浒墅关经开区党工委　/ 081

第二篇　"三新"党建　/ 089

- 全面打响"暖商护商　党建惠企"特色品牌　以"红色引擎"驱动高质量发展　太仓市委　/ 090
- "四力融合"打造党建引领集宿区治理县域样板
  昆山市委　/ 100
- "解题党建"工作法　破解产业创新"瓶颈题"
  苏州市相城区委　/ 108
- 党建"双螺旋"点燃生物医药产业链发展"红引擎"
  苏州工业园区党工委　/ 117
- 党建引领"四链"融合　赋能产业集群高质量发展
  苏州高新区党工委　/ 127
- 打造"三级驿站"暖心港湾　擦亮"苏骑先锋"党建品牌
  苏州市市场监督管理局党组　/ 136
- 强化思想引领　优化三项机制　不断促进民营经济发展壮大
  苏州市工商联党组　/ 145
- 党建引领　保障民企"两个健康"高质量发展

亨通集团党委　　/ 152

第三篇　农村党建　/ 161

◆ 以专业化建设锻造乡村振兴"头雁"队伍
　　张家港市委　　/ 162

◆ "五抓五强"聚合力　蹚出强村富民路
　　张家港市南丰镇永联村党委　　/ 172

◆ 推深做实"精网微格"　走好新时代乡村善治路
　　常熟市委　　/ 183

◆ "定制村干"为乡村振兴注入源头活水　太仓市委　/ 193

◆ "昆玉头雁"淬火成钢　锻造过硬基层党组织带头人队伍
　　昆山市委　　/ 203

◆ "四个融入"为现代江村"夯基垒台"
　　苏州市吴江区委　　/ 211

◆ 激活党建引擎　汇聚红色动能　奋力打造新时代乡村振兴"吴中样板"　苏州市吴中区委　　/ 220

◆ 探索"毗邻党建"六大模式　引领区域协同治理
　　苏州市相城区北桥街道党工委　　/ 229

第四篇　机关党建　/ 239

◆ 以"融入式党建"引领高质量发展　苏州市吴江区委　/ 240
◆ 以高质量机关党建赋能环太湖科创圈建设
　　苏州市吴中区委　　/ 248
◆ 以深度融合推动机关党建向中心聚焦　为大局聚力

苏州市委市级机关工委　　　/ 257

◆ 构建"四联建五支援"机制　推动机关基层党建业务深度融合
　　苏州市公安局党委　　/ 264

◆ 红色领航打造公共就业创业服务"苏式"样板
　　苏州市人力资源和社会保障局党组　　/ 271

◆ 做实"车轮党建"　"制度＋温度"凝聚城市"摆渡人"
　　苏州市交通运输局党组　　/ 278

◆ 苏州市大院大所党建联盟　以"海棠花红"赋能"最强大脑"
　　苏州市科学技术局党组　　/ 288

◆ "园丁先锋"党建品牌　赋能书记校长分设学校治理现代化
　　苏州市委教育工委　　/ 296

◆ 深化苏州园林"窗口党建"　推进"党建红＋园林绿＋窗口美"深度融合　苏州市园林和绿化管理局党组　　/ 306

◆ 党建赋能　汇聚合力　构筑高质量农产品保供体系
　　苏州市农业农村局党组　　/ 315

◆ 苏宣"小课堂"　青年"大舞台"　苏州市委宣传部　　/ 322

◆ 运用党建"四融"工作法　挖掘"合""新"效能　打造"融智护企"检察服务品牌　苏州市人民检察院党组　　/ 327

第五篇　事业单位党建　/ 337

◆ 红色校史资源赋能"千年府学"培育时代新人
　　江苏省苏州中学校党委　　/ 338

◆ 弘扬教育家精神　共绘党建"同心圆"　培育新时代"四有"好老师　苏州市实验小学校教育集团党委　　/ 349

- 党建引领　人才强院　苏州市立医院党委　/ 359
- 党建引领凝合力　增势蓄能促发展　"红藤"党建推动医院高质量发展走在前列　苏州市中医医院党委　/ 369
- 党建"纳"心汇合力　"米"聚赋能创一流　苏州大学纳米科学技术学院党委　/ 378

第六篇　国有企业党建　/ 389

- 构筑"一品牌五示范"　党建赋能发展新机制　苏州交通投资集团有限责任公司党委　/ 390
- 推动联建共建　凝聚共识合力　助力探索面向世界贡献古城保护的苏州方案　苏州名城更新发展有限公司党支部　/ 400
- 强化协同聚合力　打造党建共同体　助力港航物流市域一体化发展　苏州市港航投资发展集团有限公司党委　/ 409
- "三治"融合提效能　助力基层治理开新局　苏州轨道交通运营有限公司党委　/ 417
- "苏行e先锋"党建数字化平台　迸发数字党建新动能　赋能高质量发展新篇章　苏州银行股份有限公司党委　/ 424
- 深化"行动支部"工作法　推动党建引领高质量发展新实践　东吴证券股份有限公司党委　/ 434
- "322"机制推进"党建＋"工程在基层落地的探索实践　国网苏州供电公司党委　/ 444

后　记　/ 454

第一篇 城市社区党建

"双引双融"筑牢县域现代化典范善治基石

张家港市委

【引言】 党的二十大报告指出，要"坚持大抓基层的鲜明导向"，"推进以党建引领基层治理"。习近平总书记在江苏考察时赋予江苏"四个新"的重大任务，其中包括"在推进社会治理现代化上实现新提升"。张家港是全国唯一获得全国文明城市"六连冠"、全国首个联合国人居奖的县级市，也是全国党建引领乡村治理试点地区。探索县域现代化善治基石典范之路成为张家港市党建引领县域治理的重大任务之一。

【摘要】 张家港市深入贯彻习近平总书记关于基层治理重要指示批示精神，不断健全和落实基层治理领导体制和工作机制，探索打造"党建引领、需求引导，党建网、治理网、服务网'三网融合'，自治、法治、德治、智治'四治融合'"的"双引双融"治理路径，推动条块融合、资源整合、力量聚合，形成党组织领导的共建共治共享的基层治理格局，为打造"物质文明和精神文明相协调"的中国式现代化县域先行区筑牢善治基石。

【关键词】 双引双融；基层治理；张家港市

扫码看VR

一、主要做法

（一）强化党建引领，用"一核引领"兜住"千头万绪"

坚持和加强党对基层治理的集中统一领导，强化党组织总揽全局、协调各方作用，把党的政治优势、组织优势转化为基层治理优势。**突出"全链贯通"健全组织体系**。建立健全"镇、街道—社区—小区—居民小组（楼栋）—党员群众"五级组织链条，以严密的组织体系支撑基层治理体系。**突出"全面建强"夯实战斗堡垒**。系统梳理党内制度及各级要求，编制镇（街道）、社区党建工作指引，推行党支部"堡垒指数"和党员"先锋指数"积分管理，不断提升社区基层党组织的组织力、动员力、号召力。**突出"全域覆盖"延伸治理触角**。全面推行"行动支部"工作法，开展专项攻坚，汇聚治理合力。通过社企联建、产业共建、行业统建等方式，强化社区党组织对辖区内各类组织的兜底覆盖，把党的领导落实到基层治理方方面面。

（二）注重需求引导，用"一线下沉"扭转"人少事多"

紧扣基层需求，持续推动治理重心下移、优质资源下倾、组织力量下沉，让基层有人办事、有资源办事。**政策向基层倾斜**。出台《张家港市新时代加强村、社区党组织书记队伍建设五年行动计划（2022—2026年）》，搭建"村级中青班""书记讲给书记听""履职资格认证"等立体式培养平台。推出"海棠解忧"鼓励激励10条政策包，构建积分制退休待遇保障机制，为基层干部减负增能。**力量向基层充实**。从基层党员、居民楼道长、"五老"人员等中聘任海棠先锋，开展入户走访，并成立海棠先锋工作室，以组团式、专业化服务，不断放大根须力量在基层治理中的独特作用。**资源向基层流动**。推行市、镇两级机关事业单位、国有企业与社区逐一结对，建立"党组织一项目、党员一件事"服务机制，依托在职党员进社区"海棠云先锋"平台，推动党员干部下沉一线领任务、办实事、解难题。

（三）推进三网融合，用"一网统管"整合"八方资源"

大力推进"党建网、治理网、服务网"三网融合，推动各方治理要素在网格内整合集成、拧线成绳，增强基层治理整体效应。**区域统筹延展网格边界**。深化"小区域·大党建"模式，建立社区网格"大党委"，由辖区内机关事业单位、国有企业、两新组织等各类组织相关负责人担任"兼职委员"、进行"轮值主持"，通过"区域搭台、部门出力"，形成共驻共建共享的治理格局。**精细划分深扎网格根系**。依托小区划分基础网格，以居民小组（楼栋）为基本单元划分海棠网格，把党组织建到网格上，遴选党员骨干、基层能人担任网格长、网格党组织书记，推动治理资源在网格中整合、治理力量在网格中集聚。**融合赋能扩容网格承载**。围绕建设集约、功能集成、服务集中，建立阵地建设使用联席审议、资质互认等机制，实行"一方所有、多方共享、综合管理"模式，将小而常、接地气的服务直送群众"家门口"。

（四）深化四治融合，用"一心共治"协奏"善治乐章"

把党组织统一领导下的各类组织积极协同、群众广泛参与作为动力源泉，协调并用自治、法治、德治、智治，有效解决基层治理力量分散、成效不高的问题。**协商议事增活力**。以小区和居民小组（楼栋）为单位，搭建党组织领导下的"微议事"平台，构建"代表大会议大事、党群议事议难事、小组议事议琐事"的自治体系，不断拓宽协商议事形式。**文明浸润添动能**。为全市社区配备法律顾问，推动社区依法制定居民公约，"法律明白人""学法用法示范户"实现社区全覆盖，确保基层治理符合法律法规和公序良俗。创新实施"村官法官"双向交流，通过"村官"驻庭实训、法官进站入格等形式，助力矛盾纠纷诉前化解。广泛开展积分制、文明家庭、文明楼道等群众性精神文明活动，涵养文明风尚。**数字赋能提质效**。构建职能部门横向联动、市镇社区纵向贯通的"1+12+N"集成指挥体系，形成大受理、大分析、大联动、大服务的全要素一体化智能支撑。推进智慧社区建设，建成覆盖市、镇、社区三级的一体化公共服务事项办理平台，做到"数据多跑腿、群众少跑路"。

二、工作成效

（一）以党的领导为核，推动治理工作一核统领

坚持"抓乡促村、整县提升"，压紧压实市镇社区三级党组织领导基层治理工作的责任链条，建强上下贯通、高效联动、执行有力的组织体系，不断将党的组织优势转化为治理效能。深化"行动支部"工作法，在文明创建、环境整治、拆迁安置等基层重点工作一线建立行动支部100余个，汇聚基层治理合力。突出"开放共享"理念，不断拓展"小区域·大党建"内涵，全面推进社区"大党委"建设，2023年以来开展共建活动200余场，下沉法律援助、卫生健康等服务1 200余次，

惠及群众 4 万余人，形成社区党组织与各类党组织共驻共建共享的治理格局。

（二）以组织体系为基，推动治理格局多网合一

依托小区划分 572 个基础网格，以居民小组（楼栋）为基本单元，因地制宜精细划分 2 128 个海棠网格，做到基层治理在网格中集中力量、整合资源、集成发力。100% 组建小区党组织、居民小组（楼栋）党小组，全链建强"镇、街道—社区—小区—居民小组（楼栋）—党员群众"五级组织体系，全面打通基层治理"神经末梢"。深度整合各条线服务资源，建成"香邻客厅""党群睦邻坊"等 5 级 500 多个"海棠花红"先锋阵地，形成"5 分钟服务圈"。

（三）以资源力量为要，推动治理合力系统集成

稳步推进加强村、社区党组织书记队伍建设五年行动计划，面向优秀村、社区书记首批选聘 10 名事业人员，推动 5 名村、社区书记跨区镇交流任职，建立 100 人的村、社区书记先进典型"种子库"和 560 人的后备人才库，成立头雁菁英锤炼营，连续举办 4 届村级中青班，选优育强基层治理带头人。从居民小组长、优秀志愿者等中选聘 5 000 余名海棠先锋，开展常态化入户走访，并成立金牌调解员领衔的"倪永祥工作室"、退休老同志组成的"合有为工作室"等 50 余个海棠先锋工作室。创新选派文体广旅、法院、金融机构等部门单位 168 名"先锋合伙人"下沉基层发展一线，为基层治理导入各类专业人才资源。

（四）以制度机制为径，推动治理效能优质高效

社区居民议事会覆盖率达100%，形成极具基层特色的"遇肆说事""民声茶馆"等一批议事载体，广泛开展民情恳谈、居民说事等协商活动，推动路灯亮化、健身广场修缮等一批民生实事在议事中解决。建立健全群众诉求收集、办理、反馈全流程机制，社区干部每人每月入户走访不少于30户、专职网格员重点对象入户走访每月全覆盖、海棠先锋入户走访每月全覆盖，及时记录汇总民情民意，形成民情档案，能当场解决的就地答复解决，不能当场解决的经由居民议事、社区"两委"协调解决，切实做到"民有所呼、我有所应"。依托"1＋12＋N"集成指挥体系，强化基层信息资源互联互通，完善问题收集、处置、反馈工作机制和联动机制，日均集成受理群众反映诉求近万件。

（五）以民生福祉为本，推动治理感知升温提质

基层"互联网＋政务服务"平台全面推广使用，建成覆盖市、镇、社区三级的一体化公共服务事项办理平台，实现59项高频服务事项"一网通办"。针对老年人、残疾人等重点人群推行无障碍信息服务和党员"帮代办"服务，不断满足群众多层次多样化服务需求。建立"海棠解忧·惠民连心直通车"机制，统筹搭建市、镇、社区三级听民声平台100余个，推动市镇两级党组织书记常态化走访调研。健全"平时常态下沉、急时迅即响应"的下沉服务机制，2023年以来机关企事业单位实施"党组织一项目"244个、在职党员领办"党员一件事"6 000余件，成立志愿服务队158支，打造"非诉无声""商务锋范"等先锋服务品牌200余个。

三、经验启示

（一）强化党的领导才能把牢基层治理"方向盘"

在推进基层治理的过程中，张家港市始终压紧压实社区基层党组织建设和基层治理市委主体责任、区镇（街道）党（工）委直接责任，牢固树立党的一切工作到支部的鲜明导向。一方面，将组织体系嵌入治理体系。以更大力度推进基层组织体系和基层治理体系深度融合，打通基层党组织联系服务群众的"神经末梢"，凝聚基层治理"根须"力量。另一方面，以组织功能提升治理效能。充分发挥党建工作统筹协调和资源整合功能，引导各条线惠民政策、利民服务有机融合，推动社区公共服务与群众诉求精准对接，推动基层治理提质增效。实践证明，党建引领基层治理具有政治优势、组织优势、协同优势，有利于形成上下一体贯通、要素高效配置的治理体系，是加强基层治理体系和治理能力现代化建设的重要前提。

（二）建强基层队伍才能激活基层治理"强引擎"

张家港市紧盯"人"这个关键，先后制定出台《张家港市新时代加强村、社区党组织书记队伍建设五年行动计划（2022—2026年）》《关于加强海棠先锋（微网格联络员）队伍建设的实施办法》《关于进一步加强专职网格员队伍专业化建设的实施方案》等文件，不断构建"头雁领航、专兼互补"的基层治理队伍格局。一方面，建强"主力军"。2016年起连续举办4届村级中青班，创新实施优秀网格员"遴选直通"、退役士兵（士官）"积分进村"、大学生志愿者"躬耕计划"等，持续夯实基层治理"基本盘"。另一方面，壮大"朋友圈"。配强用好海棠先锋队伍，重点吸收优秀基层党员、"五老"人员等力量不断充实基层治理队伍，充分发挥海棠先锋联系群众的优势，注重在常态化入户走访中挖掘不同领域的行家里手，有效延伸基层治理触角。实践证明，基层治理关键在人，治理队伍建设质量直接关系着基层治理的成效，进一步提升人才质量、拓展人才来源，是加快推进新时代基层治理现代化进程的迫切需要。

（三）注重分类施策才能找准基层治理"发力点"

在推进城乡融合发展进程中，张家港市逐渐形成了商品房小区、老街巷小区、拆迁安置小区等不同基层形态，在地理区位、经济发展、居住形态等方面各有特点，治理重难点也各有侧重。一方面，加强分类指导。立足不同类型基层实际，张家港市开展精准化、差异化治理，总结提炼商品房小区治理的"区域联动"模式、老街巷小区治理的"资源更新"模式、拆迁安置小区治理的"亲缘重塑"模式等8大治理模式，通过典型带动、示范引领，不断推进基层治理现代化精细化。另一方面，加强重点突破。聚焦城中村、开放式街区、外来人口集中生活区等复杂区域，坚持问题导向、因地制宜、精准施策，形成基层精细化治理"海棠36计"，不断提升关键区域、复杂区域精细化治理效能。实践证明，面对基层治理的多元问题，需要牢固树立基层导向，着眼基层实际、遵循治理规律、分类施策、精准发力，以精细化治理有效提升基层治理水平。

（四）深化共建共治才能奏响基层治理"大合唱"

张家港市统筹协调多元治理主体，树立各方参与、公平平等、民主法治的治理理念，全力打造共建共治共享的治理格局。一方面，深化区域共建机制。张家港市于2009年就开始探索"小区域·大党建"模式，以党建共建的方式推动政策、力量和资源持续向基层集聚、往一线下沉。建立机关单位"党组织一项目、党员一件事"下沉服务机制，立项实施党建共建项目，深化"在职党员进社区"工作机制。另一方面，健全群众自治制度。搭建议事载体，规范自治活动，推动居民代表会议、党群议事会等在党组织的领导下开展工作，引导其在制定落实居民公约、倡导移风易俗、树立文明新风中发挥积极作用，提升群众参与度，不断激发群众自治活力。实践证明，多元主体协同共治是基于基层社会治理需求变化的必然选择，对基层社会资源高效整合、民生保障提质、风险矛盾消解具有重要作用和现实可行性，有助于推动基层治理成果更好地惠及所有居民。

 **案例点评**

> 张家港是唯一获得全国文明城市"六连冠"的城市，也是全国党建引领乡村治理试点地区。张家港深入贯彻习近平总书记关于基层治理重要指示批示精神，不断健全和落实基层治理领导体制和工作机制，探索打造"党建引领、需求引导，党建网、治理网、服务网'三网融合'，自治、法治、德治、智治'四治融合'"的"双引双融"治理路径，党的领导是方向盘，基层队伍是强引擎，分类施策是发力点，并以一线下沉和共建共治奏响基层治理大合唱，为打造"物质文明和精神文明相协调"的中国式现代化县域先行区筑牢善治基石。

做实党建引领
聚力打造"海棠铺子"惠农惠企惠民平台

常熟市委

【引言】 习近平总书记要求,"要高度重视信息化发展对党的建设的影响,做到网络发展到哪里党的工作就覆盖到哪里"。常熟市深入践行新时代党的组织路线,推动党建工作和中心工作融合互促,创新打造"海棠铺子"惠农惠企惠民平台,体现了党组织在推动经济发展、服务群众方面的积极作为,帮助了农民提高农产品的销售效率和收益,有助于引导农业生产方式的转变和升级,为乡村振兴提供有力支撑。

【摘要】 常熟市注重做实党建引领,全力打造"海棠铺子"这一惠农惠企惠民平台。该平台整合多方资源,促进农产品销售,助力企业发展,为民众提供实惠。通过党组织牵头、党员参与,加强产销对接,推动产业融合,"海棠铺子"成为连接城乡、服务群众的桥梁,切实提升了百姓的获得感和幸福感,彰显党建引领的强大力量。

【关键词】 党建引领;惠农惠企惠民;乡村振兴

扫码看VR

基层党组织功能强不强,抓重大任务落实是试金石,也是磨刀石。近年来,常熟市深入践行新时代党的组织路线,推动党建工作和中心工作融合互促,聚焦助力乡村振兴、优化营商环境、服务人民群众,积极探索组织优势转化为发展优势、治理效能的有效路径,创新打造"海棠铺子"惠农惠企惠民平台,获评江苏省"互联网+"帮促助农活动典型案例,为推动地方经济社会高质量发展提供坚强组织保障。

一、案例背景

为帮助企业、农户解决销售难题,2020年5月,常熟市组织全市镇村党组织书记带头拍摄公益宣传推广视频,为本地企业、农户进行线上推介,以党建引领、政府搭台的模式成功助推一批本地优质企业、特色产品走入大众视野。同时,常熟市组织线下助销活动,将一个个暖心小铺摆进了区镇、机关、企业,接地气、聚人气的"零距离"服务不仅满足了市民群众的消费需求,也为企业生产经营增添了信心。在线上直播推广和线下集市活动成功举办的基础上,常熟市顺势而为,发挥组织优势、整合各方资源,创新打造"海棠铺子"惠农惠企惠民平台,并以此作为全市强化党建引领、服务中心大局的"金字招牌",通过以组织化+市场化运行模式,将党的政治优势组织优势转化为优化民生服务和营商环境的实际成效,有效拓宽党组织联系服务群众渠道,不断增强基层党组织凝聚力战斗力。

二、主要做法

（一）聚焦基层所需，创新打造惠农惠企惠民服务平台

常熟市树牢"惠农惠企惠民"服务理念，积极探索"党建＋"供需精准匹配的有效路径，坚持问题导向、需求导向，通过实地走访农民商户了解困难诉求形成资源清单，搭建起"两新"组织与机关部门、属地村（社区）、企业的互联互助桥梁。线上依托"常熟党建"微信公众号推出"海棠铺子"带货宣传视频，线下充分发动乡镇、街道、机关单位与商圈、企业、农民专业合作社党组织合作共建，共同开展"海棠铺子"专场销售活动。利用"互联网＋"推动"海棠铺子"平台品牌化，通过设计品牌logo，开发微信表情包、文创等周边产品，打响惠农惠企惠民红色"IP"，为助力销售再添动能。以党建为媒对接常熟农商行、江南集团党委，联合开发"海棠铺子"微信小程序，集成惠企助农、活动预约、文化展示、红色能量等模块，形成常熟本地特色产品的"一站式"销售、推介、服务平台。

（二）发挥组织功能，凝心聚力做大做强做优特色产业

采用"党组织推荐＋职能部门把关"模式，广泛发动全市基层党组织推荐优质特色产品。以促进农业农村高质量发展和乡村振兴为目标，发挥平台优势，聚力打造一批有影响力的本地特色农业品牌，制定《常熟市海棠铺子农业品牌目录制度》，遴选绿色食品、有机农产品和地标标志农产品优先入驻平台。发动农业农村、市场监管等部门"保驾护

航"，免费提供定量抽样检测和定性快速检测服务，严格审核把关，保证产品质量，确保老百姓"舌尖上的安全"。发挥常熟市汽车产业优势，携手捷豹路虎汽车举办"海棠铺子"团购活动，帮助企业链接周边城市市场资源，助力汽车及零部件产业"加速快跑"。加大本地文旅资源整合力度，举办"海棠铺子"文旅专场，建立"支部＋景点＋镇（村）党委＋合作社＋农户"共建共享模式，开发"特色乡村游"路线，带动群众和村级集体经济持续增收。

（三）平台精准反哺，融合助力抓细抓实抓深重点任务

探索直播带货助农，依托"海棠铺子"特色产品资源，联合常熟农商银行党委、直播产业党委设立"海棠助农直播间"，邀请镇长和村干部代表为本地农产品线上带货。积极承办并参与苏州市各类重大活动，结合苏州市中国农民丰收节、双十二购物节、农特产品嗨购节等重点活动，开展"海棠铺子"品牌推介，展示常熟鱼米之乡丰收成果。常态化开展"海棠铺子"约"惠"村（社区）活动，将铺子延伸至党群服务中心、红色先锋站等，设立"家门口的集市"，向困难群众等特殊群体提供暖心慰问，切实把"虞城精品"和党组织的暖心服务送到居民家门口。链接农村人居环境长效管理积分、"先锋领治"志愿服务积分，实现"海棠铺子"商品线上兑换，激发党员、群众自治动力。建设"海棠铺子"便民服务点，通过利用闲置空间，打造茶水铺、缝纫铺等一系列家门口暖心小铺，挖掘居民能人入驻参与基层治理。

三、工作成效

作为全省首个"组织化＋市场化"惠农惠企惠民平台，自 2020 年以来，"海棠铺子"党建引领、组织赋能的服务内涵不断深化优化，成为群众得实惠、企业真受益、发展有助力的"创新样板"。

（一）帮促助农，创出抓党建促乡村振兴新范式

"海棠铺子"组织传统农户以新型农民合作社形式探索农业产业化、品牌化发展之路，实现品牌与优质农产品深度捆绑。海虞镇七峰村通过"海棠铺子"打开瓜蒌子销路之后，村党委动员引导村民成立铜官山栝蒌种植专业合作社，打造苏州地区面积最大瓜蒌种植区，每亩净利润达 5 000 余元。在"海棠铺子"培育带动下，一批"藏在深巷无人知"的乡镇土产变身"网红尖货"，勤川大米、恒洋澳龙、天狼月季、王庄西瓜、董浜黄金小玉米等 15 个本土商品注册商标，开发出"海棠铺子糯香米""铜官山炒货"等常熟新品风物，累计带动 1 200 余户村民就业增收。

（二）政企联动，打造营商环境优化新窗口

"海棠铺子"依托线下门店站点常态开设展示专区，引导消费者在购物之余，体验 3D 打印、可穿戴外骨骼等本土工业产品、科技产品，这成为常熟本地企业对外展示的最美窗口。在"海棠铺子"合作方、供应方、执行方中，涌现出一批热心公益、担当作为的民营企业家、基层党员干部，优先将他们推荐为"两代表一委员"、党组织书记、各类各

级人才等后备人选，以榜样引领激发经济发展动能、干事创业活力。2022年3月，"海棠铺子"依托常熟市级国企注册商标、成立公司，成功转型为组织部门指导、市级国企操盘、多方共同参与的公益性服务项目。公司成立以来，与常熟农商银行、常熟总工会等开展深入合作，帮助合作企业商户持续拓展金融普惠、工会普惠等市场渠道，推动常熟精品优先走入常熟家庭。截至目前，"海棠铺子"累计开设线下门店8家，拥有党建共建线下合作点106个，平台累计上架本地产品6 800余种，撬动间接消费超7 000万元。

（三）精准服务，形成基层治理赋能新模式

依托"海棠铺子"平台，常熟市持续深化党建引领基层治理新模式探索实践。疫情防控期间，打通供需渠道，统筹整合地方米面粮油资源，为广大市民群众提供足量生活必需品，保证平价优质、配送上门，每日销售新鲜蔬菜达6 000余斤，在群众中建立起好形象好口碑。此后，又聚焦老城区居民年龄偏大、生活服务需求突出的情况，打造"家门口的集市"，一次性提供商品团购、家电维修、法律咨询、健康义诊等服务。线上依托社区优惠团购这一切入点，打造延伸入户的居民服务微信社群，全面拓展"海棠铺子"服务半径和惠民内涵，助力精细化治理。截至目前，"海棠铺子"已累计惠及居民6 512户，服务群众28 500多人次，切实把党的温暖传递到了千家万户。

四、经验启示

回顾"海棠铺子"三年发展过程，常熟市深耕惠农惠企惠民平台建

设，找准路径方向不动摇，主动适应新时代新变化、新挑战，推动组织、队伍、资源、技术、载体融合发力，谱写了高质量党建引领保障高质量发展的新篇章。

（一）强化政治属性，是基层党建守正创新的首要保障

政治属性是基层党建工作的第一属性。党建品牌建设是新时代对基层党组织的政治功能和组织功能的创新性、特色化、个性化呈现，其核心是坚持党的领导，充分发挥基层党支部的战斗堡垒作用和党员的先锋模范作用，最终实现基层党组织的全面进步、全面过硬。常熟市"海棠铺子"品牌在创建、推进和深化过程中始终坚持突显政治属性，坚持不懈用习近平新时代中国特色社会主义思想凝心铸魂，将其转化为坚定理想、锤炼党性和指导实践、推动工作的强大力量，在重点工作、重点领域实践党的主张，用为党尽职、为民造福的实际行动诠释新担当新作为。

（二）发挥组织优势，是基层党建见实见效的重要支撑

习近平总书记指出："党的力量来自组织。"党的全面领导、党的全部工作要靠党的坚强组织体系去实现。聚焦基层需求，搭建有效平台，把各方资源拧成"一股绳"，是推动组织优势转化的有效渠道。常熟市搭建的"海棠铺子"平台，一头连着乡镇（街道）、机关、国企、两新、城市、农村等各领域基层党组织，一头连着广大居民群众和两新组织，通过统一发动、统筹把关，挖掘出一批本地特色产品，培育出一批热心公益的社会主体，不仅满足了人民群众对本地特色产品的生活需求，也成为助力新型农业经营主体发展壮大、优化民生服务的重要抓手，有效

推动基层党建工作落地生根、开花结果。

（三）融入重点任务，是基层党建保持活力的关键举措

人民对美好生活的向往是我们党的奋斗目标，也是基层党建工作的出发点和落脚点。要激发新时代基层党建活力，就要紧扣中心大局、突出问题导向。常熟市"海棠铺子"品牌坚持以惠农惠企惠民初心，深度融入乡村振兴、脱贫攻坚、优化营商环境、基层治理现代化等重大任务，探索农业产业化、品牌化发展之路，帮助农民增收；为本地商家"站台撑腰"、拓宽销路，帮助企业快速发展；赋能民生保障、基层治理、社会服务等方方面面，不断拓展丰富党建品牌的内容内涵、创新品牌建设方式方法，持续扩大"海棠铺子"服务发展服务民生效应，把党的政治优势、组织优势源源不断转化为发展优势、发展活力。

 案例点评

> 数字经济时代，组织工作的全域融合、迭代升级新路径是什么？常熟市委运用数字化手段打造的"海棠铺子"惠农惠民惠企平台，通过发挥组织优势，以组织化＋市场化运行模式，聚合本地优质农特产品，链接大客户集采、社区团购等，助力乡村振兴，拓宽党组织联系服务群众渠道，以创新党组织活动方式优化经济服务体系，赢得了群众的好口碑。

以智治促善治
数字党建激发基层治理高效能

常熟市委

【引言】 党的二十大报告提出,要加快建设网络强国、数字中国,深入推进新时代党的建设新的伟大工程。打造"数字党建",加快数字赋能党建,对于加强党的全面领导、提高党建工作的便捷性、增强党建工作的影响力、提升党建工作的创新性,推进基层治理的现代化、助力经济社会高质量发展具有战略作用。

【摘要】 为更好地做好基层治理工作,近年来,常熟市积极探索以智治促善治的新路径,充分发挥数字党建在基层治理中的引领作用。通过搭建数字化平台,整合数据资源,实现信息精准传递与共享。数字党建推动了治理流程优化、服务效能提升,激发了多元主体参与治理的积极性,形成了高效能的基层治理新格局,为城市发展注入了强大动力。

【关键词】 智治促善治;数字党建;基层治理

扫码看VR

近年来，常熟市积极探索数字时代组织工作全域融合、迭代升级的新路径新方法，以集成性思维、创新性突破、系统性架构，将数字化改革融入党建工作各领域、各方面，不断提高基层治理体系和治理能力现代化水平，开创党建工作高质量发展新局面。

一、案例背景

基层党组织和党员队伍是党的执政之基、力量之源。基层治理好不好，关键在基层党组织、在广大党员干部。党的十八大以来，社会治理体系不断完善，党组织领导的自治、法治、德治相结合的城乡基层治理体系不断健全，社会治理重心向基层下移。习近平总书记在党的二十大报告中提出："健全共建共治共享的社会治理制度，提升社会治理效能。""畅通和规范群众诉求表达、利益协调、权益保障通道，完善网格化管理、精细化服务、信息化支撑的基层治理平台。"当前，面对新时代基层治理的新形势、新任务、新挑战，基层党组织资源有限、社区人少事多、人多能小等现实情况和部分基层党组织领导核心地位不突出、党员示范引领作用不明显等现实问题相互交织，对构建党建统领、共建共治共享的治理格局提出了重大挑战。随着信息技术的迅猛发展，数字化手段普遍应用在社会各领域各行业，对人们的生活状态和工作方式带来了深刻改变，也为破解传统党建存在的突出问题和补齐治理短板提供了全新思路和有效措施。

为不断提高党建工作科学化水平，切实提升基层治理效能，常熟市借力互联网大数据技术，系统推进党建数字化建设，重点打造"海棠铺子""先锋领治""海棠有约"三大云平台，以智慧化改革赋能基层治理和服务，高效解决老百姓的操心事、烦心事、揪心事，做到"数据多跑路、群众少跑腿"，打造形成党建引领基层治理"新名片"。

二、主要做法

常熟市突出问题导向、需求导向，聚焦基层治理中存在的难点堵点，通过整合数据、重塑流程、精准对接，推动各方治理主体互联互通、同向发力，各类党建资源全面整合、高效配置，积极构建"党建＋数智＋治理"新模式，推动基层党建全域智治、高效协同。

（一）创新"海棠铺子"平台，构建惠民便民"新场景"

2020年起，常熟市深入探索组织优势转化为发展优势、治理效能的有效路径，依托"互联网＋"，打造全省首个"组织化＋市场化"惠农惠企惠民平台——"海棠铺子"，为基层党组织联系服务群众链接新资源、打开新渠道。通过发动乡镇、街道、机关单位与商圈、企业、农民专业合作社党组织合作共建，采用"党组织推荐＋职能部门把关"模式，平台挖掘、聚合起6 800余种本地优质特色产品，集聚超百家服务主体。线下，依托"海棠铺子"门店和集市，为居民群众提供一站式、家门口的本地平价商品；针对一老一小、一病一残等重点群体，提供种类丰富、送货上门的慰问服务；针对老年人多样化生活需求，开办集理发、义诊、修理物品等微服务和米面粮油生活用品公益惠购于一体的"惠老集市"。线上，精准把握"供应链＋用户群"，依托"海棠铺子"微信小程序这一本地特色产品销售展示和公益服务窗口，开发社区团购业务，建设社区生活社群，打造联系服务群众的微信网络；深度链接社区居民公约积分、乡村治理文明积分，试点建设"海棠铺子"家门口的积分兑换点，充分激发居民群众自治活力。

（二）创新"先锋领治"平台，推动先锋力量"码上到"

在职党员是党建引领共建共治共享社会治理格局中最可靠的组织资源。2021年起，常熟市开发"先锋领治·码上到"平台，将"在职党员进社区"深化为"进小区"，创新报到方式、服务模式、管理机制，通过"云端报到、接单领办、上分争先"推动在职党员在居住地和结对社区（村）精准下沉、带头示范。全市16个乡镇（街道、开发区）、337个村（社区）党组织、76个机关企事业单位党组织入驻平台，17 500多名在职党员"云端"报到、亮明身份，实现在职党员数据与业主信息库无缝衔接，为优化整合先锋资源提供大数据支撑。村（社区）党组织根据辖区实际和居民需求，通过平台以小区为单位"一键下单"，发布楼栋长等个性化治理岗位和垃圾分类、停车疏导等服务项目，在职党员结合个人特长、技能专长，同步选择关爱帮扶、纠纷调解、医卫先锋等服务意向，"一键接单"认领治理岗位、领办服务项目，实现"资源下沉"精准链接"治理所需"。同时，依托"先锋领治"平台，建立"在职党员进社区"先锋积分运用机制，以定期通报、评先评优等手段双向发力，激发在职党员争先下沉的内在动力。

（三）创新"海棠有约"平台，做大条块联动"朋友圈"

常熟市借鉴"街乡吹哨、部门报到"先进经验，2020年起，创新打造"海棠有约"共商共办平台，建立走访连心、诉求收集、资源下沉、分类处理的全链条工作机制。充分发挥组织优势，打破部门数据壁垒，跨部门整合优化46类164项政务服务资源，依托微信联络群、网格化社会治理联动指挥平台、12345热线系统，精准抓取治理难题。街道（乡镇）党工委作为共商共办的发起方，立足难点痛点问题发起"吹哨"工单，通过联动指挥中心向市级职能部门发出共商共办请求工单。职能部门收到工单后及时作出回应，并参加联席会议，共同研究切实有效办法，形成处置方案，明确责任分工和序时进度，上下联动协商解决问题。将部门报到、解决落实情况作为机关单位党的建设考核、党（工）委书记抓基层党建述职评议和机关干部个人平时考核的重要内容，有效倒逼机关部门持续深化作风建设，推动资源、服务、管理切实下沉。

三、工作成效

（一）"单打独斗"变"握指成拳"，治理合力不断增强

在多元主体、多种要素参与治理下，有效整合各类主体和各种资源，可以增强城市基层治理的内生动力，有效推进基层治理现代化。依托数据化手段，常熟市将面广量大、不同领域的各类群体进行高效整合，实现资源集约利用，实践推动组织优势转化为治理力量。比如，通过"海棠有约"平台，发挥组织部门统筹作用，围绕热点难点问题，统一协调职能部门、街道社区和居民群众共商共办，实现治理难题一键触达、协商治理一条板凳。虞山街道党工委围绕"飞线乱象"发起"吹哨"，召集国家电网、江苏有线、电信、移动、联通等单位下沉，多方协商确定工作方案，最终整治街道"飞线"乱象50余处，达到集中统

一、强弱分设、牢固安全、整洁规范的治理效果，取得了居民群众的信任和肯定。

（二）"有呼必应"到"一呼百应"，先锋作用有效发挥

将"互联网＋"理念融入在职党员管理，创新报到方式、管理模式、激励机制，可以有效破解以往报到简单化、资源对接单边化、行动开展表面化、作用发挥形式化等难题，使党建引领基层治理焕发出新活力。比如，"先锋领治"小程序打通在职党员投身基层治理的有效路径渠道，便于党员亮身份、做实事、树旗帜。截至2024年2月，在职党员主动包联全市百名独居老人、困境儿童，累计领办社区消防宣传、文体惠民、健康义诊等服务项目超1.2万个，参与活动超13万人次。参考在职党员"先锋领治"志愿服务积分情况，常熟市每季度开展"江南福地·四敢先锋"激励表扬，每年评选表彰市级机关优秀共产党员，先后表彰600余人次。深入开展"学习身边榜样"活动，挖掘形成10个在职党员助力基层治理典型故事，依托"常熟党建"新媒体平台集中宣传报道，引导全市基层党组织、广大党员比学赶超、争当先锋。通过奖励激励、考核问效，有效激活在职党员服务群众内生动力，形成"制度带着党员跑、党员围着群众转"的生动局面，党群干群关系更加和谐，群众满意度得到显著提升。

（三）"线上统筹"促"全线发力"，党建引领全面提效

将互联网、大数据等新技术应用到党建引领基层治理中，不仅实现了党建与现代信息技术的融合，为基层治理插上信息化翅膀，极大提升了党建引领成效，而且打通了联系服务基层群众的"最后一公里"，实

现了问题化解从上门到上网,推动诉求落地服务见效。比如,"海棠铺子"系统统筹城市、农村、机关、三新、国企、事业等各领域党建资源,创新采用组织部门指导、职能部门把关、市级国企操盘、多方共同参与的工作模式,将党的政治优势和组织优势体现到联系服务群众的实际成效之中,已累计惠及居民 6 512 户,服务群众 28 500 多人次,撬动间接消费超 7 000 万元,获评江苏省"互联网+"帮促助农活动典型案例。"海棠有约"平台通过打造"诉求收集—任务分解—跟踪落实—效果评议"服务闭环链条,充分调动职能部门的主动性、积极性,将虞城街巷的家长里短、民生大事等一"网"而尽,累计收集意见诉求 1 910 多条,提供专项服务 690 余次,靶向发力、直击要害,为解决基层治理难题特别是群众急难愁盼问题提供高效渠道。

四、经验启示

习近平总书记强调:"要全面贯彻网络强国战略,把数字技术广泛应用于政府管理服务,推动政府数字化、智能化运行,为推进国家治理体系和治理能力现代化提供有力支撑。"信息技术发展推动了党建工作创新,做好数字经济时代组织工作必须加强数字化思维,活用数字技术,赋能引领基层治理体系和治理能力现代化水平提升。

(一)党建工作数字化改革,须加强数字化认识

随着经济社会持续快速发展,传统的治理模式和"人海战术"已越来越难以适应现代治理的需要,这就对治理理念和治理手段提出了新的要求。党建工作数字化改革是一个新的领域,没有既有的经验可以借

鉴，要运用好数字手段，必须加强数字化认识，从传统工作思路中跳出来，坚持"想远、看近、抓当前"，科学决策，稳妥推进。常熟市立足本市发展实际，树立平台理念，高位谋划先行先试，广泛运用云平台链接党组织和党员，着力提升党建工作者的数字化思维和数字应用能力，使党建工作更加便捷、更广链接、更好触达，为基层治理提质增效蹚出了一条新路子。

（二）党建工作数字化改革，须坚持群众思维

推进"互联网＋党建"，不是排斥过去好的传统、好的做法，重新洗牌，推倒重建，而是在巩固和提升原有优良传统和成功经验的基础上，以解决基层治理难题为出发点和落脚点，因地制宜，增强线上公共服务供给的针对性和有效性。常熟市在推进党建工作数字化改革中，坚持从群众中来、到群众中去，以群众反映问题为导向、群众需求为导向、群众满意为导向，数次调研，多方沟通，深挖根源。针对党员报到服务、部门共商共办等工作做法存在的短板，靶向定位，精准发力，探索出符合常熟实际和群众期盼的信息化建设发展路径。

（三）党建工作数字化改革，须活用数字技术

在数字经济迅猛发展的今天，数字科技已成为撬动基层治理的"阿基米德支点"。做好党建工作数字化改革必须充分结合各项技术的特点，活用至党建工作各领域、各环节，实现党建工作从"线下"向"线上"开拓。常熟市聚焦基层治理、乡村振兴、惠企惠民等重点工作，充分利用大数据技术搭建数据资源共享平台，横向消除部门间壁垒实现信息的互联互通，纵向畅通、加速上下级间的信息传递，拓宽数字平台服务场

景,发挥党员在各项工作中的先锋模范、示范引领作用,实现党务、政务与服务的有机融合。

 **案例点评**

> 如何以智治促善治,用数字党建激发基层治理高效能?为了不断提高党建工作科学化水平,切实提升基层治理效能,常熟市借力互联网大数据技术,系统推进党建数字化建设,重点打造"海棠铺子""先锋领治""海棠有约"三大云平台,以智慧化改革赋能基层治理和服务,高效解决老百姓的操心事、烦心事、揪心事,做到"数据多跑路、群众少跑腿",打造形成党建引领基层治理"新名片"。

打造党建引领基层治理"大庆模式"

太仓市娄东街道娄江社区党总支

【引言】 近年来,太仓市娄东街道娄江社区党总支紧紧围绕学习贯彻习近平新时代中国特色社会主义思想,切实将习近平总书记关于全过程人民民主的重要论述转化为创新基层社区治理的实践探索,聚焦辖区内大庆锦绣新城这一大型老旧小区"治理难题",充分发挥党组织战斗堡垒作用,进一步研究和解决社区治理顽疾,努力把群众急难愁盼问题解决在源头。

【摘要】 太仓市娄东街道娄江社区党总支打造党建引领基层治理"大庆模式"。该模式坚持凝聚组织力量,发挥党员作用,推动居民自治。通过成立红色物业党支部、组建"海棠先锋"跑楼队伍、完善协商议事机制等举措,解决了基层治理中的诸多问题,提升了居民的满意度和参与度,为基层治理提供了可借鉴的经验。

【关键词】 党建引领;融合共治;基层治理

扫码看VR

一、案例背景

大庆锦绣新城始建于2003年，占地面积42.2万平方米，总建筑面积77.42万平方米，住宅楼115幢（其中多层70幢，高层45幢），规划总住户6266户，商户83户，常住居民近1.5万人，是太仓市最大的商品房小区。随着城市化进程的不断发展和居民生活水平的持续提高，小区基础环境难以满足居民日常生活需要，小区内各类配套设施设备也逐步迈入更换与维护高峰期，各种安全隐患及潜在安全风险日益突出。2018年1月至2022年8月，太仓市综合指挥中心相关平台上涉及大庆锦绣新城的投诉办件共计4081件，其中涉及停车、绿化相关1096件；同期大庆锦绣新城相关信访办件1420件，涉及停车、绿化相关445件。

2019年，鉴于居民对于改善居住环境、提升生活品质、加快小区升级改造的呼声越来越高，在部分业主的积极倡议和努力下，在娄东街道、太仓市城管局物管中心和娄江社区的大力指导下，大庆锦绣新城顺利召开全体业主大会，推选成立新一届业主委员会，并立即委托物业公司对小区开展道路拓宽、灭火器更换等试点改造。但由于前期没有进行充分调研和验证，资金预期不足、改造标准不高、更新范围不广，不能切实解决居民实际需求，最终以失败告终。

2022年，为进一步回应居民对小区升级改造的热切期盼，从根源上解决因硬件配套薄弱造成的小区治理顽疾，娄江社区党总支全面总结大庆锦绣新城第一次升级改造失败经验，深入分析失败原因，提出在党员群众勠力同心、团结奋进的关键时期，广泛凝聚小区在职党员、居民代表等自治力量，围绕全过程人民民主核心理念，扭住"小区事居民定"总原则，正式启动大庆锦绣新城自主更新改造，探索打造共建共治共享社区治理新模式。

二、主要做法

（一）创新改造模式，变"政府端菜"为"群众点菜"

一是激发小区自治活力。首创"政府引导、居民自主、部门协作、社会参与"的四方共联共建自主更新模式。通过成立锦绣志合物业和业委会联合党支部，由业委会党员副主任担任支部书记的方式，强化娄江社区党总支对业委会、物业的领导，逐步完善社区、业委会、物业公司三方联动协调机制，进而发挥业委会在小区改造工程中的主体牵头作用。

二是合理引入社会资本。指导业委会引入社会资本参与小区改造，从扩大企业影响力、明确投资回报预期、引入高速公路BOT模式三个角度，成功说服社会资本垫资2950万元参与改造项目。通过制定合理投资回报机制，以社会资本代收小区物业费、停车费，并采取政府进行适当补贴等方式，确保社会资本在此次小区更新改造中实现成本回收和盈利，为推广复制相应模式打造良好口碑。

三是推动居民出资参与。由小区业委会组织召开全体业主大会，通过投票表决，在合法合规前提下，以较高同意率通过了动用维修基金参与部分改造项目的申请，有效提高了小区业主对此次自主更新改造的关注度和参与度。同时，在大庆锦绣新城自主更新改造完成后，定期对小区公共收益、偿还资金金额进行公示，不断提升居民信任和认可度。

（二）倾听民情民意，以"民众心声"定"民生实事"

一是明确目标方向。开展"民情大走访"活动，以线上"背靠背"微信征集、线下"面对面"入户调研方式，广泛征求居民对小区自主更新改造的可行性意见建议100余条，并对以往各平台投诉、信访件进行梳理归纳，最终明确以解决车位改造、监控消防设施、绿化改善等几类焦点问题作为此次主攻方向，真正破解"政府买了单、居民不买账"的基层治理顽疾。

二是细化专业方案。委托专业第三方规划设计公司对小区改造进行总体设计，对标上位规划，以社区、居民需求为导向，把握小区定位、空间格局、要素配置、治理需要等核心内容，逐步完善规划"总图"。组织召开各界人士代表座谈会、方案研讨会等专题会议，结合各政府相关部门现场勘探结果，经过多次充分交流研究，形成初步改造实施方案。

三是跟进居民需求。在改造实施过程中，在小区内设立自主更新问题反馈信箱，并实时关注综治、信访平台，常态化收集居民反馈意见。每周定期召开党群议事会，组织社区、业委会、居民、设计、施工方、监理、物业等代表共同参与，进一步梳理分析小区问题焦点，不断完善改造方案。邀请有专业能力的小区居民加入监管队伍，利用专业知识不断优化改造项目。

（三）发挥党员作用，聚"先锋合力"化"治理效力"

一是推动民意征集全覆盖。改造初期组建由党员志愿者、网格员、居民组长、楼栋长等构成的"海棠先锋"跑楼队伍100余支，历时6天实现大庆小区"跑楼队伍进家门、电话信息到手机、书面告知贴门口"的民意征集全覆盖，顺利达成了参与小区自主更新表决人数及同意表决事项人数双达标的改造共识。

二是实现巡逻监管常态化。在积极动员社区党员基础上，延续发挥"娄江战疫"行动支部战斗堡垒作用，凝聚159名机关企事业单位在职党员参与力量，常态化组织"日巡""夜巡"活动，在精准摸排小区住户、车辆总数，为小区车位改造提供有力数据支撑的同时，动态监督施工现场质量和安全隐患，共发现并解决问题36个。

三是定点收集民情解民忧。在小区内设立自主更新办公室，每天早上7点到晚上9点安排小区党员志愿者专职"坐班"，实时收集居民上门反馈的问题，确保居民不出小区就能表达自己的意见和建议。同时，依托"一楼一议"工作机制，按楼栋顺序，分批次召集居民代表举办座谈会，针对性解决各区域居民诉求。改造期间共收集、征求民情民意301条。

（四）立足常态长效，以"能动善治"促"融合共治"

一是持续强化宣传引导。围绕大庆锦绣新城自主更新改造成果，全面总结"政府引导、居民自主、部门协作、社会参与"四方共联共建机制成效，充分提炼党建引领全过程人民民主基层实践的一系列创新做法，依托江苏省电视新闻频道、新华日报、央广网江苏频道、苏州日报等各级媒体平台持续强化宣传报道，凝聚共治合力。

二是不断完善机制做法。探索健全社区党组织、业委会、在职党员、小区党员、居民骨干、物业公司"多位一体"共建共商的社会治理机制。通过聘请热心小区服务、业务能力过硬的居民代表，组建成立大庆锦绣新城社区治理民主法治组、秩序环境组、监管发展组等专项工作组，进一步针对性开展小区品质提升工作，继续为全体业主营造品质生活氛围，带来更多优质服务，为奋力谱写大庆锦绣新城自主更新改造"后半篇"文章贡献力量。

三是深入拓展治理载体。坚持和发展新时代"枫桥经验"，深入贯彻落实"小事不出小区，大事不出社区"治理目标，努力将矛盾纠纷化解在基层、解决在萌芽状态。将信访问题治理工作前移，在小区内设立人大代表联络点、海棠议事厅等先锋阵地，每天现场接待、听取、收集居民诉求，并与各职能部门积极沟通，确保居民提出的合理诉求得到有效解决，通过化被动化解矛盾为主动解决问题，不断提高群众的安全感和满意度。

三、工作成效

自 2022 年启动大庆锦绣新城自主更新改造以来，经过艰苦奋战，累计完成小区停车位改造、新增 3 962 个，道路新建及修复 12 989 平方米，雨污管道、消防、监控设施改造完成率 100%。2023 年 6 月，小区管理实现平稳过渡后，太仓市综治平台关于大庆锦绣新城投诉办件 8 个月内仅 300 余件，诉求量同比下降明显，同期未收到信访平台相关办件。

（一）小区面貌焕然一新

通过一系列扎实有效举措，小区自然风光、人居环境、人文景观、品质生活、社区活动等方面都有了新变化、新面貌。原先存在的小区停车"见缝插针"、消防安全"胆战心惊"、公共绿化"参差不齐"等问题彻底成为"过去式"。在社区举办的"万象更新·善美大庆"主题摄影及征文活动中,广大居民群众用镜头记录了成果,以文字书写了故事,大庆锦绣新城实现了华丽"蝶变"。

(二) 治理水平显著提高

此次自主更新改造项目启动之前,小区的物业管理、秩序维护、安全保卫等治理工作长期处于问题多、开展难、效果差的境地。自主更新改造项目启动后,在党组织战斗堡垒的坚强引领、党员志愿者的示范带动以及小区居民的积极参与下,社区治理水平和治理能力得到明显提升。通过新建"娄家"锦绣书吧、老年食堂、亲子阅读空间等便民场所,推动"线上互联网可回收物程序＋线下垃圾分类房、再生资源回收点位"实体化运行等举措,小区功能布局得到全面提升,居民幸福感满意感持续增强。

(三) 居民自治常态长效

以前苦于没有成熟的治理抓手,热心居民参与小区治理的有效途径不多。现在,通过深入推动"海棠先锋"队伍、行动支部、业委会等自治力量作用发挥,除在大庆自主更新办公室安排党员定期坐岗,倾听收集居民诉求外,常态化开展民情走访活动3次,收集居民关于绿化修剪、停车位扩建等方面的基层治理意见建议40余条,有效架起了社区服务居民的"连心桥",推动居民自治形成常态长效良好局面。

(四) 纾困解难成果显著

聚焦居民矛盾纠纷化解、生活服务保障等急难愁盼问题,在"多位一体"共建共商的社会治理机制推动下，小区居民发挥主人翁精神，自发清理违规堆放、协调矛盾纠纷、规范垃圾分类、维护停车秩序等。截至目前，有效解决噪声扰民等各类问题317个，推动基层党组织领导下群众协商、决定、办理、管理、监督小区自治事项的有效运转。

四、经验启示

（一）要坚定不移坚持党的领导

坚持党的全面领导是坚持和发展中国特色社会主义的必由之路。在大庆锦绣新城自主更新改造的实践背后，娄江社区党总支紧扣党建引领基层社区治理核心主线，通过将党的领导贯穿社区治理全过程，有效整合党建资源，推动小区业委会、在职党员等各类治理主体在党组织领导下，不断发挥更大更充分的引领示范作用，最终为成功打造党建引领下的全过程人民民主"大庆模式"基层实践奠定坚实基础，为实现小区管理精细规范高效提供充足保障。

（二）要持之以恒紧扣群众需求

人民群众对美好生活的向往就是我们的奋斗目标。在大庆锦绣新城自主更新改造中，如果解决的问题不是居民真正关心的问题，做的事情不是居民长期期盼的事情，那么做得越多，在居民看来也就错得越多，效果往往适得其反，这也是大庆锦绣新城第一次升级改造失败的原因之一。只有广泛听取居民心声，精准把握居民的实际需求，坚持问题导向，时刻与居民保持同频共振，对居民的诉求做到"件件有落实、事事有回应",才能将工作的辛勤指数切实转化为居民的幸福指数。

（三）要守正创新发动群众力量

人民城市人民建、人民城市为人民。大庆锦绣新城自主更新改造的顺利完成，离不开小区业委会攻坚克难、主导推进，离不开居民代表默默付出、担当作为，更离不开全体小区业主的大力支持、积极配合。实践证明，小区治理的好不好，关键还是要看居民支不支持、参不参与，相信只要最大限度地凝聚起居民自治的磅礴力量，就能在奋力推进社会治理现代化上实现新提升，在有效开启从"住有所居"到"住有宜居"的幸福转变中脱颖而出、领跑先行。

 **案例点评**

> 如何积极响应"加强物业管理 共建美好家园"活动？太仓市娄东街道聚焦辖区内大庆锦绣新城这一大型老旧小区"治理难题"，首创"政府引导、居民自主、部门协作、社会参与"的四方共联共建自主更新模式，逐步完善社区、业委会、物业企业三方联动协调机制，引导居民协商确定议事规则和管理办法，共同维护小区的改造成果，形成共建共治共享的治理新格局，驰而不息做好自主更新的"后半篇文章"。

用红管先锋"金钥匙"
解锁基层治理"幸福密码"

昆山市委

【引言】 昆山始终把发展难题作为党建课题,连续三年实施"红管先锋"基层党建书记项目,以"四红四强"为工作目标,以物业行业党建为突破口,持续发力、久久为功,加强党建引领基层治理的实践探索,实现了"资源力量由散到聚、物业管理由粗到精、多元共治由弱到强"的质变飞跃。"红管先锋"相关做法获评全国创新社会治理最佳案例,入选长三角城市群"枢纽党建"特色案例。

【摘要】 昆山市委积极探索基层治理新模式,以红管先锋为"金钥匙"解锁"幸福密码"。通过构建红管先锋队伍,整合多方资源,创新治理机制。激发党员参与热情,发挥带头作用,解决民生难题。提升服务水平,增强居民获得感,促进社区和谐,打造共建共治共享的基层治理新格局,让群众生活更幸福。

【关键词】 党建引领;"红管先锋";基层治理

扫码看VR

为贯彻落实党中央关于加强基层治理体系和治理能力现代化建设的有关要求，近年来，昆山市委以"打造中国式现代化的县域示范"为目标，创新实施"红管先锋"书记项目，把党的领导深度融入社会治理，建立起政治引领、组织引领、能力引领、机制引领的"四位一体"架构，打通每一个"神经末梢"，把党的理论优势、政治优势、制度优势、密切联系群众优势转化成为社会治理的强大效能，努力打造党建引领基层治理的"昆山样板"。

一、案例背景

昆山是沿海地区改革开放的缩影、全国县域发展的典型。作为一个常住人口约330万、市场主体超110万的县级市，社会治理长期面临着"小马拉大车"的困境，社区工作力量不足、服务资源短缺、物业服务质量不高等现实问题，制约了社会治理水平和治理能力的进一步提升。作为承载习近平总书记"勾画现代化目标"殷殷嘱托的地方，昆山始终牢记嘱托、感恩奋进，为推动社会治理与经济社会发展水平高度匹配、构建基层社会治理新格局，昆山将"打造'红管先锋'引领基层治理"确定为基层党建书记项目，明确"组织红、引领强，物业红、服务强，党员红、攻坚强，居民红、自治强"的工作目标，以物业行业党建为突破口，持续发力、久久为功，加强党建引领基层治理的实践探索，实现了"资源力量由散到聚、物业管理由粗到精、多元共治由弱到强"的质变飞跃。"红管先锋"相关做法获评全国创新社会治理最佳案例、基层党建创新实践案例，入选长三角城市群"枢纽党建"特色案例。

二、主要做法

(一) 坚持政治引领，建强"一贯到底"的组织体系

习近平总书记指出，要把加强基层党的建设、巩固党的执政基础作为贯穿社会治理和基层建设的一条红线。昆山充分发挥党的全面领导优势，推动组织向基层延伸、力量向基层下沉、资源向基层集聚。**一是建强治理"核心"**。突出社区党组织在基层治理中的核心地位，建强社区"大党委"248个，按照"三必配两优先"原则，配齐配强民警、城管、共建单位等兼职委员1 318名，建立需求、资源、项目"三张清单"和民意收集、协商议事、评议听证"三个会议"制度，为基层治理给予专业指导、资源支持。**二是扎深治理"根系"**。实施基层治理"根系工程"，以居民小组（楼栋）为基本单元，全面构建"社区党组织—小区党组织—居民小组（楼栋）党小组—党员群众"的组织体系，按照"每人每月走访100户"选配"海棠先锋"9 153人，落实"三提三知""四必到四必访"，常态开展"四进四排查""千村万企、千家万户"等大走访，及时发现解决居民身边事、烦心事。**三是融合治理"网格"**。建立完善党建引领"网格吹哨、部门报到"工作机制，依托社会治理一体化综合指挥平台，整合党建、综治、城管等各类网格，按照"一网格一组织"成立网格党组织1 745个，推动"网格员＋警务员＋消防协管员＋物管员"四员联动进网格全覆盖，让各方治理要素在网格内集成发力，实现党建网、治理网、服务网深度融合。

（二）坚持群策群力，汇聚"一呼百应"的先锋力量

习近平总书记指出，建设人人有责、人人尽责、人人享有的社会治理共同体。昆山坚持一切围着基层想、基层干、基层转，统筹各支队伍，广泛凝聚基层治理合力。**一是头雁引领作表率**。深化"书记抓、抓书记"，组织村（社区）党组织书记牵头制定领导班子五年任期规划，每年立项实施"百户亮灯""有衣有靠"等一批小切口、实战化的书记项目，推动党组织带头人主动当好基层治理"排头兵"，将群众所"盼"转变为书记所"干"。全市村（社区）书记比学赶超、奋勇争先的氛围更加浓厚，邹家角社区"最佳角"、绣衣社区"绣花针"等工作法脱颖而出、推陈出新，培育全省"百名示范"书记4名、"千名领先"书记37名。**二是党员示范显担当**。大力推广行动支部工作法，持续深化党员先锋"十带头"实践，实施党员"亮身份比奉献树形象"、流动党员"昆玉暖心"、新业态新就业群体党建暖心聚"新"等行动，上线"党员向居住地报到"小程序，推动4.4万名在职党员、流动党员向居住地报到。创新"星期天先锋"工作模式，发动5 000多名"工作在上海、居住在昆山"的"双城"居民参与基层治理，一批党员骨干成为基层治理的"先锋领路人"。**三是多元共治聚合力**。鼓励倡导符合条件的党员、公职人员、退休干部等竞选业委会成员，全市149个业委会（物管会）全部实现党员成员数量过半。深化"四议两公开""五治融合"等机制，创设"香樟树下拉家常""有事好商量""圆桌会议"等党群议事载体，遴选法律明白人1 700余名，推动"三官一律"进社区全覆盖，发动快递员、外卖小哥等新业态新就业群体参与"问题e线拍"等活动，引导居委会、业委会、物业企业等多元主体自我管理、自我服务，协商解决

老旧小区加装电梯、垃圾分类点位布设等一批小区治理难题。

（三）坚持问题导向，夯实"一体同心"的群众基础

习近平总书记指出，民心就是最大的政治。昆山聚焦群众身边事烦心事揪心事，因地制宜精准破题解难，全力满足人民群众对美好生活的向往。**一是制定物业行业党建"五心"服务标准**。聚焦物业服务"质量差、投诉多"的问题，发挥物业行业党委牵头抓总作用，制定安心、舒心、暖心、放心、连心"五心"服务标准，推进"昆小薇"推窗见景、"牡丹停"智慧停车等党建惠民项目125个，开展"五心啄木鸟·物业服务我监督"行动，定期发布物业服务质量红黑榜，清退黑榜物业服务企业17家，评选表彰"红管先锋"示范小区71个。全市物业信访投诉量三年下降超70%，康居新江南等5个小区获评省"红色物业"示范点。**二是打造基层"15分钟党群服务圈"**。聚焦基层服务"资源缺、不便捷"的问题，高标准建设全市1 100余个"海棠花红"党群服务阵地，统筹设置"新时代文明实践站""24小时图书馆""家门口的就业服务站"等功能场所，全面推行"全科社工"服务、"趋零化办公"模式，落实社区党组织每年30万元为民服务专项经费，方便群众享受"家门口"的服务。组建平安法治、民生幸福等5个机关服务党建联盟，升级发布党建助企惠民政策3.0版，实施"一老一小一青"等公益项目400余个，探索组团式、菜单式、定制化等服务模式，持续拓展提升党群服务品质内涵。**三是探索党建引领集宿区治理新模式**。聚焦企业集宿区"人员密、管理难"的问题，在苏州率先探索集宿区社区化管理模式，创新实施党建引领集宿区治理"五个一"工作机制，成立首个集宿区社区梧桐社区，推广集宿区星级达标考评体系，打造24个集宿区示

范点，组建"'宿'造青春""普法先锋"等服务队，创设"青年大学习""青春微聚会"等群团服务载体，常态开展"党群服务进集宿区"行动，推动大型企业集宿区党群组织应建尽建、党群工作者应派尽派、党群服务应享尽享，让"新市民""新青年""新阶层"感受昆山城市温度，共享城市发展成果。

三、工作成效

"红管先锋"项目实施以来，通过深化社区"大党委"运行机制，夯实了"凝聚资源、抓取资源、变现资源"的管理基础，社区党组织引领力不断增强；深化行业党建机制，夯实了"规范物业行业、强化物业党建、提升物管水平"的服务基础，物业服务水平不断提升；深化党员管理机制，夯实了"党员带头、支部行动、志愿参与"的攻坚基础，党员先锋作用更加凸显；深化"五方议事"机制，引导多元主体共同参与，夯实了"倾听民愿、集中民智、化解民忧"的自治基础，居民自治体系更加完善，基本实现"组织红、引领强，物业红、服务强，党员红、攻坚强，居民红、自治强"的"四红四强"工作目标。

"红管先锋"项目是昆山坚持和加强党的全面领导，以增进群众福祉为出发点和落脚点，以增强基层党组织政治功能和组织力为关键，深化党建与治理融合共促、城市精明增长与精细治理相得益彰的有益探索，开拓了党建引领基层治理创新的新局面，有力推动城市基层治理体系进一步优化，得到社会各界的广泛好评，昆山荣膺"平安中国建设示范县"。在第六届基层党建创新论坛暨中浦长三角论坛中获评"基层党建创新实践案例"，在 2021 年社会治理创新典型案例征集活动中，"红管先锋"项目获评全国创新社会治理最佳案例。相关经验做法获共产党员网、学习强国等多家媒体平台刊发推介。

四、经验启示

（一）坚持党建引领是加强基层治理体系和治理能力现代化建设的根本保障

加强和创新基层治理是一项系统工程，需要多方参与、多元共治。只有坚持和加强党的全面领导，"多元主体"才能在"一元领导"下协同发力、形成合力。昆山各级党组织通过强化党建引领，持续加大基层党员干部人才队伍建设，建立上下贯通、执行有力的组织体系。依托行业党委和党建专委会，加强机关部门间横向协同监管，实现管行业与管党建有机统一，不断提升"两个覆盖"水平。强化社区"大党委"、街区党建联盟、行业党建专委会、区域联席会议等机制落实，有机联结机关、国企、单位、行业及各领域党组织，推动各级各类党组织在更大范围、更深层次互融共通。发挥社区党组织总揽全局、协调各方作用，凝聚辖区内各类自治组织、社会组织、群团组织、经济组织等的合力，下好共治共享"一盘棋"、织密融合服务"一张网"、汇聚党群干群"一条心"，把党的领导贯穿于基层治理的全过程、各方面。

（二）推动服务下沉是加强基层治理体系和治理能力现代化建设的关键举措

提升人民群众的获得感、幸福感、安全感是加强和创新基层治理的出发点和落脚点。必须坚持以人民为中心的发展思想，瞄准群众所需所急、所盼所愿，进一步打通"堵点"、破解"痛点"、攻克"难点"，真正把为民服务落实到"最后一米""最后一人"，让城市更有"温度"、民生答卷有"厚度"。昆山大力实施"党建助企惠民"实事工程，深化"海棠花红"三级党群服务体系建设，依托先锋阵地群，整合党的建设、综合治理、城市管理等各类网格，把公共服务、社会服务、市场服务、志愿服务下沉到网格，精准投送到千家万户。持续加大党组织为民服务经费投入，采取购买服务的方式，发挥各类社区社会组织的专业化优势，以"微治理"畅通基层社会的"微循环"，让更多群众共享党建引领基层治理成果，提高城市影响力和综合竞争力。

（三）提升科技赋能是加强基层治理体系和治理能力现代化建设的重要抓手

习近平总书记深刻指出，"让城市更聪明一些、更智慧一些，是推动城市治理体系和治理能力现代化的必由之路"。必须牢牢把握科技创新和制度创新双轮驱动，运用互联网技术和信息化手段，助推基层治理决策科学化、防控一体化、服务便捷化。昆山乘着经济社会数字化转型的"东风"，不断完善"大数据＋网格化＋铁脚板"治理机制，研发"城事通"等平台，有效整合信息发布、信息交流、居民自治、社区治理、物业管理等功能，进一步完善了网格发现、社区收集、街道吹哨、分级响应、协同处置工作机制，打破"信息孤岛"、促成"网网相连"，推动实现"一网统管、一网通服"，为基层治理插上智慧的翅膀。

 **案例点评**

  如何建立互融互促的小区治理模式？昆山市通过"红管先锋"项目的实施，将物业公司纳入社区"大党委"，建立"党建＋治理＋服务"互融互促的小区治理模式，建强"一贯到底"的组织体系、汇聚"一呼百应"的先锋力量、深化"五方议事"的机制、夯实"一体同心"的群众基础，从而加强了党对基层治理的领导，提高了物业管理服务水平，解决了居民小区、商业楼宇等基层治理中的难题，提升了居民的获得感、幸福感和安全感。

"一站式、分级调、全周期"
创新党建引领社会治理现代化的吴江实践

苏州市吴江区委政法委

【引言】 2020年3月30日，习近平总书记在浙江安吉县社会矛盾纠纷调处化解中心（简称"矛调中心"）考察时指出，要完善社会矛盾纠纷多元预防调处化解综合机制，让老百姓遇到问题能有地方"找个说法"。当前经济进入换挡期、结构调整进入阵痛期，各类矛盾纠纷复杂多变，各种风险因素交织叠加，苏州市吴江区委政法委通过建强党组织，推动"党建＋矛调"双向融合，探索创新新时代枫桥经验吴江实践，有效提升社会治理系统化、精细化和规范化。苏州市吴江区委政法委认真贯彻习近平总书记指示批示精神和上级决策部署，把矛调中心建设作为社会治理现代化主引擎，发挥党组织在矛盾调处化解中的领导核心作用，构建党员领导干部牵头、党小组统筹、党员具体负责的分工机制，打破地域、领域、条块限制，调动辖区一切社会治理资源，形成"村级前哨所、镇级主阵地、区级终点站"的解纷体系，实现群众"进一扇门、消所有气"。2023年，"一站式"分级解纷工作法获评全国"枫桥式工作法"。

【摘要】 苏州市吴江区委政法委"一站式、分级调、全周期"创新党建引领社会治理现代化的吴江实践，是立足经济发达区域社会治理实践，以区镇村三级"一站式"实体化矛调中心建设为牵引，全面构建"村级前哨所、镇级主阵地、区级终点站"的分级解纷体系的创新举措。苏州市吴江区委政法委的创新实践，为社会治理现代化提供了新的思路和方法，也为其他地区提供了有益的借鉴和参考。

【关键词】 "一站式、分级调、全周期";党建引领;社会治理现代化

扫码看VR

一、案例背景

苏州市吴江区矛调中心于2022年6月27日启动运行,是全省首家县级政法委下属正科级事业单位,先后整合综治中心、人民来访接待中心、公共法律服务中心等12个工作平台,安排法院、检察院、公安等12家常驻单位,教育、民政、住建等16家轮驻单位,有6个调委会和4个社会组织,设置1个导服台、26个窗口、34间功能室,提供调解、仲裁、信访等22项服务。

吴江区矛调中心目前进驻工作人员70人,其中党员38名,区委政法委按照"中心工作推进到哪里,党建工作就跟进到哪里"的要求,组建区矛调中心行动支部,并依据"功能相近、业务协同"原则,设立3个行动支部,构建"行动支部—党小组—党员"三级组织架构。所有进驻党员由行动支部负责统一管理、统一监督、统一考核,实现党的组织和党的工作全覆盖,助推社会矛盾纠纷调处化解工作走在前、作示范。

二、主要做法

吴江区矛调中心行动支部建立管理、考核、激励等系列制度,发挥党组织的战斗堡垒和党员的先锋模范作用,整合资源、聚合力量、健全机制,探索出"一站式、分级调、全周期"的矛盾纠纷调处机制,实现"小事不出村、大事不出镇、矛盾不上交"。

（一）力量融合，健全"一站式"中心功能

把制度建设作为基础性工作，细化支部、党小组、党员责任分工，推动矛调中心功能提档升级。**健全制度之根**，制定区矛调中心日常管理办法，出台作风纪律、值班值勤、群众接待等11项工作标准，健全"即接即办、领导下访、会办协调"等10项服务举措。**发挥考核之能**，落实进驻单位党员"双重管理＋统一考核"机制，由行动支部统一负责入驻党员日常管理、绩效考核，采取日检查、周通报、月总结形式，通过考核指挥棒调动工作人员积极性，实现与矛调中心的事合、人合、心合。**凝聚联动之力**，建立党员每月学习例会、每周交流会机制，启动"午间半小时"学习课堂，定期开展政治轮训、情况交流、业务协作。针对跨部门、跨领域问题由党小组组长牵头，组建工作专班，推动矛盾纠纷化解由"部门独奏"向"全民合唱"转变。

（二）三层过滤，提升"分级调"工作效率

链接镇村两级党组织资源，推动形成"村社前哨所、镇街主阵地、区级终点站"分层解纷体系。**村级矛调中心**，由村（社区）书记任主任，融合综治、调解、警务、网格化、心理服务五项基础功能，同时广泛发动党员中的乡贤、行业能手、法律工作者，建立950余名"专业、兼职、特邀"调解员队伍，就地就近为群众提供服务。**镇级矛调中心**，整合人民来访、公共法律服务等平台，吸收行业性专业性调委会、调解类社会组织等资源，通过打造"红色议事厅""红色议事长廊"等品牌，让各类党组织和党员参与矛盾化解，形成"共建共治共享"格局。**区级矛调中心**，深化党员领导干部接访下访工作，破解疑难复杂问题；由行

动支部书记牵头,建立法院、司法、信访等部门分析研判机制,及时预警处理各类矛盾隐患;开展与上海青浦、浙江嘉善党建联建,成立长三角一体化示范区联合调委会,提升跨区域调处能力。

(三)闭环管理,打造"全周期"服务模式

拓展服务阵地,将解纷工作向前后两端延伸,形成全周期调处闭环。**在源头治理上下功夫**,深入开展"千村万企、千家万户"大走访工作,对接38户企业、124名困难群众,听民声、访民意、解民忧。针对矛盾纠纷多发高发领域,开展"警源、诉源、访源"三源联治,压实企业主体责任、行业主管责任,及时核查处置问题线索。将网格融入三级矛调中心,每日开展大排查大化解,推动矛盾纠纷"随产生、随化解"。**在预防预警上见实效**,畅通矛盾纠纷对接反馈渠道,建立矛调中心社情民意收集机制,制定三级矛调中心与公安机关双向对接机制,联动妇联、工会、公安等部门开展家庭婚恋矛盾纠纷联动防范工作,汇聚全量矛盾纠纷数据资源,推动矛盾调处由"经验决策"向"大数据决策"转变。**在关系修复上谋创新**,设立"事心双解"工作室,引入权威心理咨询师、专职律师"坐堂会诊、对症施策",既解群众难事又解群众心结。开展"两代表一委员"接待群众工作,以"界别委员+行业协会"的形式,推动10余家企业商会、行业协会进驻三级矛调中心,成功化解汽车、物业、银行等领域的骨头案、钉子案23件。

三、工作成效

吴江区委政法委通过创新"一站式、分级调、全周期"的矛盾纠纷

调处机制，让群众诉求解决更加便利、更加精准、更加高效。2023年三级矛调中心累计化解矛盾纠纷2.5万件，全区进京赴省上访比2019年明显下降。2023年11月6日，在纪念毛泽东同志批示学习推广"枫桥经验"60周年暨习近平总书记指示坚持发展"枫桥经验"20周年大会上，"一站式"分级解纷工作法获评全国"枫桥式工作法"。

（一）一站集成，群众诉求实现就地解决

通过优化"常驻、轮驻、邀驻"工作模式，邀请28家部门进驻，配套"窗口直办、部门主办、矛调督办、领导会办"工作流程，矛盾纠纷办理时间有效压缩62%，超过94%的矛盾纠纷在群众家门口得到化解。

（二）多元参与，矛盾纠纷实现精准调处

三级矛调中心链接人民调解、司法调解、行政调解、专业性行业性等各类调解组织，广泛邀请律师、商会、特邀调解员等力量进驻，为群众提供个性化服务，全年矛盾纠纷化解率超99.6%。

（三）协调联动，社会矛盾实现源头治理

制定三级矛调中心管理运行规范、"矛调＋公安"双向对接机制等12项工作制度，筑牢矛盾调处共同体。发挥矛调中心贴近群众，加强各部门沟通联动，形成涉劳动保障、城乡建设、退役军人等领域研判报告45篇，供领导参考决策。

四、经验启示

当前全区经济进入换挡期、结构调整进入阵痛期,各类矛盾纠纷复杂多变,各种风险因素交织叠加,吴江区委政法委通过建强党组织,推动"党建+矛调"双向融合,探索创新新时代枫桥经验吴江实践,有效提升社会治理系统化、精细化和规范化。

(一)必须坚持"组织先行、群众满意"

吴江区矛调中心行动支部坚持以人民为中心的发展思想,把群众呼声作为党组织和党员干部的第一目标,群众哪里需要,组织资源就调配到哪里,党员干部就服务到哪里。面对各种跨行业、跨部门矛盾纠纷,通过党组织去理顺不同隶属、不同部门的群体之间的关系,凝聚起服务合力,树牢矛盾调处靠党建的"一盘棋"格局。

(二)必须坚持"多元参与、融合共治"

吴江区矛调中心通过党组织队伍建设,将散布在不同区域、不同领域、不同部门的资源力量优化重组、科学配置,推动党政部门、事业单位、社会组织、行业系统、镇街村社等广泛参与,以组织融合提升矛盾纠纷化解质态,形成多维度、全覆盖的矛盾纠纷调处联合体。

(三)必须坚持"贴近实际、融合文化"

乡土文化是推动社会治理的重要动能,吴江区委政法委立足当地实际,运用好费孝通"无讼""乡贤""美美与共"等带有泥土味的乡村治理理念，创新"事解江村""七娘舅"等特色调解品牌，拓展矛调体系建设内涵和外延，让基层"软治理"活力更强。

 案例点评

> 如何构建社会矛盾纠纷预防调处化解综合机制？吴江区委政法委按照"中心工作推进到哪里，党建工作就跟进到哪里"的要求，组建区矛调中心行动支部，构建"行动支部—党小组—党员"三级组织架构，建立管理、考核、激励等系列制度，探索出"一站式、分级调、全周期"的矛盾纠纷调处机制，实现"小事不出村、大事不出镇、矛盾不上交"，实现党的组织和党的工作全覆盖，助推社会矛盾纠纷调处化解工作走在前、作示范。

"社情民意联系日"激发基层治理新活力

苏州国家历史文化名城保护区党工委、苏州市姑苏区委

【引言】 习近平总书记在党的二十大报告中指出，要"健全共建共治共享的社会治理制度，提升社会治理效能"。城镇化深入推进，城市社区结构不断变化，人口高度聚集，利益主体多元，社会矛盾触点多、燃点低，容易引发风险。同时，进入新时代，社会主要矛盾发生了变化，人民群众对美好生活的向往总体上已经从"有没有"转向"好不好"，不仅对物质文化生活提出了更高要求，在民主、法治、公平、正义、安全、环境等方面的要求也日益增长。

【摘要】 近年来苏州国家历史文化名城保护区党工委、苏州市姑苏区委坚持以习近平新时代中国特色社会主义思想为指导，深入贯彻落实习近平总书记关于加强和创新基层社会治理系列重要论述和考察江苏重要讲话精神，始终坚持和发展新时代"枫桥经验"，不断完善社会治理体系，创新建立社情民意联系机制，努力将矛盾纠纷化解在基层，全力提升辖区居民群众的获得感、幸福感、安全感。

【关键词】 社情民意；基层治理；姑苏区

扫码看VR

一、主要做法

2021年9月起，苏州国家历史文化名城保护区（以下简称"保护区"）、苏州市姑苏区将每月的第二个星期日确定为"社情民意联系日"，区四套班子领导、部门街道班子领导、人大代表、政协委员等下沉至全区169个社区，直面群众倾听诉求、回应关切、解决急难愁盼问题。

（一）聚焦顶层设计，建立科学高效体制机制

完善领导体制和运行机制，强化协同配合，凝聚工作合力。**一是健全完善工作运行机制**。党工委、区委高度重视，党工委会议、区委常委会定期听取社情民意联系机制工作情况，区人大常委会出台相关决议，在法治层面保障社情民意联系机制常态化运行。成立区社情民意工作办公室，由区委分管领导担任办公室主任，统筹负责社情民意联系机制运行，制定一揽子工作制度，全面做好下沉社区安排、反馈事项汇总、复杂问题交办、定期分析研判等各项工作。**二是推动党员干部下沉一线**。结合党政领导挂钩联系街道机制，区级部门与街道挂钩实行"同责同查"，科学安排领导干部下沉社区，针对性发挥职责条线工作优势，更好推动基层问题解决。明确到社区参加活动的领导干部原则上以3个月为一轮周期，固定在同一社区参加活动，并在3个月时间内对所在社区的居民小区、背街小巷等进行全覆盖实地走访，主动加强与群众的面对面交流沟通，收集基层群众意见诉求。**三是全面压实工作主体职责**。探索实行"两个挂钩"，一方面压实下沉领导工作职责，重点关注下沉领导落实社情民意联系机制情况、区级交办事项协调推进情况等，将工作

实效与其年终考核、评优评先情况进行直接挂钩；另一方面，压实社区书记工作职责，重点关注社区书记发现问题、掌握情况的能力。

（二）聚焦作用发挥，完善问题收集处办机制

依托社情民意联系机制，不断扩大民意征求范围，以分级办、快速办的原则，有力响应群众诉求。**一是依托多方渠道排摸，全面收集基层意见诉求。**畅通民意反映渠道，将民生保障类的市、区两级信访事项、12345热线不满意工单、人民网领导留言板事项、负面网络舆情纳入社情民意联系机制处办范围。发动社区"七支队伍"加强日常入户走访，社区书记每月汇报本地区社情民意和影响社会稳定的矛盾风险。同时，聚焦姑苏经济社会发展各行业、各领域，定期开设专场，更大力度听取重点行业、群体在生产生活方面的现实诉求。**二是定期开展集中交办，协调推进疑难问题处理解决。**区社情民意办加强疑难问题梳理汇总，区委分管领导牵头每月召开疑难问题协调会，落实集中交办，压实工作责任，推进事项解决。同时，坚持"首办负责制"工作原则，对应社区下沉领导全面负责所在社区群众反馈问题事项处办，主动关心办理进度，协调推动问题解决，原则上在2个月内处办完成。**三是建立专项处办机制，保障群众"民生小事"快速解决。**区级层面统筹建立社情民意微实事"民生小事"专项经费，设立"姑苏区社情民意微实事项目"，面对群众"小修快补"需求，以"上午提、下午办"为标准，大幅提升群众反映问题响应解决速度。同时，统筹一定比例社区党组织为民服务专项经费，用于解决群众的急难愁盼问题，推动一大批环境提升、设施维修、绿化修剪等群众迫切的民生小事得到迅速解决。截至目前，累计投入750万专项保障经费，第一时间帮助解决群众反映的594件"民生小

事","姑苏区社情民意微实事项目"获评"2022苏州十大民心工程"。

（三）聚焦长效长治，持续夯实基层治理根基

聚焦基层治理的难点薄弱点，在巩固"社情民意联系日"成果的基础上，坚持精准施策、抓缘治本，促进长效长治。**一是强化跟踪问效**。区社情民意办牵头做好跟踪督办工作，每月定期通报情况，每季度向党工委会议、区委常委会报告工作情况。同时，坚持"让数据多跑路"工作原则，依托数据赋能、提升工作效率。一方面，依托姑苏城市生活服务总入口"惠姑苏"APP，建设"社情民意"系统，打造诉求征集、反馈答复的"前置窗口"和分类汇总、线上跟踪的"后道关口"，实现群众线上预约活动、实时查看进度，以及问题事项全流程登记、跟踪，确保进度不脱节。另一方面，打通"惠姑苏"APP"社情民意"系统同区"12345"工单平台业务关联，对群众反映问题事项，通过"社情民意"系统同步流转至市、区"12345"工单平台，推动部分需要协调市级职能部门参与处办的事项工单得到落实。**二是建强社区堡垒**。实施高质量党建引领基层治理现代化"根系工程"，推动社区党组织建立政务资源、辖区资源、共建资源、市场资源、居民资源库，制定常规服务、代办服务、志愿服务3张服务清单，通过组织联建、利益联结、资源共享，推动机关企事业单位、辖区两新组织等资源、服务、管理进小区，梳理和制定需求、资源、项目"三张清单"，定期召开联席会议，共商治理难点、堵点问题。**三是夯实队伍力量**。选优配强社区工作者、海棠先锋、社区医生、社区民警、社区调解员、社区规划师、古城体检师"七支队伍"，分类制定队伍建设工作指引，加强主体职责落实。深入实施社区党组织书记"雁阵工程"，推行积分制管理，构建"头雁示范、领雁争

先、群雁比学、雏雁成长"的社区书记成长体系。积极引导新就业群体参与社区治理，协助收集居民在社区服务、小区环境、物业管理等方面意见建议，以"新"力量展现"新"担当。

二、工作成效

姑苏区社情民意联系机制建立两年多来，针对辖区老旧小区和无物业小区多、城市基础设施薄弱、城市管理历史欠账多等现状，以及居民群众的集中诉求，加强诉求处办、及时化解、举一反三，解决了一批群众普遍反映的急难愁盼问题，真正做到用心用情用力为群众办实事。

截至目前，保护区、姑苏区社情民意联系机制已不间断运行 30 期，全区党员干部、人大代表、政协委员累计赴社区 18 935 人次，接待居民群众 18 377 位，收集问题诉求 8 936 个，听取意见建议 8 285 条，累计解决或答复 16 600 余件。通过运转社情民意联系机制，进一步夯实了推进社会治理体系和治理能力现代化的工作基础和能力，重点体现在以下四个方面。

（一）干部工作作风全面提优，在主动下沉、倾听把握中推动党群干群关系纽带更加紧密

区四套班子领导做好表率、以上率下，积极发挥"领头雁"作用，带头深入基层，特别是区委、区政府主要领导以"四不两直"形式走访社区，有力提振了全区党员干部、人大代表、政协委员等干事创业精气神，大力弘扬"主动担当、奋勇争先、高效务实"的姑苏精神和"凡事有交代、件件有着落、事事有回音"的靠谱闭环作风，进一步坚持基层

工作导向、转变服务群众方式，主动将"群众上访"转变为"领导下访""主动接待"，让"第一时间发现问题、回应问题、解决问题"成为姑苏党员干部的工作常态。社情民意联系机制也在全市各板块进行推广实践。

（二）群众感知认同不断提升，在定期接待、直面对话中推动基层群众有效表达合理诉求

通过落实社情民意联系机制，搭建起党委政府与居民群众之间的沟通桥梁，成功打造就地化解小矛盾、破解大难题的有效平台，真正为广大基层群众提供了合理表达诉求的渠道。在这过程中，推动基层群众逐渐转变其以往"有问题、有诉求通过信访方式反映"的单一认知思维，提升了居民群众对党委政府工作的信任度和认同感，逐步实现群众有问题、有诉求通过社情民意联系机制表达、反映、解决，真正做到"小事不出社区、大事不出街道、矛盾不上交"。**一方面**，自2021年机制运行以来，全区初信初访总件次和总人次均呈逐年下降趋势，其中总件次年均下降6.6%、总人次年均下降6.3%。**另一方面**，区级社会矛盾纠纷调处化解中心接收群众反映的矛盾纠纷事项数量呈逐年递减趋势，绝大多数群众矛盾纠纷、利益诉求等在社区层面即得到有效解决，区"12345"热线接听量和工单受理量每年呈同比下降趋势。

（三）基层组织建设更加夯实，在深入群众、加强走访中推动治理方式和治理能力全面提升

社情民意联系机制将社区作为"主阵地"和有效载体，党员干部、基层群众共同在社区开展沟通交流、实现"双向奔赴"。在此过程中，

透过社区这扇窗，迈进居民群众家门听民声、解民忧，感知身边群众的关心关切，这既是检验党委政府开展基层工作成效的"试金石"，也是持续检验基层党组织战斗力、社区工作能力水平的最好方式。坚持在活动中大力发挥基层党组织带头人作用，社区书记常态化主动带领社区"七支队伍"，以及网格员、志愿者、社区党员等加强群众走访、倾听群众意见、凝聚多方力量、推进协同共治，切实在党建引领下提升基层党组织服务管理工作质效。

（四）个性问题推动共性解决，在举一反三、以点带面中推动一批群众现实利益诉求加快解决

据统计，基层群众通过社情民意联系机制主要反映小区环境、物业管理、交通出行、公共设施安全、房屋建筑安全等五大类问题，占诉求总量过半。面对群众普遍反映的问题诉求，既做到个性解决、逐项落实，更加强面上谋划、举一反三，深刻认识到老城区城市规划建设起步早、更新需求面广量大，老旧小区、城中村改造等一批历史遗留问题和薄弱基础条件的客观存在。对此，始终坚信办法总比困难多，坚决树牢"居民群众集中反映的问题不是一个小区、一个社区特有的，同时问题也不是某个部门或街道一家就能解决的"工作态度，坚持个性问题共性解决，全力将各部门职能有机统一起来、集中精力、集聚资源、集成政策，办好一批惠民便民实事，真正赢得群众的信赖和支持。

三、经验启示

保护区、姑苏区社情民意联系机制改革示范性强，为党建引领基层

治理体制机制创新、提升为民服务能力水平探索了新路径，有许多启示。

（一）党建引领基层治理创新，是新时代推进社会治理现代化的稳固基石

党员干部是创新基层治理工作的带头人，在30期活动中，全区党员干部始终冲锋在前，在基层一线收集、解决群众的"不满意"。党委、政府主要负责同志，多次深入问题较多、群众反映强烈的新湘苑、兴隆桥等社区，有力推动了永林新村二区等老旧小区改造、万丰里地块综合改造项目等民生工程的进度。

（二）秉持群众史观、坚持人民至上，是新时代推进社会治理现代化的根本追求

姑苏区社情民意联系机制始终以人民为中心，变"上访"为"下沉"，主动来到老百姓"家门口"，全方位、多渠道听取意见建议，坚持群众"愁什么解决什么、盼什么给什么"，伴随着上万个问题在基层化解，古城基础设施配套逐步完善，公共服务水平持续提升，让"生活在这里很有福气"变得更可观可感。

（三）大兴调查研究之风，是新时代推进社会治理现代化的必然要求

在"社情民意联系日"活动中，各级干部直面群众、现场应考。可以说，每一场"社情民意联系日"都是一次调查研究，既能了解群众所思、所盼、所想，及时就地化解矛盾问题，又能了解社情民意、听取意

见建议，研究问题化解办法，培养更多接地气的新时代好干部。

 **案例点评**

> 姑苏区作为中心城区，老年人口、流动人口占比较高，进城务工人员较多，这些变化和挑战对基层治理提出了更高要求，迫切需要治理理念和方式的创新。保护区、姑苏区秉持群众史观、坚持人民至上，变"上访"为"下沉"，坚持群众"愁什么解决什么、盼什么给什么"，通过健全机制、明确责任、集中交办、跟踪问效，累计赴社区 18 935 人次，接待居民群众 18 377 位，收集问题诉求 8 936 个，听取意见建议 8 285 条，累计解决或答复 16 600 余件……这一串串数字使"生活在这里很有福气"变得更加可观可感可叹。

构建党建引领"三圈六型"社区分类治理体系绘就基层治理"锦绣画卷"

苏州国家历史文化名城保护区党工委、苏州市姑苏区委

【引言】苏州市姑苏区深入学习贯彻习近平总书记考察江苏重要讲话精神，统筹推进中组部党的建设制度改革基层联系点任务，立足区情实际，针对不同类型社区的特点和需求，探索构建党建引领"三圈六型"社区分类治理体系，凝聚多元合力，提升治理效能，提升社区的活力和吸引力，努力让"小社区"释放"大能量"、托起"大民生"。"三圈六型"社区分类治理体系是姑苏区为进一步推进党建引领基层治理，按照古城、老城、新城3个圈层不同定位和要求，以及开放式街区社区、老新村社区、普通商品房社区、动迁安置社区、商圈型社区、混合型社区6种类型社区的特点，打造的具有姑苏区特色的党建引领基层治理模式。

【摘要】苏州国家历史文化名城保护区党工委、苏州市姑苏区委积极构建党建引领的"三圈六型"社区分类治理体系。该体系依据不同社区特点精准施策，整合资源形成治理合力。以党建为核心，划分生活圈、服务圈、生态圈，打造六种治理类型。有效提升治理效能，绘就基层治理的"锦绣画卷"，为居民创造更美好的生活环境，增强群众的幸福感和满意度。

【关键词】党建引领；社区分类治理；基层治理

扫码看VR

苏州国家历史文化名城保护区（以下简称"保护区"）、苏州市姑苏区深入贯彻落实习近平总书记考察江苏重要讲话以及关于基层治理重要指示批示精神，通过构建党建引领"三圈六型"社区分类治理体系，不断提升社区治理精细化水平，为打造好"福气之城"提供坚强组织保证。

一、案例背景

姑苏区位于苏州市主城区，是全国首个也是目前唯一一个国家历史文化名城保护区。全区现有169个社区，社区区域特征、人群结构、治理难点等不尽相同，居民民主意识、法治意识、实际需求也各不一样。不同社区在基础设施、小区环境、物业管理等方面存在较大差异，有的老年人口较多、基础设施老旧、物业服务缺失，有的外来人口较多、公共服务不足、物业矛盾突出。从社区治理角度来看，针对不同特质的社区，其治理理念、治理工具、治理主体等应有所差异，但现实中，社区的治理模式普遍传统单一，不同类型社区治理方式既缺乏差异性，又跟不上历史文化名城保护前进的步伐，党建引领社区分类治理的精准性还不够。

二、主要做法

针对街道资源禀赋不一、社区形态复杂多样、居民诉求差异较大的现实问题，保护区党工委、姑苏区委实施党建引领"三圈六型"社区分类治理，坚持目标导向、问题导向、结果导向相统一，以提升治理效能为主线，以增进群众福祉为目标，以体系建设、机制建设、能力建设为重点，坚持试点先行重点突破、全域推进整体提升，着力提升党建引领社区治理精细化水平。

（一）聚焦固本强基，坚持强化党的领导

坚持把加强和完善党的领导贯穿于社区分类治理的全领域、全过程、全环节，推动基层党建与基层治理深度融合。**一是完善组织领导机制**。加强党建引领"三圈六型"社区分类治理体系化建设，区委组织部发挥牵头抓总作用，制定重点任务清单，协调政法、住建、民卫等部门定期会商重难点问题，推动职能部门针对不同类型社区，差别化配置投放资金、人员、设施等资源，提升治理成效。**二是建强一线战斗堡垒**。以社区党组织"六强六好"分类提升行动为抓手，将落实社区分类治理重点任务成效作为检验社区"六力"（政治引领力、组织覆盖力、发展推动力、群众凝聚力、资源统筹力、队伍战斗力）的重要标准，持续增强社区党组织政治功能和组织功能。发挥社区党组织在治理中的领导核心作用，用好需求、资源、项目"三张清单"，持续为社区党组织赋权扩能。**三是激活雁阵齐飞效应**。深入实施社区党组织书记"雁阵工程"，选优配强社区党组织带头人，加强中青年优秀后备人才库建设，常态化组织社区特征相同、治理难点相似的社区书记开展"头脑风暴"，搭建经验交流、观点"碰撞"的教育平台，提升社区党组织书记开展社区分类治理的能力。

（二）聚焦要素禀赋，提升分类治理效能

针对不同社区治理特点和难点，科学划分社区类型，全面梳理社区清单，明确治理攻略和路径。**一是实行科学分类**。根据社区区域特征、房屋类型、人群结构、发展特质等不同特点，将全区 169 个社区划分为开放式街区型社区、老新村型社区、普通商品房型社区、动迁安置型社区、商圈型社区、混合型社区等 6 种类型，明确每种类型社区特点、治理难点，做到科学分类、靶向施策。**二是加强典型示范带动**。指导社区党组织深入分析居民需求和社区问题，形成每个社区需求问题清单、社区资源清单（政务资源、辖区资源、共建资源、市场资源、居民资源）、社区服务清单（常规服务、代办服务、志愿服务）、治理任务清单。选树打造 24 个样板社区，发挥党建引领基层治理智库专家团优势，指导样板社区完善治理路径，扩大示范效应。**三是强化分类指导**。在基层实践基础上，总结提炼分类治理"工作六法"（开放式街区型社区"以文促治"、老新村型社区"融合焕新"、普通商品房型社区"协同共治"、动迁安置型社区"亲缘重塑"、商圈型社区"圈际互动"、混合型社区"共融共创"）。指导社区应用"工作六法"，结合自身资源禀赋、问题特征，推动形成契合本社区的治理路径，提高分类治理针对性。

（三）聚焦群众需求，提升为民服务水平

坚持需求导向，聚焦群众所思所想所盼，围绕"人的一天、人的一生"，推进公共服务普惠共享、便民服务优质高效、数字服务可感可及。**一是抓服务项目落地**。充分发挥为民服务专项经费牵引作用，针对不同类型社区特点，推动社区结合"社情民意联系日"活动问题反馈、海棠先锋日常走访民情收集，有针对性设计社区党组织为民服务项目，办好群众身边"关键小事"。健全社区党组织领导下的群众性参与机制，在居民民意调查、项目方案公示、事后满意度测评等重要节点，发动居民

"事前议""事中管""事后评",提升居民满意度。**二是抓服务阵地建设**。拓展社区党群服务中心功能,结合不同类型社区的人口结构、服务需求、区位特点,布点设置便民服务、日间照料、卫生服务等站点,推进千余个"海棠红韵"微阵地建设,因地制宜设置议事协商、文化休闲、文明宣传等功能,重点拓宽开放式街区型社区、老新村型社区等基础较为薄弱社区服务覆盖面,提升居民生活品质。**三是抓服务力量提升**。夯实基层服务力量,选优配强社区工作者、海棠先锋、社区医生、社区民警、社区调解员、社区规划师、古城体检师"七支队伍",根据不同类型社区个性化需求有针对性加强"七支队伍"业务能力培训,推动"七支队伍"按照工作指引高效履职,在社区治理、走访联系、便民服务、医疗保障、社区治安等方面协同发力,全力提升治理专业化水平。

(四)聚焦融合共进,助力共建美好家园

坚持以"共同体"为价值原则,明晰不同主体功能定位,发挥比较优势,形成人人参与、人人尽责、人人共享的生动局面。**一是提升物业服务水平**。加强物业服务标准化建设,明确商业物业、国资物业等不同类型物业服务内容、标准,重点针对无物业小区通过物业企业接管、业委会(自管小组)自管、社区兜底代管等解决"无人管、管不好"的问题,着力实现无物业小区清零。健全完善物业服务体系,积极探索不同类型小区物业治理有效办法,针对开放式街区,打造"物业城市"模式;针对老新村、拆迁安置小区,积极引入国资物业,强化兜底保障,推广"共享物业"模式;针对商品房小区,搭建业主委员会与物业企业双向选择平台,优先推荐党建强、服务好、群众满意度较高的物业服务企业。**二是规范业主委员会组建运行**。推进小区业主委员会选举及规范化建设，完善人选联审把关机制，积极推动业主委员会（物管会）组建全覆盖，引导13名区属公职人员带头参加业主委员会选举。加强业委会党组织建设，有效发挥党组织作用，建立重大事项向社区"两委"报告机制。目前，共建立业主委员会党支部27个、业主委员会党的工作小组40个，实现业委会党的工作全覆盖。**三是引导多元力量参与社区治理**。深化党建联建机制，推动社区驻区单位资源力量下沉小区，将机关企事业单位参与支持社区工作情况作为党的建设考核的重要内容，进一步做实街道"大工委"、社区"大党委"。深化"在职党员进社区"报到服务，做实186个"同心同力"党建服务项目，引导流动党员、网约车司机、快递员、外卖配送员等融入社区治理，推动公益性、服务性、互助性社会组织有效发挥作用。

三、工作成效

（一）基层治理机制更加顺畅高效

实施党建引领"三圈六型"社区分类治理，通过党建引领、科学分类、问题导向、靶向施策，在推进党的全面领导、加强社区党组织领导下的群众自治、健全社区党组织联系服务群众机制等方面进行富有成效的探索，有效解决了以往社区治理中部门"各自为战"、社区"小马拉大车"、社会性力量参与治理不足等问题，在提高社区治理精细化水平，实现政治功能、组织功能和服务功能的有机统一上实现了新提升。

（二）社区治理方法更加精准见效

针对不同类型社区治理特点不一、问题难点症结复杂、社区党组织治理找不到路子等情况，通过科学分类，制定四张清单，总结形成社区分类治理"工作六法"，有效推动社区类型合理划分、问题需求清晰梳理、公共服务精准配置、社会资源有效对接、治理方法普遍会用。比如观前社区在"圈际互动"工作法指导下逐步探索出"社区服务企业—企业反馈居民—居民回馈观前"的发展模式，拉近了商圈企业和社区居民的距离。

（三）治理经验成果更加丰富有效

在实践过程中，以24个样板社区为示范，以社区分类"工作六法"为指导，对已形成的治理模式再实践、再提升，不断加强有效经验的推广，总结形成了"三张网"工作法、"三联工作法"、"红元素 潮治理"工作法等一批实践管用的社区治理工作法，涌现出以张英缨、翁明浩、叶红英3名省"百名示范"村（社区）书记为代表的社区治理带头人，培育了道前社区、中街路社区等一批有影响力的基层治理实训基地，不断扩大全区基层党建工作的知名度、影响力。

四、经验启示

（一）加强党的领导是根本保证

不同类型社区情况各异，但是只有牢牢坚持党的领导，坚持以习近平新时代中国特色社会主义思想为指引,做到思想上同心、政治上同向、事业上同行,才能为社区分类治理把准方向。

(二) 坚持问题导向是基本原则

问题清则治理准,不同类型社区的治理问题既相似又不同,需要我们因地制宜、分类指导,既要善于"一把钥匙开一把锁",找准不同类型社区治理的重点,运用有效治理方法,还要学会"多把钥匙开一把锁",针对共性难题,运用多种方式实现精细化治理。

(三) 站稳群众立场是本质要求

群众满意不满意,是检验工作的唯一标准。推行分类治理,只有通过做实事解难题,确保干一件、实一件、成一件,真正让居民群众感受到变化、得到实惠,关键时候才能一呼百应,让广大人民群众听党话、感党恩、跟党走。

(四) 建强带头人队伍是关键因素

事在人为,基层队伍特别社区党组织带头人队伍是影响社区治理成效的关键因素,需要持续深化治理带头人队伍建设和后备人才培养,坚持严管厚爱相结合,加大选拔和培养年轻社区书记力度,积极搭平台、建机制、提能力,为社区分类治理提供坚强的队伍保障。

(五) 系统全面推进是有效方法

党建引领"三圈六型"社区分类治理体系,其本质是适应姑苏打造"福气之城"需要,是社区党建和社区治理融合发展的一场内生改革,通过全局性谋划、整体性推进、协同性发展，必将有力助推全区社区党组织全面进步、全面过硬和治理水平、治理能力的全面提升，努力绘就各美其美、美美与共的基层治理新画卷。

 **案例点评**

> 如何创新历史文化名城保护区的党建工作？姑苏区是全国首个也是目前唯一一个国家历史文化名城保护区，针对街道资源禀赋不一、社区形态复杂多样、居民诉求差异较大的现实问题，姑苏区委、保护区党工委实施党建引领"三圈六型"社区分类治理，坚持目标导向、问题导向、结果导向相统一，以提升治理效能为主线，以增进群众福祉为目标，以体系建设、机制建设、能力建设为重点，坚持试点先行重点突破、全域推进整体提升，着力提升党建引领社区治理精细化水平。

"红色管家"赋能社会治理
激活基层党建"根系末梢"

苏州工业园区党工委

【引言】 党的二十大报告指出,要"加强城市社区党建工作,推进以党建引领基层治理,持续整顿软弱涣散基层党组织,把基层党组织建设成为有效实现党的领导的坚强战斗堡垒"。苏州工业园区党工委贯彻落实习近平新时代中国特色社会主义思想和城市基层党建工作要求,深化高质量党建引领基层治理现代化"根系工程",从自身实际出发,探索形成"红色管家"党建工作法,提炼了一套规范化实施办法,搭建了一个资源共享服务平台,畅通了一条民意收集响应渠道,培养了一支优秀党务人才队伍,形成了"组织党员、整合资源、服务基层、凝聚群众"的园区基层党建工作新局面。"红色管家"获评全国城市基层党建创新案例。

【摘要】 如何在经济开发区特别是全国经开区领头羊的苏州工业园区做好党建引领基层治理工作,是当前面临的新课题、新挑战。苏州工业园区党工委从2018年起就将"管家"理念引入基层党建工作,推出了"红色管家"党建工作法,"红色"代表党的引领,"管家"体现服务功能,旨在发挥好基层党组织"红色管家"作用,形成"有困难找身边党组织"的良好氛围,打造具有高度认同感和归属感的幸福社区。

【关键词】 红色管家;社会治理;基层党建

扫码看VR

一、案例背景

苏州工业园区（以下简称"园区"）是中国和新加坡两国政府间的重要合作项目，1994年2月经国务院批准设立。在全国国家级经开区综合考评中，园区连续八年位列第一，被誉为"中国改革开放的重要窗口"和"国际合作的成功范例"。作为经开区、高新区、自贸区三区融合发展的新城，园区内党组织形态多样，新兴业态聚集，党组织和党员队伍充满活力。现有124.9万居民中，64%为外来人口，高层次人才总量达6.3万人，大专及以上人才总量占就业人口比例达56.4%。园区经济社会的飞速发展和高层次人才的高度聚集，带来了多元文化的融合碰撞，带来了更高品质的生活期盼，带来了更加多元化的居民需求，涌现了更多样的新就业群体。

二、主要做法

苏州工业园区党工委坚持以提升组织力为重点，以巩固党在城市的执政基础、增进群众福祉为目标，持续完善基层组织根系，扎实推进网格化和区域化建设，做到"哪里有困难、哪里有矛盾、哪里有诉求，哪里就有红色管家"，党建引领基层治理取得积极成效。

（一）坚持系统思维，强化组织体系建设

一是构建三级联动工作体系。 坚持"系统化设计、项目化推进、过程化管理、绩效化考核、品牌化打造"的工作思路，出台"红色管家"

系列实施办法，明确由园区组织部总牵头，园区政法委、社会事业局、规建委等相关职能部门共同参与，建立"区、街道、社区"三级组织工作体系，充分发挥街道党工委统筹协调作用和社区党组织主体职责，推动"红色管家"项目落地。

二是纵向打通神经末梢根系。坚持党建网、治理网、服务网"三网融合"，主动适应治理新变化新趋势，不断创新组织设置，探索行动支部建设，推动基层组织根系向小区、楼栋、网格延伸，组建网格党组织4 086个，选聘"海棠先锋"（微网格员）4 299人，形成"区—街道—社区党组织—小区党支部—海棠先锋—党员群众"的组织架构。

三是横向统筹全域治理要素。以街道大工委、社区大党委、邻里党建共同体等形式为社区党组织赋能，建立联席会议、轮值书记、项目领班等制度，将驻区单位、企业、社会组织纳入社区治理格局，充分整合政府资源、辖区资源、市场资源、居民资源等，建立"一社一册"，梳理形成需求、资源、项目"三张清单"。推进社区党组织、居委会、业委会、物业公司、社会组织"五方协同"，建立"红管议事会"基层协商议事制度，搭建协商议事平台，群策群力解决社区急难愁盼问题，形成以社区党组织为核心的高效运转的基层治理格局，凝聚合力为居民解决急难愁盼问题。

（二）调动多元主体，强化基层治理力量

一是建强"领头雁"。紧盯社区书记队伍建设，出台《苏州工业园区关于优秀社区党组织书记区街共管的实施办法（试行）》，通过教育培训共同组织、重点任务共同交办、日常工作共同赋能、考核管理共同协商、激励保障共同承担、职务调整共同酝酿，加强社区书记管理和培

育。压实社区书记工作职责，聚焦停车难、绿化养护、业委会建设等问题，立项实施一批社区党组织"书记项目"，通过书记领办化解小区治理重点难点问题。

二是打造"铁脚板"。 加强海棠先锋队伍建设，统筹海棠先锋、居民小组长、微网格员三支队伍，建立统一的工作保障、培训体系、职责清单，常态化开展"到进访"工作，形成"民意收集—响应处理—跟踪督促—评估评价"工作闭环，健全基层党组织和党员联系服务群众长效机制。探索开展校社联合走访"叮咚行动"，建立"海棠先锋＋教师先锋"的"1＋1"联合走访队伍，有效整合家访和民情走访力量，推动形成家校社三位一体良性互动教育体系，实现从"小家参与"到"大家治理"的叠加治理效应。

三是挖掘"星动能"。 通过社团、志愿队等形式，广泛动员社区居民积极参与基层治理，累计招募红管志愿者50 561人，推动"红色管家"扎根网格、延伸触角。探索"红管志愿者积分管理"，通过"服务换积分、积分兑服务"的正向激励形式，提高参与热情。目前红管志愿者参与服务34.8万次，积分达235.08万分，兑换实物（服务）25 916人次，以小积分撬动大治理。深化拓展在职党员到社区报到工作，打造"星行动"党员报到线上平台，组织在职党员认领"红管微心愿"，将在职党员在社区的表现作为评优评先重要依据，目前"星"行动平台报到党员5 580名，开展志愿活动5 374次，形成"工作在单位、生活在小区、奉献双岗位"的良好局面。把新业态新就业群体纳入基层治理格局，鼓励3 600余名外卖骑手成为"星骑士"志愿者，发现并反馈基层治理问题9万余条，有效把"治理对象"转化为"治理力量"。

（三）创新平台载体，强化惠民服务效能

一是开发线上综合平台，集零为整回应居民诉求。 注重运用现代信息技术推进基层"智治"，开发"SIP红色管家综合服务"平台，集成信息咨询、诉求反馈、活动报名、阵地预约等功能，居民可通过平台实时向社区党组织咨询政务事项、反映社情民意、参与社区服务、寻求各类帮助，实现为民服务高效化、便利化。打通"SIP红色管家综合服务"平台与苏州工业园区"智慧城市运行中心"对接渠道，居民诉求可通过线上平台快速流转至相关部门，从技术上消除沟通壁垒，推进基层基础数据分层分级分类回流。截至目前，共收集居民诉求11 832件，已办结11 797件，办结率99.7%。

二是设立"红管公益日"，整合资源提供优质服务。 按照"组织搭平台、资源有舞台"的思路，将每月第三周的周六确定为"红管公益日"，由园区组织部面向各职能部门、国企、两新党组织征集服务资源并向社区公布，社区根据实际需要预订服务资源，统一开展"百场服务进社区"活动，做到"送温暖""送文化""送健康""送知识"进社区，以专业服务回应居民需求，以资源菜单赋能服务清单，以服务实效筑牢组织基础。自项目推进以来，共开展"百场服务进社区"活动4 012场次，征集资源服务清单509条，实施为民服务项目3 499个，有100万余人次受益。

三是打造"红色物业"，互联共建提升居住品质。 坚持以党建引领物业和业委会建设，探索建立"业标街管""业财代理"等制度，对于无物业管理小区通过国有物业企业接管、社区兜底代管等形式，解决"无人管、管不好"问题；持续推动符合条件的小区建立业委会（物管

会），落实好80％以上的业委会成员为党员和机关国有企事业单位工作人员的要求，6年来，全区业委会（物管会）组建率已从60.3％上升至91.3％；由园区规建委牵头成立物业行业党委，推动符合条件的物业企业成立党组织，组建物业党组织67个。加大社区党组织与居委会、业委会的成员交叉任职力度，选派189名党建指导员协助物业、业委会开展党建工作，举办业委会接待日、物业开放日等活动，不断提升业委会履职水平和物业服务水平。注重培育"红色物业"示范点，全区6个物业项目获评省级命名表彰、11个项目获评市级命名表彰，总数居全市第一。

四是建设"15分钟服务圈"，拓展功能强化服务支撑。按照"场所建起来、资源引进来、功能活起来"的思路，优化打造了181个社区党群服务中心，推广了一批"家门口的海棠花"党群服务点，整合公建房等，进行微改造、微提升。精准对接居民日益增长的多层次服务需求，植入红色驿站、日间照料中心、志愿公益坊、儿童驿站、秀艺场、健康诊疗、图书阅览、物品共享、休闲会客等功能，提供从"油盐酱醋茶"到"衣食住行闲"的一站式服务，建设立体式、全覆盖的党群服务中心体系，形成"15分钟服务圈"。

三、工作成效

（一）畅通了一条民意诉求响应渠道

通过"海棠先锋"线下走访和"SIP红色管家综合服务"线上平台，搭建起了为民服务的"高速公路"，优化了多元力量参与社区治理的方式和渠道，扩大了基层党组织的服务半径，将基层治理的重点难点和党组织工作开展、党员作用发挥的着力点有机结合，精准聚焦居民需求，建立起基层党组织和党员联系服务群众的长效机制，增强党群互动的深度和广度。

（二）搭建了一个资源共享服务平台

通过百场服务进社区、区域党建和党群服务中心建设，整合职能部门、国企、两新组织资源，吸引共建单位党组织主动融入基层治理，为街道和社区赋能，有效解决资源配置不到位、效率低下、监督不足等问题，切实将区域党建"微循环"融入园区党建"大循环"，实现从条块到全域、从碎片到整体、从局部到全局的转变。

（三）培养了一支优秀基层治理队伍

通过压实社区书记责任，抓实"海棠先锋"队伍建设，挖掘在职党员、居民志愿者、新业态新就业群体力量，形成基层治理合力，社区治理队伍进一步发展壮大，为推进党建引领基层治理提供有力保障。

（四）构建了一个共建共治共享格局

通过组织党员、整合资源、服务基层、凝聚群众，传达"有困难找身边的党组织"理念，服务发展、服务创新、服务群众的成效越来越显著，居民参与意识逐步提升，构建出人人有责、人人尽责、人人享有的基层社会治理格局。

四、经验启示

（一）加强党建引领，发挥组织优势

党的领导是推进基层治理现代化建设的坚强政治保证。社区治理得好不好，关键在基层党组织、在广大党员。只有不断强化党组织领导核心地位，加强党员作用发挥，才能不断将组织优势转化为推进基层发展的资源优势、制度优势、平台优势，形成党组织引领下多元主体参与的基层共治格局。

（二）坚持多方协同，提升治理效能

要让千家万户切身感受到党和政府的温暖，离不开"三级联动""五方协同""三网融合"。只有坚持深度赋能、科学赋权、精细赋责，推动职能部门与社区之间"职责重构、资源重配、体系重整"，才能推动更多政府资源、社会资源、市场资源下沉社区，使职权、力量、资源等围着问题转、奔着群众去，实现基层善治。

（三）打造数据底座，推动精细管理

推进社区工作数字化转型是实现基层治理现代化的有力抓手。只有坚定不移地推动数据集成平台建设，推动"清单统一""数据统一""入口统一"，才能发现不同要素之间的内在关联性，为更大力度破除"数据烟囱"，解决数据重复填报、居民多样诉求等问题提供新途径、新方法。

 **案例点评**

苏州工业园区坚持系统思维强化组织体系建设，坚持党建网、治理网、服务网"三网融合"，调动多元主体，强化基层治理，其中的"红色公益日""红色物业""15分钟服务圈"等都是切实开展为民为企党建服务的生动案例，以系统化、精细化、数字化手段打造苏州工业园区共建、共治、共享的基层党建格局，实现了组织力的提升，巩固了党在城市的执政基础，增进了群众福祉，真正做到了哪里有困难、哪里有矛盾、哪里有诉求，哪里就有红色管家全面排忧解难。

聚力增能　携手进位
探索党建引领"中心+社区"组团发展新模式

苏州浒墅关经开区党工委

【引言】 党建引领"中心+社区"组团发展是一种创新且有效的发展模式。苏州市浒墅关经开区立足较大规模社区拆分实际,探索推进"中心+社区"组团发展模式,以党建为引领起到了关键的统筹协调和方向指引作用,充分发挥中心社区示范带动作用,补齐社区治理短板弱项,全面提升社区组团治理效能,促进各社区优势互补、协同创新、进位发展,社区精细化治理、精准化服务能力水平稳步提升。

【摘要】 苏州浒墅关经开区党工委积极探索党建引领"中心+社区"组团发展新模式。以党建为核心,聚力增能,整合资源。通过优化组织架构、加强协同合作,实现社区与中心的深度融合。激发创新活力,提升服务效能,携手推动区域发展进位,为经济社会发展注入强大动力。

【关键词】 党建引领;组团发展;社区治理

扫码看VR

一、案例背景

浒墅关地处苏州市西北部、苏州高新区东北部，总面积63.2平方公里，户籍人口11.7万人，常住人口近30万人。浒墅关经开区原有14个城市社区，2022年底优化调整为22个城市社区，有效提升了社区精细化治理和精准化服务水平。与此同时，组织建设薄弱、资源整合欠缺、阵地条件受限、人员力量不足、社区发展不均等新挑战也随之而来，与基层治理体系和治理能力现代化要求差距较大。为此，浒墅关经开区党工委深入贯彻落实党建引领基层治理现代化"根系工程"，以高质量党建引领基层治理高效能，立足较大规模社区拆分实际，探索推进"中心＋社区"组团发展模式，充分发挥中心社区示范带动作用，补齐社区治理短板弱项，全面提升社区组团治理效能，促进各社区优势互补、协同创新、进位发展，社区精细化治理、精准化服务能力水平稳步提升。

二、主要做法和工作成效

积极探索党建引领"中心＋社区"组团发展新模式，通过建强社区组团大党委统一领导、大联盟统配资源、大中心统办业务、大机制统筹协调、大队伍统建增能，逐项破解社区发展中的组织薄弱、资源欠缺、阵地受限、发展不均、力量不足等痛点问题，推动组团内社区资源整合、工作融合、功能聚合，实现优势互补、协同创新、进位发展。

（一）强体系融机制，延伸抱团发展"合作链"

按照资源统筹、集约增效的总体思路，建立既有中心统筹又有社区自主，既相互融合又相对独立的组团管理体系和运行机制。**破立并举，织密组团融合体系**。秉承地域相邻、特质相近、规模相当、便于管理的原则，将22个城市社区划分为10个组团，成立十大社区组团综合党委，纵向构建"党工委—社工委—组团党委—社区党组织"四级组织体系。选取工作基础较好、阵地较为完善的社区作为中心社区，由中心社区党组织书记担任组团大党委书记，抓实社区组团及大党委工作的指导协调。**把脉问诊，找准组团矛盾短板**。由社工委班子成员挂钩建立4个联合调研组，深入各组团开展蹲点调研帮带指导32次，先后与200余名社区"两委"、工作人员及专职网格员开展谈心谈话，梳理基层党建、居民自治、为民服务、文化活动、法治建设、网格联动、物业管理等方面的问题279项，逐一制定责任清单、推进整改落实。**协调联动，全面理顺运转机制**。制定《浒墅关经开区（镇）社区组团发展实施方案》及各社区组团三年发展行动计划，建立"大党委统一领导、大联盟统配资源、大中心统办业务、大机制统筹协同、大队伍统建增能"组团管理体系，完善定期督办、定期例会、定期汇报、考核激励等工作机制。横向建立"社区组团—职能部门"联动机制，有力推动解决组团社区建设、发展、治理领域存在的重点难点问题。

（二）创载体提能力，积蓄争先进位"源动力"

坚持大抓基层的鲜明导向，推动基层党组织建设全面进步全面过硬，切实提升基层治理体系和治理能力现代化水平。**建强提优阵地，增**

强组团"示范效应"。持续优化"中心+驿站"组团阵地体系,扎实推进社区党群服务中心提档升级,浒墅人家社区党群服务中心、城际·海棠驿站入选2023年度"走看学做比党建"活动示范点位。构建社企党建联盟互通互惠体系,盘活组团社区闲置空间,融合党建服务、居民自治、文明风尚等内容,高标准打造第四批6家"悦享家"阵地。进一步升级"今日浒墅关"APP智能化数字阵地,新增便民服务、网上议事厅、居家养老等20余项功能模块,持续提升组团为民服务综合能力。

搭建联动平台,深化资源"叠加效应"。深化"五社联动"机制,开展社工站点亮社工室计划,实现10个社区组团社工室全覆盖。充分发挥社会工作服务枢纽站功能,培育发展秦韵公益服务中心、妙手工作室等本土社会组织172家、"全科社工"42名、志愿服务队伍122支,全年累计开展志愿活动1531场次。成立兴贤组团"邻里阳光志愿服务队"、阳山组团"夏之韵文艺队"等社会组织党支部,打造龙华组团"益加盟·心服务"、城际组团"汇·城际"等党建联盟,共计与368家联盟单位开展组团共建项目200余个。**坚持精准滴灌,释放人才"雁阵效应"**。建立"主体班次—专题培训—实践锻炼"三位一体教育培训体系,聚焦社区组团基层治理队伍能力建设,依托经开区工委党校有序开展党组织书记研修班、青干班,围绕社区治理、品牌规划等内容组织开展名师专项讲堂、职业化网格员孵化营等18节次,围绕基层治理重点任务系统化开展"治慧讲师团"6场次、"秦馀讲堂"5场次,广泛组织组团社区书记赴成都、杭州等地专题学习党建引领基层治理的创新模式,不断提升组团人才队伍凝聚力、战斗力。

（三）优品牌聚合力，打造精管善治"新样板"

以"党建扎根、居民自治、环境提升"三大工程为抓手，坚持创新驱动，全面激发社区组团发展活力，进一步提升群众幸福感获得感。**发挥特质禀赋色，打造"一体多翼"品牌矩阵**。全面推进社区组团"一团一品"建设，制定《浒墅关经开区（镇）社区组团党建品牌创建工作实施方案》，围绕党建引领社企联动、商圈发展、文旅融合、惠民服务等主题，打造"兴火相聚·美美与共""河畔海棠和融文昌""津彩浒墅·融乐益家"等10个组团党建品牌及"治汇益＋""和融汇"等10个组团治理品牌。依托组团品牌，深化创建"鸿领海棠""贤音海棠""和昌海棠""锦致海棠"等社区党建子品牌，成立"百事服务团"、"老老照料"互助协会等社区治理团队，创新"五融五联"等党建工作法，推动形成"组团式"协同治理模式。**打通神经末梢，构建"一网多能"治理体系**。深化组团网格精细化管理，设置196个三级综合网格，配备海棠微网格员685名，化解矛盾纠纷215件。充分发挥社区组团党委核心引领作用，定期组织"两代表一委员"、社区"两委"成员、党员代表等召开组团联席会议，群策群力解决社区治理难题。建成10个社区组团联动分中心，搭建"贤谈善治""广开言麓"等25个议事平台，广泛收集社情民意132条，办理惠民实事134件，切实提升"小事不出网格、大事不出社区"的治理实效。**聚焦惠民利民，激发"多元创新"发展活力**。制定《浒墅关经开区（镇）社区发展基金管理办法》，探索设立帮扶救助类、社区治理类等五个服务领域组团发展基金，累计募集资金38万余元。创新推出"医养融合"家庭医生工作室、"文文培优小课堂"等组团实事工程，累计使用为民服务经费330余万元。举办"逐梦

浒墅关 奋进新征程"社区文化艺术节、"浒"乐汇文艺展演等各类组团文化活动410余场，营造活力健康、文明向上的文化新风尚。

三、经验启示

浒墅关经开区深入贯彻落实党建引领基层治理现代化"根系工程"，有力推行"中心＋社区"组团发展模式，有效促进各社区优势互补、协同创新、进位发展，社区精细化治理、精准化服务能力水平稳步提升，也为探索党建引领基层社会治理的新路径提供了借鉴和参考。

（一）坚持党建引领，是推进基层治理现代化的根本路径

党的二十大报告中指出，"推进以党建引领基层治理"。实践证明，只有坚持党的领导、加强党的建设、全面从严治党，才能确保基层治理的政治方向，在正确轨道上不断推进基层治理体系和治理能力现代化。浒墅关坚持以高质量党建引领基层治理高效能，不断夯实基层组织体系，通过建强社区组团大党委统一领导、大联盟统配资源、大中心统办业务、大机制统筹协调、大队伍统建增能，逐项破解社区发展各类痛点问题，推动实现组织优势、服务资源、服务功能的最大化，助力推进基层治理现代化。

（二）坚持制度先行，是推动组团发展新模式的重要保障

小智治事，大智治制，推进"中心＋社区"组团发展模式常态长效离不开制度保障。浒墅关认真贯彻落实党建引领基层治理现代化"根系工程"，坚持制度先行，通过构建"党工委—社工委—组团党委—社区

党组织"四级组织体系，建立责任清单制度，打造"主体班次—专题培训—实践锻炼"三位一体教育培训体系，不断健全完善组团发展体系架构、运行机制、工作流程，有效织密组团融合体系，切实保障社区组团发展协调联动常态化、长效化。

（三）坚持以人民为中心，是加强基层党建工作的根本立场

基层党组织处于服务人民的最前沿，这就要求党建引领基层治理工作必须坚持人民至上的政治立场。浒墅关积极探索党建引领"中心＋社区"组团发展新模式，始终坚持以人民为中心，聚焦人民群众的急难愁盼问题精准发力，着力解决好人民群众最关心最直接最现实的利益问题，设置三级综合网格、配备海棠微网格员，有效化解矛盾纠纷 215 件，设立五个服务领域组团发展基金，累计募集资金 38 万余元，推出"医养融合"家庭医生工作室、"文文培优小课堂"等组团实事工程，真正做到想群众之所想、急群众之所急、解群众之所难，使群众对美好生活的向往变为现实。

 **案例点评**

社区拆分整合是当前我国新型城镇化发展过程中面临的现实问题。如何在这样的时刻和地域进行治理模式的改革和创新？浒墅关积极探索党建引领"中心＋社区"组团发展新模式，通过建强社区组团大党委统一领导、大联盟统配资源、大中心统办业务、大机制统筹协调、大队伍统建增能，逐项破解社区发展中的组织薄弱、资源欠缺、阵地受限、发展不均、力量不足等痛点问题，推动组团内社区资源整合、工作融合、功能聚合，实现优势互补、协同创新、进位发展。

第二篇 「三新」党建

全面打响"暖商护商 党建惠企"特色品牌
以"红色引擎"驱动高质量发展

太仓市委

【引言】 习近平总书记在党的二十大报告中指出,"加强混合所有制企业、非公有制企业党建工作"。非公有制经济是发展社会主义市场经济的重要力量。进入新时代,进一步加强和改进混合所有制企业、非公经济组织党的建设工作,既是坚持和完善我国基本经济制度、引导非公有制经济健康发展的必然要求,也是夯实党的执政基础、推进党的建设新的伟大工程的迫切需要。

【摘要】 近年来,太仓市委全面打响"暖商护商 党建惠企"特色品牌,通过强化党组织在企业中的引领作用,构建亲清政商关系,提供精准服务。以红色引擎为驱动力,整合各方资源,激发企业创新活力与发展潜能,提升市场竞争力,从而推动经济实现高质量发展,为地区繁荣注入强大动力。

【关键词】 党建惠企;红色引擎;高质量发展

扫码看VR

近年来，太仓市紧扣企业发展需求，锚定"最优营商环境"，全面打响"暖商护商　党建惠企"特色品牌，着力推动政策、资源、项目、技术、人才向企业集聚，通过"党建实、组织强、服务优"来带动"企业兴、产业旺、发展好"，切实把党的政治优势、组织优势转化为经济突破攀升的发展优势。

一、案例背景

习近平总书记在江苏考察时强调，"要把坚守实体经济、构建现代化产业体系作为强省之要"。太仓沿江临沪近海，是一座产业兴旺的港口城市，也是享誉全球的"德企之乡"。全市拥有各类工业企业1.2万多家，高端装备、先进材料、现代物贸产业均突破千亿，航空航天、生物医药、文化旅游等特色产业持续壮大。近年来，随着长三角一体化、长江经济带等多重国家战略深入实施，太仓依托区位优势、开放优势、生态优势，加快打造融入上海桥头堡、以港强市枢纽城、对德合作示范区、城乡和美幸福地，各类优质项目纷纷落户，本土企业持续发展壮大。在此背景下，企业对政务服务、产业配套、资源保障等方面的要求越来越高，如何更好发挥党建引领作用，营造市场化、法治化、国际化一流营商环境，全面增强企业和产业的内生动力和发展活力，成为新形势下亟需破解的新命题。为此，太仓市着眼企业所需，全面打响"暖商护商　党建惠企"特色品牌，持续用党建温度助燃发展热度，2022年启动了"暖商护商　党建惠企"专项行动，把党建作为密切政企关系、推动产业合作、加快科技赋能的"红色纽带"，为企业提供更暖心、更给力的服务保障；2023年实施了"海棠花红　暖商护商"党建惠企服务先锋行动，进一步健全与企业的常态化沟通交流机制，充分发挥党建引领、服务、保障作用，以党建惠企"红色引擎"驱动经济高质量发展。

二、主要做法

太仓市锚定"提升'两个覆盖'质量、提升惠企服务效能、提升企业满意度"三个目标，通过深入实施"挂钩联系在惠企一线、组织覆盖在惠企一线、平台服务在惠企一线、保障发展在惠企一线"四项具体行动，全力打造企业敢干的"沃土"、投资兴业的"宝地"。

（一）全方位挂钩联系，沉链入企"摸实情、办实事"

坚持把健全挂钩联系制度作为党建惠企的核心环节，推动党员干部、专业人才深入企业一线问需服务，变"企业上门"为"上门企业"。

一是推动领导干部带头走访。建立领导干部基层联系点制度和机关党组织"1＋3"挂钩机制，每名市领导定向挂钩联系30家重点企业，定期到企业一线把脉问诊、现场办公，确保企业诉求"件件有回应、事事有着落"；每家机关单位常态化挂钩联系3家科技创新强、发展前景好的潜力型企业，通过持续走访交流、宣传政策、收集诉求，推动惠企政策和惠企项目精准落实。

二是组建红色引航员队伍。践行"一线服务"理念，从市、镇（区、街道）机关单位中遴选有经验、有冲劲、有干劲的优秀党员，组建超过300人的"红色引航员队伍"，常态化开展"服务上门"活动，"一对一""面对面"提供政策宣讲、业务指导、职工招聘等服务，对于日常走访中收集到的一些急难问题，通过发挥党组织优势快速协调解决。

三是实施"行业惠企"专项行动。针对企业财税、法务、政策等需求，充分发挥行业党建引领带动作用，开展律师、会计师、税务师、资产评估师"四师"党员挂钩志愿服务活动，组建行业惠企"帮帮团"，以"一团一园区"包干服务的形式，深入产业园区、各类企业提供法律体检、财务支持、税费指导等10余项服务，增强企业风险防范能力。

（二）全链条织密组织，强基固本"破壁垒、畅循环"

把严密组织体系作为党建惠企的有效抓手，将党组织触角延伸至企业、车间、班组一线，发挥党组织上下联动、左右协调、优势互补作用，畅通产业"内循环"，让企业抱团发展更紧。

一是建强功能型党委。以发改、工信、科技等职能部门为牵引，组建高端装备、先进材料、现代物贸、航空航天、生物医药、文化旅游等6个功能型的产业链党委，打造以1家行业党委为主导、1家头部企业为中心、N家上下游企业为支撑的"1+1+N"产业链党建模式，构建党委抓总、链主带动、成员联动的工作体系，充分联合力量、整合资源，做大产业链"朋友圈"。

二是打造耦合型联盟。根据高端装备、航空航天等重点产业发展需要，成立长三角汽车行业党建联盟、太仓高新区航空航天产业党建联盟等一批产业集群党建联盟，链接龙头企业、行业协会、知名高校等资源，常态化开展支部结对、研发结对、购销结对等活动，推动产学研、上下游、大中小企业联建共建，推动产业"内循环"扩能增效。

三是组建攻坚型支部。围绕企业发展需要，在攻坚一线、岗位前沿广泛设立"行动支部",推动支部工作与企业发展同频共振、互融共促。在"行动支部"内遴选"攻坚先锋",广泛开展"三亮三争""立足岗位作贡献"等活动,引导党员亮形象、亮身份、亮承诺,激励党员立足岗位奋勇争先、担当重任,在急难险重任务面前充分体现党组织和党员的战斗力。

(三)全周期建强平台,闭环思维"优服务、解难题"

坚持把做优服务载体平台作为党建惠企的关键保障,通过理顺关系、流程再造、制度重塑,不断完善企业全生命周期服务。

一是打造"一站式"服务中心。精心打造实体化、一站式的企业服务中心,以中小微企业为重点提供一揽子兜底和专业化贴心服务,开设综合、人才、金融、知识产权等8个专业化服务窗口,设立益企服务热线,建立"太仓市企业服务总入口"一站四端口线上服务矩阵,20多家涉企服务部门领导干部每周在中心进行轮值服务,做到企业急难愁盼"一门进、一门清"。

二是建设"家门口"服务阵地。在太仓市生物医药产业园、航空航天产业园等企业集聚的园区内,建设"企业门口"的党群服务中心、海棠企业驿站,深化红色代办员、帮办员制度,全程代办企业落户、建设、生产等相关事项。定期举办产业链供需对接会、科创项目融资路演、惠企政策宣讲会等活动,形成惠企"15分钟服务圈",打通"惠企服务"的"最后一米"。

三是上线"闭环化"服务平台。以诉求解决为关键,整合"太仓市企业服务总入口""12345联动平台"等服务功能,打造"党建惠企服务先锋行动"线上平台,构建企业诉求"发现上报—协调办理—督办落实—反馈评价"闭环体系,实现企业诉求 24 小时内响应、5 个工作日内答复。优化企业诉求评价机制,以企业评价结果为基础对单位进行打分,并将其作为党的建设考核的重要内容。

(四)全要素保障发展,精准施策"疏堵点、消痛点"

坚持把要素保障作为党建惠企的硬核支撑,聚焦企业用地、融资、用工等最关心、最关注的领域,精准解决企业发展的痛点难点堵点,助力企业持续发展壮大。

一是全力破解企业用地难。针对企业用地难的问题,实施土地资源"红色赋能"行动,推出"标准地+双信地+定制地"供地模式,政府提供"地上净、地下净、权属净"的"三净地",并最快实现"成交即发证、交地即开工、竣工即登记";企业以"合同+协议"的模式,根据政府设置的投资强度、开竣工时间、亩均税收等指标,承诺按照土地出让合同、"双信"协议以及规划设计要求进行项目开发建设。

二是全力破解企业融资难。针对企业融资难、融资贵、融资慢的问题,一方面聚焦信贷融资端,积极推行"红色能量贷"等政府增信产品,设立普惠金融发展风险补偿基金,通过"见贷即保"和"见保速贷",为企业提供低利率、高效率的信贷服务;另一方面聚焦股权融资端,以党组织为纽带常态化举办投融资路演,发挥 50 亿元产业引导基金杠杆作用,为企业引入"金融活水"。

三是全力破解企业用工难。针对企业用工难的问题,实施"红色工匠"培育工程,建立"红色工匠师资库",给予企业充分话语权,企业对人才培养质量拥有"一票否决权"和优秀毕业生的"优先选择权",通过"学校+企业"双主体、"学生+学徒"双身份、"教师+师傅"双师资、"教室＋车间"双场景、"理论＋实践"双课程、"素质＋技能"双评价的"六双"模式，为企业"订单培养"管理人员和技术骨干。

三、工作成效

近年来，太仓市持续深化"暖商护商　党建惠企"特色品牌建设，一招不让强组织、优服务、聚资源、兴产业，"两个覆盖"水平全面提升、政策支撑持续强化、企业服务不断升温，企业获得感和满意度持续提升，地区发展特色和竞争优势更加鲜明。

（一）推动了惠企政策一键直达、免申即享

通过整合各涉企单位党组织资源，制定完善了"需求、资源、项目"三张清单，充分发挥了线上企业服务总入口平台政策项目库作用，汇集各类惠企政策超2万条，服务企业超35万家次。分层分类汇编政策清单20类，申报服务项目83项，集成9个政策项目申报系统，3 300多家次企业享受在线一键申报。梳理39类170个"免申即享"荣誉类奖励，累计兑付各级惠企政策奖励资金超3亿元，惠及企业超2 100家次。

（二）推动了企业诉求一兜到底、快速解决

通过实施党建惠企服务先锋行动，健全党建惠企"1＋3"挂钩联系机制以及领导干部、红色引航员"双服务"制度，各级党员干部累计走访企业3 296家，收集问题826个，推动解决招才用工、供需对接、信贷融资等问题713个，并根据实际需要为企业量身定制技术技能人才超

2 400名、授信超5 000亿元、供地超2 600亩。

（三）推动了产业供需一链畅通、高效对接

以党组织为纽带搭建企业供需对接平台，构建太仓本地产业供需"内循环"网络，打造了线上"工业品供需对接超市"，征集发布本土信息近800条，举办"益企强链 供需赋能"对接活动30场，帮助企业更好融入产业链供应链。举办"民企走进德企""专精特新企业与隐形冠军企业对话会"等活动，推动超600家民企与德企形成产业融合。

（四）推动了企业成长一路呵护、舒心无忧

通过把党建资源转化为企业发展优势，全市工业经济发展稳中向好，2023年全市1 265家规上工业企业实现产值3 210亿元，有效高企达1 175家，万人有效发明专利拥有量达91.4件，拥有19家国家级专精特新"小巨人"企业，成功入围国家创新型示范县（市）建设名单，位列科技创新县域百强第二。连续多年获评企业家幸福感最强市（区）。

四、经验启示

实践证明，党建惠企关键要牢固树立"客户思维"、注重"用户体验"，切实把党的领导力、组织力、执行力转化为服务企业的强劲动力，让惠企温度可感可知、惠企力度见行见效，最终推动企业与城市同发展、共成长。

（一）党建惠企必须夯实基层基础

党建工作，做实了就是生产力，做强了就是竞争力，做细了就是凝聚力。太仓市突出党建赋能，以产业链党委为牵引，持续严密组织体系，通过组建机关行动支部、行业协会行动支部和红色引航员队伍下沉服务，党建惠企质效不断提升。实践证明，党的领导是优化营商环境、推动企业发展的根本保证，只有抓牢党建"牛鼻子"，才能切实将党组织的"引领力"转化为优化营商环境的"向心力"和促进企业发展的"推动力"。

（二）党建惠企必须坚持需求导向

一个地方的发展有自己的赛道，一个企业的成长有自己的特点，做好企业服务，前提是精准对接企业需求。太仓市实施"海棠花红 暖商护商"党建惠企服务先锋行动，第一步就是深入企业一线，将企业实际需求了解清、收集好，以问题导向推动惠企政策和惠企项目精准落地。实践证明，做好惠企服务必须靠前服务、问需于企，从过去的政府"有什么、给什么"转变为现在企业"要什么、给什么"，真正做到"无事不扰、有事必应"。

（三）党建惠企必须注重资源整合

企业发展离不开各类资源的持续导入，惠企服务需要各个部门和单位的通力配合。太仓市高度重视党建惠企平台建设，创新建设市级企业服务中心，充分整合服务资源，全面提升服务效能，打通企业服务的难点堵点。实践证明，只有主动整合资源、打破部门壁垒，为企业提供一站式审批、一体化服务，推动人才、资本、土地、技术等各类关键核心要素向企业流动，才能让企业舒心发展、让企业家满意点赞。

（四）党建惠企必须强化融合发展

发展才是硬道理，党建工作只有带动了企业发展，才能惠企心、得人心。太仓市树牢"围绕发展抓党建，抓好党建促发展"的理念，常态化开展不同领域党组织联建共建，以党建为桥梁纽带推动了企业与企业、企业与高校、企业与金融机构的交流合作，催生了企业发展的强劲动力。实践证明，只有促进企业联动、融合发展，建设"党建＋产业"发展共同体，才能化"各自为战"为"协同作战"，减少区域内企业竞争消耗，推动政产学研金深度融合，从而产出更大的经济效益、社会效益。

 **案例点评**

> 如何加强混合所有制企业、非公有制企业党建工作？太仓市通过持续深化"暖商护商　党建惠企"特色品牌建设，深入实施"全方位挂钩联系，沉链入企'摸实情、办实事'；全链条织密组织，强基固本'破壁垒、畅循环'；全周期建强平台，闭环思维'优服务、解难题'；全要素保障发展，精准施策'疏堵点、消痛点'"等四项具体行动，切实把党的领导力、组织力、执行力转化为服务企业的强劲动力。

"四力融合"打造党建引领集宿区治理县域样板

昆山市委

【引言】 近年来,昆山市委组织部深入贯彻落实习近平总书记关于推进国家治理体系和治理能力现代化的重要论述,坚持把党的领导贯穿集宿区治理全过程,探索党建引领集宿区治理新路径,在基层治理"神经末梢"上不断发力,持续推动基层党组织的政治优势、组织优势转化为治理效能。集宿区一般是指政府、企业为满足职工住宿生活需求而建设或租赁的公寓、集体宿舍等,呈现"管理模式开放、外来人口集中、服务需求多样、人员流动较快"等特点。治理形势比较复杂、公共服务比较欠缺、整体环境比较脏乱,是集宿区长期以来的共性问题,成为基层治理的难点堵点。面对习近平总书记"江苏必须在保障和改善民生、推进社会治理现代化上走在前列"的殷殷嘱托,如何全面提升集宿区治理效能和服务水平,进一步增强企业员工归属感、幸福感,成为昆山提升基层治理质效的重大课题之一。

【摘要】 昆山是一座外向型经济为主的城市,全市共有缴纳社保10人以上的非公企业超1.4万家,昆山市以政治引领力、组织覆盖力、队伍先锋力、支撑保障力四位一体,实现集宿区服务体系、集宿环境、空间布局、智慧管理的规范化建设,以"四力融合"打造党建引领集宿区治理县域样板。

【关键词】 集宿区;基层治理;党群服务

扫码看VR

一、案例背景

昆山市大型制造业企业和产业园区较多,因职工住宿生活需要,在这些企业和产业园区内部或周边衍生出了集宿区。据统计,昆山共有集宿区 373 个(其中,实际入住人数超过 3 000 人的有 12 个),总建筑面积约 605 万平方米,宿舍总数约 9.4 万间(套),最多可容纳 47.3 万人,现入住 21.4 万人、入住率 45.2%。按产权归属划分,建在企业(产业园区)内的 300 个、企业(产业园区)外的 73 个。按管理主体划分,产权人或单位自有 328 个、企业承租 24 个、第三方管理 17 个、其他 4 个。按服务配套划分,373 个集宿区中,47 个建有一站式服务中心、250 个建有餐厅、176 个建有便利店、150 个建有文体设施。

二、主要做法

(一)聚焦"政治引领力",健全更加完善的治理架构

党的政治建设是党的根本性建设,始终将政治引领放在集宿区治理工作首要位置。**加强顶层设计**。出台《关于党建引领集宿区治理的实施意见》,立足"组织覆盖、堡垒作用、队伍建设、载体培育、品牌塑造"五个方面,健全完善党建引领集宿区治理"五个一"工作机制,即建立一个齐抓共管的工作架构、筑牢一座坚强有力的战斗堡垒、锻造一支先锋模范的党群队伍、创设一批丰富多样的服务载体、形成一套健全完善的工作机制,细化 16 条重点工作举措,积极探索集宿区社区化管理新

路径，在苏州率先成立首个集宿区社区梧桐社区，推动党建工作与集宿区治理深度融合发展。**压实党建责任**。各区镇分别组建党建引领集宿区治理工作领导小组，细化工作方案、明确各方责任，定期召开集宿区治理工作联席会议，专题研究党建引领集宿区治理工作，会商解决工作中存在的突出问题。建立区镇领导班子成员挂钩指导集宿区工作制度，党员领导干部深入一线督查指导集宿区治理工作652次。推动集宿区所在地的村（社区）党组织或区域党建工作站与企业、运营管理单位建立信息互通反馈机制，督促各方协同履行工作职责。**落实分类管理**。结合"四进四排查"集中攻坚、"千村万企、千家万户"大走访，对373个集宿区进行全覆盖走访调研，全面摸排集宿区涉及企业、员工底数、建设运营、管理方式等情况，实现"一区域一册"管理。建立健全星级达标考评体系，分类落实区镇、村（社区）、企业、运营管理单位等主体的日常管理责任，根据集宿区规模大小、产权归属、管理主体、服务配套的差异性，以"一区一案""一企一策"科学制定改造提升方案，持续加强服务体系、集宿环境、空间布局、智慧管理等规范化建设，完成全市首批24家集宿区社区化管理示范点建设。

（二）聚焦"组织覆盖力"，构筑更为坚固的治理阵地

坚持以增强基层党组织政治功能为引领，以坚强有力、严丝合缝的组织体系支撑和引领集宿区治理。**做优区域党建**。完善区域化党建格局，落实社区"大党委""街区党建联盟"等机制，推动集宿区周边的机关事业单位、国有企业、两新组织等各级基层党组织开展结对共建，深化资源共享、大事共商、实事共办、难题共解。建立需求、资源、项目"三张清单"和民意收集、协商议事、评议听证"三个会议"制度，

以集宿区"点单"、部门"配送"方式给予专业指导、资源支持480余次。**建强党群组织**。落细落实党委抓支部、支部管党员、党员带群众的"抓管带"机制，开展党组织覆盖攻坚行动，对于党员数量多、企业职工集中住宿的集宿区，联合组建或者单独设立党组织77个，并由企业（或产业园区）党组织指派党务工作者担任集宿区党建负责人。对于党员数量较少、条件不够成熟的集宿区，将党员纳入村（社区）党组织、区域党建工作站进行管理，就近就便参加组织生活、发挥模范作用。深化党建带群建，压实工青妇等部门责任，加快群团组织组建力度，建立191个工会、共青团、妇联等群团组织。对暂不具备建立党群组织条件的，通过建立区域型、行业型党组织和群团组织，不断扩大群团组织覆盖面。**织密治理网格**。分类压实区镇党（工）委、所在地村（社区）属地责任和国有（集体）企业、运营管理单位、企业主体责任，在全市集宿区全面推行"网格化治理"，以集宿区楼栋或楼层为单位划分网格、微网格，形成"集宿—网格—微网格"三级组织架构，划小治理单元、精细治理水平。发挥"平安前哨"作用，依托社会治理一体化综合指挥平台，建立健全党建引领"网格吹哨、部门报到"工作机制，推动综治、警务、消防、物管等联动进网格全覆盖，让各方治理要素在网格内集成发力，做到"小事不出格，大事不出网"。

（三）聚焦"队伍先锋力"，培育更重实战的治理力量

全面推进集宿区治理，需要以"人"为关键持续发力，把治理力量传递到"神经末梢"。**建强党员骨干队伍**。深化"双培双促"党员人才培育模式，选配150余名党员骨干担任网格长、楼栋长、楼层长、宿舍长等，发挥集宿区治理骨干作用，将600余名企业骨干、先进分子优先

吸收发展为党员，促进发挥先锋模范作用。开展集宿区党员先锋"十带头"实践行动，制定党员带头10条清单，在集宿区门岗、楼道等点位设立党员先锋岗、党员责任区1800余个，1500多名党员亮明身份、投身集宿区治理。围绕生活服务、法律咨询、矛盾调处、应急处突等重点领域成立行动支部510余个，以党员为主体带动广大职工立足岗位、建功立业。**激活群团组织力量**。建立健全党建带群建"四带五共"机制（带思想、带组织、带队伍、带作风，工作共商、使命共担、活动共办、阵地共享、改革共推），实施党建带工建"三创争两提升"、鹿城青年伙伴、"党建引领 鹿丽先锋"等专项行动，集中开展"亮身份、比形象，亮岗位、比技能，亮承诺、比作为"行动，让企业、员工同向发力、凝心聚力。大力发挥"党员工匠""工人先锋号""青年文明号""巾帼文明岗"等作用，推动组建劳模创新工作室43家、青年人才驿站16家、新兴领域妇联组织49家，在集宿区积极为职工解忧、帮妇女维权、助青年成才，凝聚"跟党一起奋斗、跟党一起圆梦"的思想共识。**激发自治共治活力**。广泛吸纳党务工作者、党员、入党积极分子及青年团员、职工骨干等，担任网格长、楼栋长、楼层长、宿舍长，成立"邻里帮帮团""青春小分队""活力志愿队"等服务队伍120支，引导广大职工加强自我教育、自我管理、自我服务。实施新业态新就业群体党建暖心聚"新"行动，结合新业态新就业群体自身独特优势，充分发挥"流动哨兵""移动探头"作用，成立"红骑先锋""红运先锋""红网先锋"3个行业先锋服务队，鼓励快递员、外卖送餐员、网约车司机等参与"随手拍""观察员"等活动，反馈集宿区安全隐患、治安维稳等问题超400个。

（四）聚焦"支撑保障力"，探索更具效能的治理机制

坚持把民心作为最大的政治，加大集宿区治理机制的探索创新力度。**推行智慧管理模式**。运用大数据、云计算等新型技术，分析研判集宿区管理质态，促进数据汇聚共享、业务相互赋能、功能深度融合。依托数字门牌、智慧小区建设，建立健全入住申请、审核及退租流程，43个集宿区实现出入"有迹可循"、违规及时预警。深入推进"雪亮工程"覆盖，在41个集宿区配置智能门禁、移动扫码终端、智能查验闸机等前端智能设备，完善室内消火栓、灭火器、应急照明灯、喷淋等消防安全设施。持续精耕"鹿路通"便民服务应用总入口，及时收集、处办员工各类诉求1 800余条，推出更多跨区域、跨部门、跨行业的本地化、特色化的便民服务296项。**打造先锋阵地集群**。持续推进"海棠花红"党群服务体系建设，统筹设置"开心办"社区服务驿站、集宿区"公安服务站""24小时图书馆""家门口的就业服务站""青年人才驿站"、纠纷调解室、职工议事厅等平台载体、功能场室，拓展既有功能提供"一站式"党群便民服务。聚焦高频生活服务需求，导入链接各类便民服务资源，积极引入餐饮、快递、金融、医疗等市场化服务，为职工提供"家门口"的优质服务，打造宜居宜业生活服务圈。**加强服务精准供给**。聚焦劳动保障、心理咨询、法律服务、卫生健康等职工普遍关注的问题，依托机关服务党建联盟，组建"普法先锋队""职工议事庭""先锋讲师团"等，经常性开展"组团式""面对面"服务，先后开展实务技能、职业道德等教育培训115场次。统筹社会组织、志愿团队等社会专业力量，通过政府购买服务、项目奖补资金等方式，摸排梳理心理咨询、文体娱乐、婚恋交友等公益服务项目125个，通过"菜单式"预

约、项目双选会等方式，实现"按需选择、你点我送"，精准投送服务。

三、经验启示

从实践来看，坚持以党建引领集宿区治理，有利于破解以往基层治理的难题，推动集宿区治理工作取得实效。只有牢牢把握新时代基层治理的新任务、新要求，坚持大抓基层的鲜明导向，深化党建引领集宿区治理"五个一"工作机制，从每一个小需求出发，落脚到群众每一个小感受，才能将党建工作与集宿区治理等重点工作有机融合，让宏大的治理逻辑直抵人心，内化为处处可见的行动细节，以党的全面领导统领集宿区治理、推进基层治理现代化。

（一）深化党建引领，系出"红色纽带"幸福结

坚持以"党建引领"为轴心，把集宿区治理同党建工作结合起来，强化党建引领集宿区治理的政治功能和组织功能，持续推进"根系工程"，整合党建、综治、城管等各类网格，全面深化"网格吹哨、部门报到"工作机制，强化"大党委"格局建设，有效调动"多元"力量参与，打破单位之间的壁垒，既各负其责、守土尽责，又密切配合、通力协作，将零散的治理要素贯通融合起来，从而将党的领导转化为治理效能。

（二）优化党群服务，汇聚"红色港湾"新力量

持续推动党组织向最基层延伸，建强集宿区党组织"主心骨"，配齐配强"海棠先锋"队伍，完善社区"大党委"、城乡党组织挂钩结对等模式，充分发挥企业集宿区联合管委会、集宿区党建联盟、企业志愿者团

队等主体作用，积极构建"党建引领、多方参与、共治共享"的格局。坚持党建带群建，发挥集宿区企业职工多、能人多的优势，发掘一批党员能人、青年能手、志愿者骨干，团结带领集宿区居民加强自我教育、自我管理、自我服务，树牢"党建引领、共融共建、共治共享"发展理念。

（三）健全长效机制，释放"红色引擎"强动能

压实各区镇党（工）委抓党建、抓治理、抓服务的主体责任，引导集宿区党组织和党员发挥主观能动性和基层创造力，持续在网格化治理、精细化服务等方面加强实践探索，确保上级决策部署在基层落地生根、开花结果。系统总结首家集宿区社区梧桐社区的组建经验，有计划地推动全市大型企业集宿区逐步成立社区，形成示范带动效应。着力提升党建服务、政务服务、公共服务的可及性和便利性，为企业高质量发展、职工高品质生活提供坚实保障，切实增强外来务工人员和新市民群体获得感、幸福感、安全感。

 案例点评

在探索党建引领基层治理的路径中，集宿区是基层治理"神经末梢"的典型代表，而昆山是一座外向型经济为主的城市，大型制造业企业和产业园区较多，辖区内集宿区超过370多个，因此昆山市以政治引领力、组织覆盖力、队伍先锋力、支撑保障力四位一体，以党建引领为纽带，党群服务为港湾，长效机制为引擎，实现了集宿区服务体系、集宿环境、空间布局、智慧管理的规范化建设，做到了"小事不出格，大事不出网"，建成了全市首批24家集宿区社区化管理示范点，展现了县级市在基层治理领域的优秀典范。

"解题党建"工作法 破解产业创新"瓶颈题"

苏州市相城区委

【引言】 习近平总书记多次强调"要大力发展智慧交通和智慧物流,推动大数据、互联网、人工智能、区块链等新技术与交通行业深度融合,使人享其行、物畅其流"。以人工智能、大数据、云计算等为代表的信息革命使得智慧交通成为当前创新最活跃的行业之一,也是新型基础设施建设的重要领域和数字经济的重要组成部分。习近平总书记曾指出,"交通成为中国现代化的开路先锋"。国务院印发的《交通强国建设纲要》《国家综合立体交通网规划纲要》都将智能化水平作为交通强国的一项重要指标。因此,大力发展智慧交通、智能驾驶成为各地区政府部门和市场主体着重发力的重点领域,苏州市相城区也以"解题党建"工作法破解智能驾驶产业创新的"瓶颈题"。

【摘要】 苏州市相城区深入学习贯彻习近平总书记在江苏考察时提出"在强链补链延链上展现新作为"的重大任务和"以学促干"的明确要求,聚焦助力智能车联网等优势产业积厚成势,用"解题党建"思维推动党建解题,快速集聚智能车联网企业超328家、涵盖30余个细分领域,销售额超570亿元、增速达30.41%,南天成路"智驾大道"成为产业新地标,车联网产业链入选产业链党建省级联系点,蹚出一条以党建链引领"创新链、产业链、人才链、政策链、资金链"融合发展的新路子。相关经验做法被中组部相关刊物、共产党员网、中央电视台《新闻联播》栏目等党建内参和央级主流媒体刊载报道。

【关键词】 智能驾驶；党建阵地；产业链党建

扫码看VR

一、案例背景

苏州市相城区积极把握产业发展机遇，将智能网联汽车产业作为融入长三角一体化发展的战略性选择。自 2017 年以来，坚持超前布局、先行先试，从产业布局、平台打造、政策扶持等方面精准发力，汇集产业人才超 5 000 人，落户曹操出行全国总部、吉利智能驾驶全球研发中心等总部项目，引育魔门塔（乘用车智能驾驶领域）、智加科技（商用车智能驾驶领域）等一批头部企业，经常能在一幢楼里就把上下游企业找齐，足不出楼就能开一个小型供应链会议。在此基础上，相城区率先开放全域作为智能网联汽车道路测试、应用运营区域，建设覆盖高铁新城全域的智能网联道路，先后获批江苏省首批车联网先导区、首个数字交通示范区及首批车联网和智能网联汽车高质量发展先行区。但是，与传统产业不同，数字经济时代产业集群具有数字化、平台化、共享化和数据驱动、创新驱动等特征，因而呈现出行业跨度大、人才要求高、经营模式灵活等特点，这对传统党组织建设和工作运行机制提出了新的挑战。通过调研发现，很多上下游企业在生产经营过程中面临组织覆盖难、政策不健全、产业联动弱等一系列难题，亟需加以解决。

二、主要做法

面对智能车联网产业组织覆盖难、政策落实难、产业联动难、人才紧缺等制约产业发展的瓶颈性难题，相城区紧紧瞄准党建作用发挥，创新"产业交课题　党建帮解题"工作机制，搭建党建平台，串联多方资源，全面推动产业链企业融通创新、促进产业链高质量发展，为打造享誉全国、领跑示范的数字产业提供坚强组织保证。

（一）塑造"形"与"魂"的共同体，建强组织体系"入题"

全方位构建"依产业链而建、为产业链赋能"的严密组织体系，以坚强"组织链"驱动产业链行稳致远。

一是强化顶层设计。成立以区委主要领导为组长的产业发展领导小组，制定三年行动计划，发布党建引领产业集群高质量发展十项举措，修订补充落地示范应用场景、测试应用保险等政策保障，完善扶持政策体系。

二是健全组织架构。成立智能车联网产业集群党委，建立"产业集群党委—党群服务工作站党组织—企业党组织"三级工作体系，打造"1＋N＋X"组织管理实践，由区工业和信息化局党组织牵头，联动8家龙头企业党组织，通过"国企带民企""大带小""强带弱"等方式，实现辖区智能网联汽车企业全覆盖。

三是发挥组织力量。推行"企业点单、党委派单、部门接单"工作机制，组建8个党员攻坚小组，深入开展蹲点解剖行动，梳理产业需求5类15项、排摸部门资源52条、实施党建行动项目5个。深入开展"八个一"党建惠企专项行动，推动17项企业办事流程优化、推进生产（服务）项目175个。

（二）把准"需"与"供"的衔接点，丰富平台载体"破题"

把找准需求、服务发展作为产业链党建的发力点，持续强化平台载体、专业人才、服务政策等配套保障，做到发展有所呼、组织有所应。

一是打造区域党建阵地。建设产业党建党群服务站，整合招商、金融、组织、人社、人才等10余个部门资源，让企业足不出"园"即可享受政策咨询、人才申报、风险防范等超百余项服务，开展"清研大讲堂""助企纾困解难"扶持政策沙龙、"就在高铁 职在新城"等专场活动200场。

二是擦亮党建活动金字招牌。举办"产业交课题 党建帮解题"车联网产业链党建工作推进会、全球智能驾驶大会等产业党建活动20余场，推动轻舟智航全球总部等一批重点项目相继落户，香港应用科技研究院等一批重大平台合作落地。

三是构筑产业协同发展平台。开展毗邻党建共同体助力车联网产业高质量发展行动，与无锡新吴区和苏州吴江区、吴中区、高新区等地联合发布环太湖智能车联网产业走廊党建攻坚课题，推动苏州市与上海临港新片区完成车联网战略合作协议签约，一体化推进长三角区域智能车联网产业协同发展再上新台阶。

（三）绘就"近"与"远"的全景图，聚焦常态长效"解题"

产业链党建关键是"链起来"，通过党建联动市区18个部门签订认领8个车联网产业链党建攻坚课题，让机关部门、专业机构、科研平台等多方资源、服务全线贯通，实现全链协同促进发展，以"党建实、组织强"带动"产业兴、发展好"。

一是填补地方立法"空白"。赴先进地区学习制定经验，邀请省级相关部门实地开展立法调研，共同推进立法工作落实，《苏州市智能车联网发展促进条例》正式施行。

二是破解基建设施短板。市、区两级部门成立联合行动支部，共同推进智能网联道路建设超251公里，建成国内首条满足车路协同式自动驾驶等级的全息感知智慧高速公路。

三是构建智驾生态联盟。整合政策服务资源，牵头成立国内首个自动驾驶生态运营联盟，协助8家企业与复旦大学、上海交通大学苏州人工智能研究院等高校院所达成产学研合作项目11个。

四是推动示范应用和商业落地。针对党员蹲点社区调研中收集到的群众出行问题，科学规划公交线路，4辆金龙和轻舟智航合作的智能驾驶小巴已开展公交化运营，切实以科技感提升居民群众获得感。与市级邮政管理部门通过党建共建推动快递无人配送示范区建设。发放自动驾驶出租车（Robotaxi）、无人驾驶公交车（Robobus）示范运营牌照、低速车示范运营牌照、重卡无人化测试牌照等70张苏州市智能网联汽车牌照，推动自动驾驶车辆"持证上岗"。

五是助力"金融＋车联网"融合发展。聚焦产业发展融资需求，数字金融产业集群党委和智能车联网产业党委密切合作，推动恒旭绿色产业基金（总规模40亿元）、苏创工银先导智能车联网产业基金（总规模50亿元）、苏州市相融产业投资引导基金（总规模30亿元）、相城智能车联网专项基金（总规模10亿元）等项目落地，让高质量"金融活水"在智能车联网产业链充分涌流。

三、工作成效

（一）"内外"兼修，党建引领打造最优产业发展环境

对内，持续加强顶层设计，集群党委牵头不断优化智能车联网管理

体系（《苏州市相城区全域开放智能网联汽车道路测试和示范应用实施方案（试行）》《苏州市相城区智能网联汽车道路测试与示范应用管理实施细则（试行）》《苏州市相城区智能网联汽车示范运营实施细则（试行）》《苏州高铁新城促进无人驾驶智能网联汽车创新应用实施细则（试行）》《苏州市相城区无人驾驶装备示范运营管理办法》等12个政策文件）。围绕抓项目、优服务、促发展，健全完善政企研金协服"六端"党组织共建共联，打造"六端"党组织服务资源库，推动形成"热带雨林式"的创新发展生态。对外，推动成立环太湖智能车联网走廊党建共同体，做实与周边地区的毗邻党建共建项目，围绕车联网道路基础设施建设、产业链协同发展、标准技术共建、产业金融合作、行业组织协同等方面联合攻坚、共同解题，切实化解毗邻区域消极空间。

（二）"上下"同步，党建聚力要素保障

对上，进一步发挥省级联系点优势，推进与上级部门党建共建，签领党建攻坚课题，积极争取省市两级司法、工信、交运等10余个部门资源，推动《智慧公路车路协同路侧设施建设及应用技术指南》全国首发，车路协同联合实验室成立，推进智能网联技术快速验证落地，为产业提供范本。对下，做好企业集聚区、龙头企业等链上主体的党建工作，选派58名党建指导员下沉产业一线，持续推动"两个覆盖"，实现产业链上企业"双有"提升。由辖区驻企服务员、楼长、党建专职管理员组成"产业服务先锋队"，采用"1＋3＋N"管理模式，建立"定期走访、随时服务、部门协同"三项机制，依托为民服务中心设立"益企帮"前置服务辅导区，梳理定制18项个性化服务清单，解决企业困难991个，形成"一口受理—先锋帮办—流转处置—跟踪反馈"服务闭环。

（三）"点面"结合，党建推动品牌创建

把车联网产业链党建省级联系点打造为产业发展"最活跃地带"，连续举办五届智能驾驶大会，连续2年举办"四跨"应用实践活动，深度参与第29届智能交通世界大会，区内企业参与或主导起草国家、行业、团体标准44项，拥有有效专利超2400项。企业快速成长，2023年累计集聚独角兽（培育）企业14家，不断扩大产业"朋友圈"，打响"智驾之城"和"智驾大道"品牌。加速健全建强与智能车联网产业集群相融合的解题党建工作机制、工作平台和队伍力量，不断打破行政壁垒、区域壁垒、资源壁垒，用组织链联结人才链、活动链、服务链、创新链、阵地链，让看不见的联结更加显性化、科学化、体系化，不断提升智能车联网产业全链条集聚度，持续巩固做强智能车联网产业"领先＋核心"优势。

四、经验启示

产业发展的难题在哪里，党建工作就要推进到哪里。产业链党建做得好不好，关键要看能不能解决问题、推动发展，特别是要重点把握好三对关系。

（一）把握好党的建设和产业培育之间的关系

产业链党建，关键要"链"起来。要在党建与产业发展的深度融合上做文章，不能单纯就党建抓党建，只有发挥党建的引领作用，以党建搭平台、建载体，把政府、企业、科研院所、金融机构、社会组织等资源、服务全线贯通，实现全链协同促进发展，才能实现党的建设和产业

发展有机结合、双向奔赴。

（二）把握好行政推动和市场主导之间的关系

目前产业链党建工作更多依靠行政推动，链上主体的自主性、积极性还没有得到充分激发。产业发展的主体是企业，而市场是企业发展的决定性因素之一。因此，在利用行政推动中要遵循"引导不主导、参与不干预、到位不越位、协办不包办、帮忙不添乱"的原则，激发市场主体内生动力，引导他们更加积极主动参与到产业链党建工作中。

（三）把握好产业需求和服务供给之间的关系

要把找准需求、服务发展作为产业链党建的发力点，只有让链上企业有收获、得实惠，产业链党建才会更具生命力。因此，做好产业链党建必须弄清楚"产业缺什么""我们有什么""工作做什么"，建好用好"三张清单"，把一个个重点难点问题，细化为具体的党建攻坚课题，为链上企业提供更加精准高效的服务，真正为产业发展解决难题，让更多市场主体真正支持拥护、积极参与产业链党建工作。

 **案例点评**

> 苏州市相城区作为江苏省首批车联网先导区、首个数字交通示范区及首批车联网和智能网联汽车高质量发展先行区，从把握三对关系入手，内外兼修、上下联动、点面结合，全方位以党建推动、引领、保障智能驾驶领域创新和产业发展，蹚出一条"党建链、创新链、产业链、政策链"融合发展的新路，展示了"解题党建"工作法破解产业创新"瓶颈题"的优异答卷。

党建"双螺旋"
点燃生物医药产业链发展"红引擎"

苏州工业园区党工委

【引言】产业链党建是指在产业链上的各个环节中,通过党组织的领导和党员的参与,形成共同的价值追求和合作机制,推动党的工作与产业链的发展相互促进。产业链党建既是党建工作的新发展、新延伸,也是经济领域党建的新命题、新实践。为充分发挥高质量党建引领高质量发展的"红色引擎"作用,苏州工业园区党工委聚焦生物医药"一号产业",将生态圈建设思维引入产业链党建,创新"双螺旋"党建工作方法,探索构建条块结合、上下联动的党建工作体系,实现"党建"与"业务"双链融合、双向驱动,引领赋能生物医药产业高质量发展。

【摘要】苏州工业园区党工委创新推行党建"双螺旋"模式,为生物医药产业链发展点燃"红引擎"。将党建工作与产业链深度融合,通过组织共建、资源共享、活动共办等方式,强化党组织在产业中的引领作用。激发创新活力,优化产业生态,促进人才集聚,推动生物医药产业链高质量发展,打造产业发展新优势。

【关键词】党建"双螺旋";生物医药产业链;高质量发展

扫码看VR

一、案例背景

作为经开区、高新区、自贸区三区融合发展的高科技园区，苏州工业园区新兴业态多点开花、发展迅猛，一大批小企业、科技企业在这里落地生根、蓬勃发展。其中，园区"一号产业"生物医药领域已集聚相关企业2 500多家，党组织也呈现出形态多样的特点。目前，在该领域开展党建工作存在着总量大、抓手少、管理难等问题，传统的行业管理抓不全、属地管理抓不紧，如何创新组织设置形式和党建工作方式，更好引领和赋能生物医药产业高质量发展，正日益成为当下亟待研究和解决的重要课题。

苏州工业园区党工委坚持问题导向、创新导向、发展导向，打破线性思维，突破条块制约，以生态圈思维探索推进生物医药产业链党建，组建生物医药产业链党委，推出"双螺旋"党建工作方法，建立健全组织设置、助企服务、协同联动等多项机制，嫁接起"党建"与"业务"双链，逐步形成"产业链延伸到哪里，党组织就建设到哪里，作用跟进发挥到哪里"的工作格局，切实把党的组织优势转化为产业的发展胜势，相关经验做法获评2023年长三角城市群基层党建创新案例。

二、主要做法

苏州工业园区党工委着眼强化党建总揽全局、协调各方的领导核心作用，突出生物DNA双螺旋特色，创新"党建＋业务"双螺旋工作方法，不断提升党建围绕中心、服务大局的显示度。

（一）创新组织设置机制，"链"上凝聚合力

按照"区级统筹、产业归口、条块协同、上下联动"的原则，探索与产业发展实际相适配的组织设置形式，推动组织建设和产业链条同步延伸。

依托定量，建立建强产业链党委。 出台《关于加强党建引领助推产业链发展的实施意见》，由园区组织部、科创委牵头组建生物医药产业链党委，建立"领导小组＋产业链党委＋企业党组织＋攻坚党支部"四级架构，覆盖219家成员单位、1 628名党员，其中职能部门10家、国有企业1家、科研院所4家、行业协会3家、生物医药企业201家。建立生物医药产业链党委责任清单，推动功能型党委实体化运转，明确"收集企业难题、研究产业策略、汇聚产业资源、解决发展难题"四项职责，每年聚焦一个产业难题，牵头实施一个攻坚项目，实现"问题在链上解决、工作在链上推动、作用在链上发挥"。

做大增量，孵化培育企业党组织。 坚持因地制宜、灵活高效，依托产业链党委打造链上企业党组织"孵化器"，推动产业链党组织覆盖有形有效。**以大带小，打造引领型党组织。** 发挥生物医药产业园主平台作用，以业务帮带、分片兜底、项目跟进等方式，引领一批产业链党组织组建。**以上带下，打造伙伴型党组织。** 发挥上下游企业产业融合的优势，以业务紧推动党建紧，实现组织共建、活动共办、人才共育、经验共学，推动一批产业链党组织组建。**以内带外，打造赋能型党组织。** 涉企部门党组织发挥服务支撑作用，完善"引进—落地—投产—培育"全链条引领保障机制，将党组织排查融入招商引资、项目建设、人才引进、技术创新全过程，带动一批产业链党组织组建。

优化存量，灵活用好行动支部法。根据党员分布、业务需要等情况，按照有明确方向、有具体项目、有细致计划、有联动团队、有特色品牌、有规范内容的"六有"要求，合理设立行动支部。紧盯科技招商、技术创新、安全生产等重点任务，充分发挥行动支部冲锋在前、攻坚克难的作用。梳理关键技术清单和"卡脖子"攻关清单，常态开展"揭榜挂帅"项目，设立党员先锋岗、党员责任区346个，推动党员带头创先争优。

（二）创新助企服务机制，"链"动优质资源

坚持以党建力量整合政府、市场和社会力量，树立全生命周期服务理念，全力打造政务服务、金融服务、科技服务、人才服务、中介服务、群团服务"六务融合"服务模式。

提升政务服务水平。着眼于生物医药全产业链发展需求，建设生物医药产业综合服务中心，推动政务服务下沉，提供行业监管和帮代办服务，涵盖特殊物品风评、人类遗传资源、专业数据库查询、生物安全实验室等各领域，提供各类咨询及服务1.5万余次。创新"午间一小时"交流平台，建立健全"企业点单、党委派单、部门接单"机制，开展专项服务活动70余场，定向解决吉玛基因安全培训、鲲石生物临床合作等需求300余项。

强化金融服务支撑。充分发挥政府整合金融和产业资源优势，引进世界顶级投资基金。近年来，园区生物医药企业每年吸引社会资本投资近200亿元，累计为园区生物医药企业融资超1000亿元。建立健全上市企业党建赋能机制，加强银企对接和基金扶持，为生物医药企业上市提供专业指导，已助力17家生物医药苗圃企业成功上市。

增强科技服务力度。落实"益企圆梦"党建惠企制度，建立"益企家"企业服务联络站，组织链上企业开展科技项目申报、学术交流等活动，协调解决企业重要问题1200余项。围绕生物医药全产业链发展，推出长三角一体化特殊物品风评结果互认、沪苏临床试验协同机制等十余项制度创新举措，其中3项获评国务院深化服务贸易创新发展试点"最佳实践案例"，在全国范围内复制推广。

壮大中介服务供给。盘活已有社会资源，加强与律师、会计等行业协会党建共建，联合苏州自贸片区法律服务中心打造"理想·护航灯"项目，围绕生物医药企业发展中普遍面临的股权融资、知识产权保护、劳务用工、合规管理等难点，常态化提供法律咨询、法治体检、法治讲座、合规指导等个性化、精细化法律服务，推动优质法律服务供给端与生物医药产业需求端精准对接，为重点企业发展赋能增效。

彰显人才服务温度。发挥组织优势，积极做好人才政策对接工作，发布《关于坚持党建引领推动高知群体"爱国、奋斗、奉献"的实施办法》，落实各类人才百项服务清单，健全党委服务专家人才制度，完善人才建言献策机制，积极推荐优秀人才党员为"两代表一委员"人选。

丰富群团服务内涵。坚持"党建带群建"，着力构建党群一体化服务体系，根据园区生物医药产业就业群体年纪轻、高知化的特点，围绕职工大学习、大健康、大公益，常态化开展周末市集、人才相亲、心理咨询、青年演讲等形式多样的党群活动，加强党群互动，凝聚党群共识。

（三）创新协同联动机制，"链"出发展动能

聚焦"政产学研金服用"等多元主体搭平台、建生态，打通政产学

研外循环和链上企业内循环，助力产业规模扩大、布局优化、质效提升。

大中小协同发展。加强链主企业培育，建立生物医药企业分层分类服务机制，制定头部企业"一企一策"支持方案，梳理重点企业培育库，落实专职党务工作者挂钩联系制度，不断畅通政企联系绿色通道。充分发挥链主企业生态主导力，鼓励头部企业党组织轮流牵头，开展主题学习、专业辅导、调研考察等开放式主题党日活动，推动链上企业信息互通、资源共享、优势互补，形成良性竞合关系，努力绘就互补型企业抱团取暖、竞争型企业错位发展、小微型企业苗壮成长的生动图景。

上下游协同运作。按照新药创制、医疗器械、生物技术三大细分领域，开展重点项目供需对接，搭建"企业家沙龙"、产品推介会等沟通交流平台，着力破解产业链上下游企业联动难、同步难、配套难等问题。打造中国生物技术创新大会、苏州国际生物医药产业博览会、医疗器械创新周等具有国际影响力的品牌展会，助力产销对接、市场拓展、项目引进。2023年，园区生物医药产业链党委搭台开展供需对接90余次，推动宜联生物、百图生科分别达成总交易额超10亿美元的国际合作。

产学研协同创新。深入推进校企合作，联合14家单位建立高校党建联盟，通过校企联合实验室、校企导师互聘、产业学院等形式，探索校企联合攻关、协同育人新模式，为产业发展提供有力支撑。着眼苏州临床资源薄弱的难题，抢抓长三角区域一体化发展机遇，探索建立苏州与上海、南京等地的新药与医疗器械临床试验协作机制，搭建苏州临床研究服务平台，对接医疗机构16家，针对院企科研合作、横向课题等方面开展长期合作，建设高效临床合作创新网络。

三、工作成效

（一）创新理念，组织建设取得新成效

苏州工业园区党工委打破传统党组织管理模式，逐步建立起职能部门为链长、龙头企业为链主、科研院所和服务机构为补充的生物医药产业链党委，链接多元主体、导入发展要素，实现政企高效沟通、产业有效合作、科技协同创新。探索"以大带小、以上带下、以内带外"等党组织组建方式，先后推动成立了冷泉港、贝康医疗、楷拓生物等企业党组织，进一步扩大链上组织覆盖和工作覆盖。其中，冷泉港亚洲DNA学习中心自2015年7月成立以来一直未能建立党组织，在产业链党委的带动下，于2023年正式成立了党支部。

（二）纵深发力，工作机制实现新突破

以生态建设为本，创新形成"十个一"产业链党建工作机制，即成立一个功能党委、明确一个牵头单位、建立一张责任清单、集聚一批龙头企业、培育一批链上组织、搭建一批交流平台、实施一批重点项目、定制一批党群服务、建设一批党群阵地、形成一个优质生态，推动生物医药产业链党建工作目标化、责任化、常态化。结合生物医药产业链发展实际，探索建立规范统一的组织活动机制、交流互动机制和党建共建机制，为产业链中各类主体搭建沟通交流平台，推动链式党建模式从物理整合转化为化学反应。

（三）融合赋能，产业发展迈上新台阶

把凝聚人心、服务发展作为党建工作立足点，通过党建链引领人才链、创新链、产业链、资金链"四链融合"，推动园区生物医药产业强链、补链、延链，产业呈现高速成长态势。据公开数据显示，2023年，苏州工业园区生物医药海外授权合作事件累计19件，占全国24%；全国合作交易总金额超10亿美元事件中，园区企业数占比约40%；园区港交所上市企业数量、顶尖人才数量、新获批一类新药临床批件数量、现有发酵罐总容量、企业融资总额等五项指标均占全国20%以上；在中国生物技术发展中心最新发布的全国200多个生物医药产业园排名中，苏州工业园区综合竞争力位居第二、产业竞争力跃居第一。

四、经验启示

产业链党建既是创新之举，也是务实之策。苏州工业园区党工委以党建引领生物医药产业链高质量发展，在助力生物医药产业"强链、补链、延链"的同时，也为做好产业链党建工作提供了有益启示。

（一）突出组织建设的灵活性

新组织模式的出现和发展，对基层党组织建设提出了新的挑战。与传统领域相比，产业链党建呈现出企业数量多、地域分布散、规模差异大、发展模式新等新特点。基于此，有效且全面的组织覆盖成为推进产业链党建的重要前提。要抓好组织建设这一根本，创新组织设置形式、党建活动方式和党员管理模式，沿着产业链建强组织链，让产业链各环

节、各要素、各主体"链得上""链得通""链得实",实现上下贯通、左右联通、内外融通,推动产业链党建向更深处扎根、向最末端发力。

(二)提升参与主体的广泛性

除企业党组织外,相关职能部门、科研院所、高校研发创新机构、中介服务机构党组织等均可成为参与产业链党建的主体。只要是有利于强化产业链发展力、影响力、号召力,有利于形成产业链党建生态和发展生态的各类主体,都可以适时纳入。要坚持"产业发展缺什么补什么、企业发展要什么给什么、职工群众盼什么做什么",依照产业布局逻辑、双招双引逻辑、企业成长逻辑,注重补齐补强补全产业发展所需的各种要素、资源和服务,构建一流产业生态,切实提升产业发展的系统性、融通性、协同性和开放性,增强产业自组织能力和产业发展粘性。

(三)增强作用发挥的双向性

以"强党建"为根基的各项工作任务,最终都要以"促发展"为根本追求,二者相互融合、相互促进。开展产业链党建的最终目的,是推动产业链发展壮大。因此,要立足于"大党建"思维,坚持将党建纳入产业链工作的整体布局。在增强各类党组织政治功能、组织功能的基础上,坚持以党建引领推动力量联合、资源整合、信息融合,围绕企业发展需求优服务、针对链上问题找办法、瞄准难点堵点强攻关,实现党建工作和业务工作的深度融合,助力企业做大做强,提升产业发展能级。

 **案例点评**

　　如何建设产业链党建？苏州工业园区党工委坚持问题导向、创新导向、发展导向，打破线性思维，突破条块制约，以生态圈思维探索推进生物医药产业链党建，组建生物医药产业链党委，推出"双螺旋"党建工作方法，建立健全组织设置、助企服务、协同联动、队伍建设等多项机制，嫁接起"党建"与"业务"双链，逐步形成"产业链延伸到哪里，党组织就建设到哪里，作用跟进发挥到哪里"的工作格局，切实把党的组织优势转化为产业的发展胜势。

党建引领"四链"融合赋能产业集群高质量发展

苏州高新区党工委

【引言】 党的二十大报告指出,要"着力提升产业链供应链韧性和安全水平","推动战略性新兴产业融合集群发展"。2023年7月,习近平总书记在考察江苏、苏州时提出"四个新"重大任务,强调要"在强链补链延链上展现新作为","加快构建以先进制造业为骨干的现代化产业体系"。加强产业链党建工作,既是组织路线服务政治路线的重要体现,也是党建工作围绕中心、服务大局的使命所系。近年来,江苏省委组织部着力推进"321"产业链党建递进培育工程,强调要"以党建引领产业强链补链延链",确定16条产业链党建省级联系点,加速把党建优势转化成"江苏制造由大向强"的发展胜势。

【摘要】 近年来,苏州高新区党工委在产业链党建上持续加强探索,深入学习贯彻习近平总书记考察江苏、苏州重要讲话重要指示精神,聚焦"2+5"现代产业体系建设,创新推进产业链党建"十个一""擎旗汇智 聚光凝心"等行动,不断将党的政治优势、组织优势转化为产业发展优势,有效构建以"党建链"引领产业链、创新链、资金链、人才链"四链"融合共生的集群生态。光子、高端医疗器械产业分别被确定为省、市产业链党建联系点。

【关键词】 产业链党建;四链融合;党建引领

扫码看VR

一、案例背景

近年来,苏州市依托自身产业特点,大力推进数字经济时代产业集群建设,出台做优做强产业集群党建的实施意见,推进产业集群党建二十项融合行动,持续鼓励各地同题共答,有效凝聚各方资源合力,在助推产业发展过程中发挥了有效作用。而苏州高新区作为首批国家级高新技术产业开发区,肩负着"发展高科技,实现产业化"的初心使命,近年来积极落实苏州市产业发展总体布局,持续发展壮大"2+5"现代产业体系。在产业链党建工作的探索上,苏州高新区党工委也坚持走在前、做示范,连续两年立项"党建引领重点产业集群建设"为区党(工)委书记项目,着力探索党建引领产业发展的好办法、新举措,不断迭代完善产业链党建工作体系,从医疗器械产业链党建"十个一"行动,到光子产业链党建"擎旗汇智 聚光凝心"12条举措,再到全区产业链党建"123456+N"工作体系(围绕一个中心、实施双向机制、建好三支队伍、解决四类难点、构建五大体系、实现六端发力,推进N个项目),探索出一条党建引领"四链"融合、推动产业集群高质量发展的有效路径。

二、主要做法

(一)链强组织体系,积蓄红色动能

苏州高新区党工委始终坚持以党建引领高水平科技自立自强,聚焦

区域重点产业,推动党的建设和产业发展深度融合、互促共进,确保"产业链延伸到哪里,党组织就建到哪里,作用就发挥到哪里"。**一体谋划推进**。充分发挥党委把方向、管大局、保落实作用,成立以区(工)委主要领导为组长的工作小组,研究制定产业集群发展三年行动计划,出台党建引领重点产业集群建设实施意见,实施"建立'揭榜挂帅'制度""打造'光锋惠企'团队"等党建引领12条工作举措,一体推进"链上党建"与产业发展同题共研、同向发力。**建强组织体系**。根据产业特点和发展阶段,科学设置组织架构和运行机制,成立大院大所党建联盟,组建光子、高端医疗器械等4家功能型党委,实体化运作专业国有公司,横向构建"集群党委—企业党组织—产业链党小组"三级组织体系,纵向整合"区级部门+专业国有公司+大院大所+创新型骨干企业"党组织力量,覆盖260余家党组织、1 300余名党员,推动形成上下贯通、执行有力的组织体系。**壮大工作力量**。选优配强产业集群党委领导班子,由专业国企、机关职能部门主要负责人担任书记,龙头企业党组织书记担任副书记,从两新专职党务工作者和国企党员业务骨干中选派14名党建指导员,建立由40名链上企业党组织书记和党务工作者组成的"红领"人才库,指导培育"五心凝聚""红芯计划"等产业链党建示范品牌,创新探索"国企带非公"的产业链党建有效机制。

(二)链聚创新资源,塑造发展优势

充分发挥产业链党建统筹协调、聚合资源作用,推动链上企业从单打独斗向协同作战转变,形成"全链合作、全域提升"的良好局面。**集聚创新要素**。充分依托大院大所党建联盟、南京大学苏州校区等资源优势,组建高新技术"产教研联合体",设立专家咨询委员会,聘请7位院士担任"海棠智库"集群导师,加快导入优质创新资源,推动形成"政产学研"四位一体的协同创新机制。**凝聚先锋力量**。牢固树立"党的一切工作到支部"的理念,围绕企业招商服务、重大项目研发、核心技术攻坚等关键领域、重点任务,组建"强'芯'补链"等16个行动支部,设立党员先锋岗、党员突击队等,引导支部在一线攻坚、党员在一线示范,助力攻克"卡脖子"技术55个,将党建实效转化为产业发展动能。**深化党建共建**。产业集群党委牵头链接省、市机关部门和专业机构,推动组建"苏州市光子产业联合会"等联盟载体,跨地域整合"机关单位+产业公司+院所高校+龙头企业"党组织资源,以党建共建为企业搭建交流平台,加快创新要素集聚流动。

(三)链接优质服务,赋能企业发展

坚持把服务企业、惠企纾困作为产业链党建工作的切入点和发力点,推动政企高效沟通、产业有效合作、科技协同创新。**聚力精准服务**。聚焦产业链建设、企业发展的难点堵点,实施"四类领办"工作机制(集群党委领办优势资源整合难题、院所联盟领办产学研用融合难题、科技镇长团领办科技创新突破难题、链上党组织领办企业生产经营难题),切实将资源和服务下沉至链上。持续深化党建惠企专项行动,发布5大类20项"海棠惠企"清单,线上开通"阳光直播间"惠企政策辅导,线下选派党员业务骨干组建跨部门企服专班,首批开通15个"一站式"企业诉求服务点,举办114场"集中服务日"活动,解决企业在项目合作、人才招引等方面的难题诉求2 214件,精准高效助推企业发展。**强化金融支撑**。发挥"金税惠企"党建联盟作用,选派21名党员金融特派员开展"一对一"服务,创新发布"融医贷""光子贷"

等科技金融产品，累计支持区内418家重点产业企业获信超14亿元，设立"太湖光子产业投资基金"等专项基金，健全企业全生命周期金融支持体系。**加快人才引育**。出台"人才支持产业集群18条"，实施青年人才招引、海外归国人才倍增计划，加快集聚国内外顶尖人才（团队）。大力推动产教融合，依托南京大学苏州校区开展专业技术人员定向培养，探索"岗位培训＋导师帮带"模式，每年命名表彰一批"高新匠领"。加快高品质人才社区建设，强化人才安居保障，做优"人才会客厅"品牌，推动重点产业人才安心舒心发展。

三、工作成效

（一）产业链党建工作体系更加完善

始终聚焦以党建引领服务发展大局，高标准立项推动产业集群党建工作，着力打造产业链党建创新点、示范点。从成立大院大所党建联盟先行探索，到推广党建引领产业集群建设"十个一"经验做法，再到系统打造光子产业链党建省级联系点，苏州高新区党工委不断建强产业链党建领导体系、组织体系、制度体系、作用发挥体系、服务体系、载体体系等"六大体系"，有效凝聚政、企、研、金、协、服"六端"党组织合力，引领带动千余家链上企业抱团发展。光子、医疗器械、集成电路、软件和信息技术产业产值超1 600亿元，助力获评全省唯一高端医疗器械技术创新中心，多肽类生物药入选全国中小企业特色产业集群。

（二）有效推动创新要素加快集聚

产业集群党委牵头链接省工信厅、省科技厅等资源，高规格举办

"国际医疗器械合作峰会""首届世界光子产业发展大会"等重大活动，推动光子、医疗器械、集成电路等新兴产业全年引进高质量项目超200个。依托南京大学苏州校区，举办产业科技创新大会、中外院士前沿科技论坛等活动，累计签约校地合作项目210个。组建"一项目一专班"，由职能部门业务骨干组成项目管家队伍，提供"跨前指导、容缺预审、帮办代办"等"保姆式"服务，助力加快项目落地。10个项目入选省科技成果转化专项，列全省第一；4个项目入选全市成果转化平台，列全市第一。

（三）助力打造更高能级创新平台

充分整合高校、院所优势资源，加快建设太湖光子中心，与南京大学、苏州大学等共建三大创新平台，先进化合物半导体基础工艺平台已完成一期建设，硅光集成、微光机电两个平台积极推进；光电芯片封装与测试、光电器件测试与验证两个公共服务平台启动实施，为产业发展提供全方位、多元化配套支撑。以平台建设推广为契机，加强全市链上企业交流合作，放大苏州市光子产业联合会聚合效应，通过党建联席会等长效机制，引领服务重点产业发展壮大，助推3个国家级重点实验室落地建设，正式启用"国家药监局智能化医疗器械研究与评价重点实验室"，努力突破一批关键核心技术。

（四）协同构建一流产业发展生态

坚持顶层设计，加大支持保障，发布"高光20条"等产业专项支持政策，推进全省首家互联网法庭落户，助力获评全国首批国家知识产权服务业高质量集聚发展示范区，构建国际化专业化的产业发展生态。

加强载体建设，优化配套支撑，建成江苏医疗器械科技产业园（Medpark）、太湖光子科技园等专业化载体，推进太湖科学城国际人才社区建设，高标准建设光子、医疗器械等2个产业集群综合性党群服务中心，依托大院大所和龙头企业示范打造32个"产业链上的海棠花"先锋阵地，不断丰富政策咨询、人才服务、学习教育等功能，推动形成集群发展"15分钟服务圈"。

四、经验启示

（一）党建引领高质量发展是根本，要始终坚持战略牵引

习近平总书记强调，"新发展格局以现代化产业体系为基础，经济循环畅通需要各产业有序链接、高效畅通"。由此可见，建设现代化产业体系是加快构建新发展格局、着力推动高质量发展的必然选择，具有十分重要的战略意义。战略所需就是党建所向。因此，要坚持跳出党建抓党建，紧紧围绕高质量发展中心大局，着眼推动重大战略产业强链、补链、延链，充分发挥党组织桥梁纽带作用和统筹资源优势，引领带动产业链上下游、产学研、大中小企业依托党建共同体，构建发展共同体、责任共同体，将党的组织优势有效转化为产业发展优势。

（二）行之有效的体系机制是基础，要努力着眼常态长效

产业的规划和发展需要久久为功，产业链党建也必须持续推进才能做出实效，因此，要建立执行有力的工作体系和畅通有效的运行机制，长效推动党的建设与产业发展相融共生。通过明确各层级和各有关部门

职责定位，进一步压实产业链党建主体责任；通过科学设置组织架构，切实发挥产业集群党委"虹吸"效应和"主核"作用；通过建立"六端"党组织联席会议等制度，完善"定期协商、部门协调、党群联动、专家支持"的议事机制，加强信息共享，凝聚发展合力；通过深化"行动支部"工作法，引导企业党员职工立足岗位作贡献，激发企业抓党建、促发展的内生动力；通过开展党建共建和各类主题活动，促进企业对接合作，加速集聚创新资源。

（三）惠企纾困的优质服务是重点，要推动解决实际问题

服务企业、惠企纾困是产业链党建工作的重要着力点，只有用心用情用力帮助企业解决实际问题，持续打造最优营商环境，才能助力产业发展行稳致远。要发挥机关职能部门先锋作用，选派涉企业务部门党员骨干，组建联合服务专班，深入一线开展综合服务，推动形成党建引领办实事、解难题的工作闭环。构建"创新集群党委领导、组织部门牵头协调、相关部门协同配合"的惠企机制，以企业党组织为主渠道下沉服务力量、链接发展资源，推行"三张清单"（需求清单、资源清单、项目清单）工作制度，挖掘各类创新要素党组织自身优势，形成多方共助产业发展的系统合力。

（四）素质过硬的专业力量是保障，要着力提升队伍建设

企业出资人、党组织书记和党务工作者、产业人才是推进产业发展和"链上党建"相融互促的骨干力量，要不断加强政治引领和专业培养。通过组织活动、荣誉激励等举措，加强对企业出资人和高管的凝聚引领，引导他们重视、支持党建工作。持续加强链上企业党组织书记和

党务工作者队伍专业化建设,开展履职能力培训和专业资格认证,依托区域化两新党建工作站专业力量,加强党建人才输送和业务指导。建立集群内党组织书记联合培养、人才联招共育等工作机制,通过产业人才招引和服务,帮助集群内企业引才、育才、留才,有效为产业发展提供人才支撑和智力保障。

 案例点评

> 在产业链党建工作的探索上,苏州高新区走在前、做示范,不断迭代完善产业链党建工作体系,其中的代表是全区产业链党建"123456＋N"工作体系,同时推动创新要素加快集聚,打造更高能级创新平台,协同构建一流产业发展生态。特别是把服务企业、惠企纾困作为产业链党建工作的重要着力点,实实在在地以党建引领解决产业发展实际问题,探索出一条党建引领"四链"融合、推动产业集群高质量发展的有效路径。

打造"三级驿站"暖心港湾
擦亮"苏骑先锋"党建品牌

苏州市市场监督管理局党组

【引言】 习近平总书记在2019年新年贺词中称赞:"快递小哥、环卫工人、出租车司机以及千千万万的劳动者,还在辛勤工作,我们要感谢这些美好生活的创造者、守护者。"加强外卖配送员群体领域党建工作意义重大:有助于让他们感受到组织的关怀和支持,找到自身的价值和定位,提升职业认同感;有助于更好地维护他们的合法权益,如劳动保障、安全保障等;有助于规范外卖配送行为,提高整体服务水平,进而推动行业健康有序发展;有助于增强行业凝聚力,将外卖配送员团结在党的周围,促进资源共享和合作,增强行业的竞争力;有助于构建和谐社会,外卖配送员与社会各方面有着广泛接触,加强党建工作可以更好地引导他们积极参与社会治理,促进社会和谐稳定。

【摘要】 苏州市市场监督管理局党组打造"三级驿站"暖心港湾,擦亮"苏骑先锋"党建品牌。通过建设市级总站、县级分站和基层驿站,为外卖骑手提供一站式关怀暖心服务。同时,开展多项活动,满足骑手群体需求,发挥党建引领作用,提升行业美誉,为基层治理提供了新的模式和经验。

【关键词】 三级驿站;苏骑先锋;党建引领

扫码看VR

党的二十大报告中指出，要"加强新经济组织、新社会组织、新就业群体党的建设"。外卖配送员群体是新就业群体的重要组成部分，加强该领域党建工作，是增强党的阶级基础、扩大党的群众基础、夯实党的执政基础的现实需要。苏州市市场监管局党组始终高度重视苏州市外卖配送行业党委建设，以"苏骑先锋"三级驿站建设为抓手，做实做强外卖配送行业新业态新就业群体党建工作，走出了一条"充满温情"的探索之路，推动了党建工作与行业发展同频共振、与市场监管业务深度融合、与社会治理同向发力，增强了党在新兴领域的号召力、凝聚力、影响力。

一、案例背景

近年来，随着共享经济、平台经济、网络经济等新业态迅猛发展，外卖配送员等灵活就业群体数量急剧增加，已经形成了广泛的组织网络、庞大的从业人员和高效的运达体系。苏州市开展外卖配送业务的平台每天活跃骑手4.7万余人，专送骑手1.7万余名，骑手党员60余人，骑手年龄主要分布在18～40岁之间，其中30岁以下占比约70%。

如何把握外卖配送员群体的新与"变"，激活"党建力量"，释放"红色动能"，使其融入城市基层党建大格局，成为新课题。为此，苏州市市场监管局对辖区内外卖配送行业群体开展了走访调研。通过调研发现，外卖配送行业群体主要面临三大困难：一是工作强度大。配送速度决定了外卖配送员每天的单量，直接影响到他们的收入。外卖配送员为了多增加收入，每天都在与时间赛跑，工作强度很大，有时还会受到恶意差评却没有申诉渠道。二是获得关爱少。外卖配送员常年工作在

"云"上、奔波在路上，吃饭难、喝水难、休息难、如厕难、充电难，这些"小需求"对没有固定工作场所的骑手们来说却是"大问题"。三是发展空间小。外卖配送员以年轻人为主，他们的职位晋升需求比较强烈，希望能有学历提升、技能培训的机会，但工作性质决定了他们难以脱产学习。

为了解决好这些困难，更好地规范引导外卖配送员群体，市场监督管理局党组积极推动苏州市外卖配送行业党委提出紧贴外卖配送员工作和生活半径，构建"苏骑先锋"三级驿站体系建设，实施外卖骑手关爱工程，推动"小驿站"激发"大能量"。

二、主要做法

（一）一体化推进，打造驿站矩阵"领新"

苏州市外卖配送行业党委聚焦行业群体特质，精心谋点布局，让"苏骑先锋"三级驿站循着外卖骑手生活工作的足迹开枝散叶。**一是坚持需求导向**。结合市委组织部新业态新就业群体党建"百人万里行"体验式调研活动要求，开展外卖配送行业群体大摸底，通过排查走访和座谈访谈收集外卖配送行业群体底数及需求，构建外卖配送行业群体动态热力图，寻找外卖配送行业群体"热度"最高的聚集地。**二是坚持高位推动**。在深入调研掌握需求的基础上，印发《关于加强苏州市外卖配送行业党建服务站点建设的通知》《苏州市外卖配送行业党建服务站建设指导意见》，提出构建"1个总驿站＋10个示范驿站＋20个优秀驿站＋N个基础驿站"的矩阵建设目标。同时，将外卖配送行业党建服务站建设列为苏州市市场监督管理局 2023 年度"书记项目"。**三是坚持多方联动**。苏州市委组织部、市委两新工委、市级机关工委等部门积极指导、大力支持，市县两级行业党委整合"小个专"党建工作指导站、餐饮商户、党群服务中心、中国移动营业厅等资源，"连点成线""织线成网"构筑驿站网络，以三级驿站微网格覆盖外卖配送员工作生活网络。

（二）示范化引领，加强关爱凝聚"暖新"

聚焦外卖配送行业群体需求"解剖麻雀"，持续拓展驿站党群服务、公共服务、生活服务等功能。**一是搭建诉求响应平台**。为每个"苏骑先锋"驿站配备意见箱，定期组织骑手座谈交流，让外卖骑手的合理诉求有反映处、问题有协调处、困难有解决处。积极引导外卖配送员党员了解收集外卖配送员群体的困难和诉求，及时向党组织反映。**二是构筑关爱帮扶平台**。充分发挥党建引领作用，与行业妇联、团委、关工委和相关部门、民个协会、招商银行、中国移动、中国铁塔等协同联动，依托"苏骑先锋"三级驿站解决了一批外卖配送员群体在工作环境、权益维护、职业发展等方面面临的急难愁盼问题。比如，针对外卖骑手学习需求，在驿站配备书籍，举办支部书记讲党课、小哥讲给小哥听等活动，建立"例会现场集中学、碎片管理自主学、定期交流分享学"三维度学习模式；不定期在驿站为外卖骑手免费提供中医健康关"新"、律师咨询护"新"、教育成长提"新"等服务；疫情防控期间，为外卖骑手提供 9 万粒退烧药、5 万支抗原及 6 万个 N95 口罩等。**三是打造示范引领平台**。依托苏州市民营企业党群服务中心建设"苏骑先锋总驿站"，命名 10 个"苏骑先锋示范驿站"、20 个"苏骑先锋优秀驿站"，聚焦破解"生活、办事、保障、乐活、发展"等难题打造"1＋10＋20"集群化服务样板。全市已建成驿站 4 000 多个，外卖骑手通过"身边的海棠花"小程序可一键直达阵地，很多驿站因地制宜创新推出独立出行电梯、基础维修、道路骑行救援、24 小时服务等特色化服务。

（三）多元化引导，突出作用发挥"融新"

驿站的暖"新"关爱，极大地增强了外卖骑手的融入感、归属感和责任感，不仅成为服务外卖骑手的阵地，还成为引导外卖骑手参与基层治理的重要平台。**一是以宣传引导**。通过在驿站播放宣传片、发放宣传资料、举办专题讲座等方式，引导外卖骑手发挥"流动哨兵"作用，将工作间隙中遇到的社情民意及时反馈，并在关键时刻化身食品安全守护员、企业年报宣传员、服务群众代办员、文明行为宣传员、环境美化维护员。**二是以典型引导**。积极开展典型选树活动，推荐一名骑手获评"2022 年度苏州市十佳新兴青年榜样"，评选"苏骑先锋"先进集体、先进个人、最美骑手、最美巾帼骑手，举办网约配送员职业技能竞赛，并邀请先进典型与广大外卖骑手分享心得体会，引导更多外卖骑手献计献策、共建共治。**三是以项目引导**。引导外卖骑手积极参与国家食品安全示范城市创建等活动，组建骑手志愿服务队，已协助发放各类宣传册 6 000 余份，200 余名骑手被聘为食品安全监督员并提供多个有价值的线索。

三、工作成效

（一）党组织凝聚力得到提升

通过建设"苏骑先锋"驿站载体，定期将分散的骑手聚在一起，开展教育、管理、监督党员和组织、凝聚、服务群众工作，外卖配送员骑手队伍整体思想觉悟有所提高，隐形党员、"口袋"党员主动找组织、亮身份，同时吸引了越来越多的骑手加入党组织。据统计，2023年苏州工业园区有83名骑手提交了入党申请书。

（二）骑手队伍素质得到提升

有了组织的关心关爱，外卖骑手队伍整体素质得到提升。疫情防控期间，外卖骑手在保障民生方面发挥了重要作用，有的骑手就地转化为志愿者；有的站点自发组建志愿服务队，为医务人员提供免费派送服务等。苏州外卖骑手张晨晨救助突发疾病的客户、胡建阳勇救轻生女子、陈迎博从20米高桥上跳下勇救轻生女子等多个见义勇为事迹被各级各类媒体报道，这些都是外卖配送行业群体良好形象的生动缩影。

（三）骑手的关注度得到提升

随着"苏骑先锋"驿站遍地开花，越来越多的政府部门、社会组织加入外卖配送行业党建共建的行列，中国移动、招商银行、中国铁塔等社会力量为骑手的休息充电、车辆维修、衣食住行等提供了很多便利。团委、妇联、关工等部门不定期在"苏骑先锋"驿站举办活动，外卖骑手所受到的社会关注度、理解度越来越高。

（四）基层治理能力得到提升

随着越来越多的"苏骑先锋"驿站投入使用，骑手与社会实现双向奔赴更加有力。广大外卖骑手通过参与学习、公益活动等方式，赢取了爱心积分，享受了评先评优、健康体检、教育培训等服务，营造了比学赶超、争先创优的浓厚氛围，让他们在参与基层治理中体现价值、收获认同、融入城市。

四、经验启示

外卖配送行业具有点多、面广、量大、人员复杂且高度分散、差异性强等特点，既是党的基层组织建设的重点，也是党建工作的薄弱环节，在开展外卖配送行业党建工作中，要注重将政治引领、市场监管和关爱服务等嵌入"苏骑先锋"驿站建设中，为外卖配送行业高质量发展提供坚实组织保障和阵地建设，进一步强化党在外卖配送行业领域的号召力和凝聚力。

（一）要健全组织体系

针对外卖骑手在路上、在"云"中、在家里的新特征，要以组织体系建设为重点，进一步规范和创新组织设置，依托"组建十法"，提升"两个覆盖"质效。进一步细化工作措施，建立健全综合协调、分工负责、调研指导、定期研判、督促推动等常态化工作制度，用心关爱帮扶、创新方式方法、加强宣传引导，充分彰显组织功能，引导他们积极融入基层治理、遵纪守法、积极向上。

（二）要强化工作协调

做党的组织工作要注意组织原则，遵守组织纪律。要提高思想认识，主动接受同级党委组织部门的指导，在党委组织部门的总体部署中认领工作任务，在落实党委组织部门的要求中创造性地开展工作。要加强与乡镇、街道党委、社区党组织、社会团体、市场主办方的沟通协调，完善统筹推进工作机制，构建齐抓共管、密切配合的工作格局。

（三）要加大关爱力度

依托各类社会资源，不断提升驿站的服务功能和实效，打造更多的示范驿站、优秀驿站。通过实地走访调研，深入外卖配送员群体，准确掌握外卖配送员的切实需求和实际困难，通过开展一系列有针对性的关爱活动，解决他们生活中的痛点、堵点，将外卖骑手的"烦心事"成为基层党建的"用心事"，进一步坚定他们"听党话、感党恩、跟党走"的决心。

（四）要加强培训交流

外卖配送员数量多、分布散、人员流动性强、劳动关系复杂，在这个领域开展党建工作有一定难度。从事外卖配送行业新业态党建工作的同志不仅要有觉悟、有热情，更要有本领、有办法；不仅要懂业务，更要懂党建。要经常组织负责党建工作的同志开展现场调研、专题培训、学习交流等活动，全面掌握一线工作情况，不断提高党建工作本领。

（五）要营造浓厚氛围

经常性开展岗位竞赛、技能比武等活动，按照"政治素质高、服务口碑好、示范作用强"的标准，每年选树一批"苏骑先锋"先进集体、先进个人、最美骑手、最美巾帼骑手，加强宣传，引导外卖配送员群体争当先进、争做示范。要在用好传统媒体的基础上，发挥新媒体优势，多渠道宣传报道，营造重视和支持外卖配送行业党建工作的浓厚氛围。

 **案例点评**

  如何加强外卖配送员群体领域的党建工作？苏州市市场监督管理局党组始终高度重视苏州市外卖配送行业党委建设，构建"苏骑先锋"三级驿站体系建设，实施外卖骑手关爱工程，推动"小驿站"激发"大能量"，从而做实做强外卖配送行业新业态新就业群体党建工作，走出了一条充满温情的探索之路，推动了党建工作与行业发展同频共振、与市场监管业务深度融合、与社会治理同向发力，增强了党在新兴领域的号召力、凝聚力、影响力。

强化思想引领 优化三项机制
不断促进民营经济发展壮大

苏州市工商联党组

【引言】 习近平总书记指出:"民营企业搞党建不是一种形式的、功利的想法,要真正拥护党的理念,做到心中有党。"苏州市工商联党组坚持用习近平新时代中国特色社会主义思想凝心铸魂,深入推动党建与民营经济领域工作相融合,确保企业在党的领导下沿着正确的道路发展,与国家的战略和政策保持一致,积极响应国家号召;引导企业更好地履行社会责任,关注社会公益事业,树立良好的企业形象和社会声誉;有利于企业更好地理解和把握国家政策,及时调整发展策略,同时在一些政策扶持方面可能更具优势。

【摘要】 苏州市工商联党组强化思想引领,通过优化三项机制,促进民营经济发展壮大。夯实思想基础,加强党建引领,提升价值引领,坚定民营经济人士理想信念。统筹选人用人,聚焦体系建设,巩固联谊交友,打造优质队伍。重视资源整合,着眼服务创新,推动机制创新,全面提升服务效能,为民营经济发展提供有力支持。

【关键词】 思想引领;民营经济;发展壮大

扫码看VR

一、案例背景

近年来,疫情和世界百年未有之大变局交织叠加,民营企业在经营发展中遇到一些困难和问题,发展预期和发展信心受到一定影响。习近平总书记在2023年全国两会上强调:"党中央始终坚持'两个毫不动摇'、'三个没有变',始终把民营企业和民营企业家当作自己人。"为贯彻落实习近平总书记重要讲话精神,苏州市工商联党组坚持用习近平新时代中国特色社会主义思想凝心铸魂,深入推动党建与民营经济领域工作相融合,持续优化三项机制,助力营造一流营商环境,构筑苏州民营企业高质量发展的良好生态。

二、主要做法

(一)强化政治思想引领,巩固民营经济代表人士队伍建设

一是扎实推进民营经济代表人士理想信念教育。以深入学习宣传贯彻党的二十大精神为主线,依托党校、社会主义学院、与南通张謇学院合作共建等阵地,分层次、差异化、系统化地举办各类民营经济代表人士理想信念培训班,推进新时代民营经济人士理想信念教育常态化、制度化。深入实施《苏州市工商联系统关于认真学习宣传贯彻党的二十大精神的工作方案》,突出抓好集中轮训、广泛宣传、知识竞赛、线上考试、体会分享、访谈互动、典型宣传、实践运用等环节,切实增强学习宣传实效,推动实践成果转化。举办"同心建功新时代"苏州市民营经

济人士学习贯彻党的二十大精神暨理想信念教育系列主题培训班，把党的二十大精神落实到服务促进"两个健康"的全过程、各方面，贯彻到民营经济发展的各领域、各行业。进一步丰富理想信念教育工作载体，提升苏州商会博物馆作为我市民营经济人士理想信念教育重要基地的教育引导功能。**二是着力强化对新一代民营企业家的引育培养**。深入开展对我市新一代企业家培养机制的调研，回应市委主要领导关切，把培育代表人士队伍与强化新一代企业家商会组织建设结合起来。启动实施苏州市新一代民营企业家培养"新领航"计划，大力弘扬新时代企业家精神，努力建设一支有开拓精神、前瞻眼光、国际视野的民营经济代表人士后备队伍。2023年上半年组建了首批20名"新领航"导师队伍，完成新一代企业家商会组织在各县级市（区）的全覆盖，组织100名新一代民营企业家参加首期"新领航"训练营并正式启动教学计划。**三是积极引导民营企业和企业家履行社会责任**。组织205家民营企业填报民企社会责任调研，填报数量全省第一。引导企业家投身光彩事业和公益事业，贯彻落实苏州、阜阳两市关于推进结对合作帮扶工作的部署要求，建立苏州市和阜阳市工商联的结对合作机制；组织召开宿迁、苏州两地工商联南北挂钩工作推进会，进一步深化苏宿对口交流合作，助力乡村振兴，共走富裕路。2023年江苏省"万企兴万村"行动先进典型评选结果公布，苏州有5家企业、6个项目获评"典型项目（企业）"，吴江区盛泽镇总商会获评"典型商会"。深入开展民营企业和商（协）会进县级市（区）、进政法系统、进高校、进科研院所等活动，与常熟理工学院联合举办应届毕业生民企专场招聘活动。

（二）大力弘扬企业家精神，营造民营企业家健康成长的良好氛围

一是围绕苏州发展大会，做好海内外工商界人士的邀请参会和现场组织工作，主办"融合发展创赢未来"苏州发展大会经济发展论坛，20个重点项目现场集中签约，计划总投资368.4亿元，涵盖电子信息、装备制造、生物医药、先进材料、汽车及零部件、科创载体、民生保障等类别，为苏州市经济社会高质量发展注入强劲动能。**二是**精心组织实施苏州"企业家日"系列主题活动。共有10项内容：召开苏州市优化营商环境暨民营企业高质量发展大会、举办金融资本助力企业高质量发展专题活动、实施市领导调研民营企业专项工作、举办苏州市新一代民营企业家培养"新领航"计划首期训练营、成立深圳市苏州商会、成立苏州市工商联国际合作委员会、举行苏台工商协进会换届大会及两岸企业家融合发展座谈会、通报一批优秀民营企业家和民营经济工作贡献突出单位、发布"2023苏州民营企业百强"和"苏州民营企业创新百强"榜单、开展"优秀民营企业家风采"专题宣传。**三是**做好各类标杆典型的推荐选树工作。在市工商联的推动下，时隔5年，市委、市政府再次组织开展民营经济工作表彰通报活动，对沈彬等30名"2021—2022年度苏州市优秀民营企业家"以及15家"2021—2022年度苏州市民营经济工作贡献突出单位"进行了通报。市工商联在开展年度上规模民营企业调研的基础上，排名产生"2023苏州市民营企业100强"，会同市科技局调研遴选产生"2023苏州市民营企业创新100强"。

（三）优化完善三项机制，持续优化民营经济发展环境

一是健全政企沟通协商制度。进一步优化完善民营企业反映诉求建议办理机制，推动企业和政府"双向奔赴"，不断畅通政企沟通渠道，确保民营企业的呼声建议市委、市政府听得到、看得到、办得到。2023年以来，组织开展市领导走访民营企业活动，共收集192个问题和诉求建议，整理发出42份交办单，截至10月底，所有交办问题回复率100%，已办结问题数154个，办结率80.21%，还有38个问题需要阶段性跟进。做好民营企业月度座谈会的各项工作，先后牵头召开苏州市民营企业座谈会和生产性服务业企业座谈会，共梳理出57个问题，发出31份交办单，已全部完成办理。指导新时代工商管理企业家联合会办好每个月一次的"周日交流会"，开展常态化政企沟通，收集汇总近100条建议诉求，以市委办、市政府办的名义交办给相关涉企部门，并进行办理结果的闭环收集反馈。组织好区域营商环境满意度调查工作，对优化完善我市营商环境开展专题调研，总结经验、分析问题。2023年的全省区域营商环境调查结果显示，苏州营商环境满意度继续位居全省第一。**二是促进金融与民企精准对接**。优化金企合作机制，持续办好"金企联沙龙"活动，引导金融机构对小微企业、制造业、绿色转型、科技创新等转型发展重点领域和薄弱环节加大金融支持和金融供给。2023年以来会同市金融监管局、人行苏州中支、苏州银保监分局和苏州广电总台共举办5期"金企联沙龙"，251家企业、59个部门机构、26家金融机构参加。苏州广电总台在沙龙现场录制的《财富苏州——对话金企联》节目成为苏州市第一档专门的财经类电视访谈栏目，创同时段同类型电视节目收视率新高。**三是构建最优法治营商环境**。深入推

进涉案企业合规改革试点工作，会同市人民检察院举办第二期苏州市涉案企业合规第三方机制专业人员素能培训暨合规工作业务培训班，召开苏州市涉案企业合规第三方监督评估机制管理委员会成员单位全体会议，办理企业合规案件40件，制定实施《苏州市涉案企业合规第三方监督评估机制运行规则（试行）》。联合市委政法委召开企业家座谈会，推动《全市政法机关落实"四敢"要求，保障"企业敢干"十项具体举措》制定实施。与市中级人民法院举行涉外商事纠纷诉调对接工作机制合作协议签约活动，并召开护航民营企业跨境投资贸易座谈会，提高企业境外经营风险防范能力。与市司法局共同加强商（协）会、企业等人民调解组织建设，强化涉企矛盾纠纷排查化解，建成市属行业商会调委会28家、异地商会调委会27家，初步形成了一支240余人的专兼职人民调解员队伍。

三、工作成效

习近平总书记强调，民营经济是我们党长期执政、团结带领全国人民实现"两个一百年"奋斗目标和中华民族伟大复兴中国梦的重要力量。苏州市工商联党组通过进一步优化三项机制，创新方法路径，更好地把党建融入会建，以"民营经济高质量发展"为主线，进一步推动落实《中共中央 国务院关于促进民营经济发展壮大的意见》，不断探索新时代促进"两个健康"的新方法、新路径、新模式。通过进一步加强对新时代"两个健康"的研究，加强顶层设计，做好系统性谋划，以创建新时代"两个健康"先行区为目标，进一步拓展民营经济发展空间，充分激发内生动力和创新活力；坚定不移促进民营经济人士高素质成长，建设高素质创新型现代化民营经济人士队伍；坚定不移打造一流营商环境，巩固"最强比较优势"，打造全链条、全天候、全过程的政务服务新生态；坚定不移深化"两个健康"集成改革，高水平构建促进"两个健康"的目标体系、工作体系、政策体系、评价体系，有力推动新时代苏州民营经济实现新发展，努力为全国提供更多新的案例和经验。

 案例点评

> 民营企业如何加强党建？苏州市工商联党组坚持用习近平新时代中国特色社会主义思想凝心铸魂，深入推动党建与民营经济领域工作相融合，通过进一步优化健全政企沟通协商制度、促进金融与民企精准对接、构建最优法治营商环境等三项机制，创新方法路径，更好地把党建融入会建，以"民营经济高质量发展"为主线，进一步推动落实《中共中央 国务院关于促进民营经济发展壮大的意见》，不断探索新时代促进"两个健康"的新方法、新路径、新模式，助力营造一流营商环境，构筑苏州民营企业高质量发展的良好生态。

党建引领
保障民企"两个健康"高质量发展

亨通集团党委

【引言】 "党建强、企业强",党建引领是民企高质量发展的重要保障和强大动力。党的十八大以来,亨通集团党委践行"党建就是民企的政治经济学",坚持民企姓党的原则,树立"党建就是生产力,做细了凝聚力,做实了竞争力,做强了影响力"的理念,全面夯实民企党建根基,以更高政治站位引领推动民企高质量发展,交出民企党建创新实践的"时代答卷",亨通集团党建成为中央党校十九大后举办的首次全国民企党建研讨会的唯一样本,受到来自中央党校、中组部等的全国党建权威专家充分肯定,受到央视《新闻联播》栏目和《人民日报》《求是》等中央媒体关注。

【摘要】 亨通集团党委坚持党建引领,为保障民企"两个健康"高质量发展发挥重要作用。通过加强党组织建设,将党建工作融入企业经营管理的各个环节。发挥党员先锋模范作用,推动技术创新和管理优化。以党建凝聚人才,塑造积极企业文化,促进企业与社会和谐发展,走出一条党建与民企发展互促共进的成功之路。

【关键词】 党建引领;民企保障;高质量发展

扫码看VR

一、案例背景

党的二十大报告指出,要"构建高水平社会主义市场经济体制。坚持和完善社会主义基本经济制度,毫不动摇巩固和发展公有制经济,毫不动摇鼓励、支持、引导非公有制经济发展"。习近平总书记在民营企业座谈会上指出,"支持民营企业发展,是党中央的一贯方针,这一点丝毫不会动摇",民营企业家要做"爱国敬业、守法经营、创业创新、回报社会的典范"。民营经济作为市场经济的重要组成部分,如何通过建强党组织,引领民营企业和民营企业家当好"四个典范",用高质量党建推动企业高质量发展,这是全国各地都在探索的一个现实命题。

亨通集团地处中国乡镇经济发源地之一的苏州吴江,自1991年创建以来,至今已30多年,始终坚持听党话、跟党走,率先建立民企党委、民企纪委、民企党校,将党建优势转化为企业发展优势。如今,亨通集团已经发展成为中国光纤光网、智能电网、大数据物联网、新能源新材料等领域超千亿级的国家创新型高科技民营企业,位居全球光纤通信前3强,员工超20 000名,党员1 100多名,党支部35个,覆盖70多家子公司。

近年来,亨通集团党委聚焦"统筹型党委、堡垒型支部、旗帜型党员"的定位,开创以提升组织力为核心的民企党建创新实践,实现以高质量党建引领企业发展方向、激活企业发展动能、夯实企业发展基础,为企业转型升级提供坚实后盾。

二、主要做法

（一）以"融入式党建"为抓手，推动党建与业务深度融通

亨通集团党委在扎实推进党建规范化、标准化建设中，大力实施党建与业务融通发展。**一是创新党建融入路径**，按照融得进、融得好的要求，推行党支部建设融入企业生产经营、人才培养、文化建设。**二是创新党建融入载体**，常态化开展"人才工程""先锋工程""文化工程""外联工程""和谐工程"等融入工程，推进支部建在生产车间和"党小组＋班组"建设。**三是创新党建融入平台**，整合亨通党校和管理学院资源，设置党员责任区、先锋岗、示范岗等，培养技术能手、岗位旗手、管理高手、组织推手，为党员职工补"钙"赋能。

（二）以"精细型党建"为支撑，提升党建服务企业发展成效

党建工作做实了就是生产力，做细了就是凝聚力。**一是智能化覆盖**，自主研究开发了面向党委、支部、党员的三大智能化党建管理平台，开通PC端、手机APP端，从1.0版迭代升级至3.0版，党建日常工作全部上线，实现党员教育管理24小时全覆盖。**二是常态化管理**，推动党员"双亮"，即亮身份、亮承诺，做到"五带头"，即带头学习强思想讲大局、带头敬业创一流讲作为、带头服务尽义务讲奉献、带头示范守规矩讲团结、带头正气重公道讲美德。**三是精准化考核**，党委对支部出台6大类23项量化考核指标；支部对党员实行积分考评，强化绩效管理。

（三）以"责任型党建"为导向，强化党建引领夯实责任担当

民营企业既是中国特色社会主义道路的实践者，更是捍卫者。**一是强化政治责任**，坚持"书记抓，抓书记"党建责任制，公司总经理担任党支部书记，产业发展到哪里，党组织就建到哪里，党的工作就覆盖到哪里。**二是强化廉洁责任**，出台《十要十不准》，对重点岗位的党员干部，每年组织签订廉洁自律协议，营造风清气正、干事创业的健康生态。**三是强化社会责任**，成立江苏省首个全国非公募"亨通慈善基金会"，坚持"四救四扶"，救贫、救困、救病、救灾，扶老、扶幼、扶弱、扶残，产业扶贫、教育扶贫、精准扶贫等项目遍布全国。

（四）以"双循环党建"为目标，推动党建引领民企健康发展

企业是社会的企业，党建引领企业健康发展必须内外兼顾。以企业内党建大循环为主体，与企业外党建相互促进、推动高质量发展。**一是坚持党建带工建**，连续十年实施党员干部"千万结对心连心"全覆盖工程，做实员工权益保障。全面实施德才兼备双向培养，每年75%以上的党员发展指标向基层、先进、优秀骨干倾斜，培育代际相传的红色工匠。**二是打造廉洁共同体**，以党组织名义签订产业链、供应链诚信合作廉洁共建协议，促进民企营商环境优化。**三是推动党建共建**，与党政机关、科研院所、国有企业等开展党建共建，创新支部建在营销代表处，推动党建进市场，以党建引领业务合作。

三、工作成效

亨通集团党委把党建工作融入企业生产经营全过程，形成了"车之双轮、鸟之双翼"齐头并进、齐飞共进的融入式党建工作格局，让党建真正成为驱动企业高质量发展的"红色引擎"。2018年，吴江区以亨通集团党委为蓝本，在全国首发非公党建组织力标准体系，实施"四个一"工程，评选了一家龙头、十家重点、百强示范，实现了千企提标。

（一）提升政治站位，永葆创业初心

聚焦办什么样的企业、办民企走什么样的路，亨通集团党委始终坚持党的领导，把党的政治建设摆在首位，坚持按市场规律办事，堂堂正正搞经营、合法诚信谋发展，自觉践行"三守一反"，即守法纪、守底线、守商道、反贿赂，全面落实"一岗双责"党建责任。实现了核心岗位党建基本覆盖，集团董事局党委委员占3/4，公司班子中党员超70%，党委会、支委会中董监高、核心骨干占85%，确保民企发展的大方向始终听党话、跟党走。

（二）提升发展格局，激发创新活力

亨通集团党委始终坚持贯彻落实习近平总书记重要指示精神，围绕产业链供应链自主可控关键核心技术强化自主创新、原始创新，发挥党员先锋模范作用，形成一大批拥有自主知识产权、引领行业发展的创新成果，先后承担数百项国家、省部级科技项目，入选国家工业强基、国家智能制造、国家绿色制造等重大项目，集团重点项目党员覆盖率达

92%，党员承担专利、标准达75%。荣获国家技术创新示范企业、专利发明示范企业、两化融合示范企业、中国工业大奖。自主创新、转型升级案例入选央视纪录片《大国重器》、改革开放40周年纪录片《我们一起走过》、《中国改革开放与企业发展丛书》及中宣部社会主义核心价值观微电影《光网络筑梦人》，成为中国制造的一张亮丽名片。

（三）提升使命追求，增强发展后劲

亨通集团党委始终把"靠什么人来发展企业"作为政治引领的关键，先后涌现出一批能征善战的"头雁团队"。集团现有500多名"技能工匠"、近百名"首席工匠"和五十余名全国及省级劳动模范、五一劳动奖章获得者。亨通集团党委先后荣获全省非公企业党建带工建"四统筹一创争"、全省党建带工建"三创争两提升"示范单位称号，治理改革经验被中央全面深化改革委员会关注。

（四）提升责任担当，扩大品牌影响

聚焦企业为谁而办，亨通集团党委始终坚持把产业报国、贡献社会作为民企的责任，秉持社会责任是企业第一责任，连续十二年推进"助残圆梦行动"，全力圆贫困残疾人家庭的"家电梦"、圆残疾人家庭学生的"求学梦"、圆残疾文艺爱好者的"艺术梦"。积极参加脱贫帮扶、振兴乡村等项目，荣获"全国脱贫攻坚奖奉献奖"、"万企帮万村"精准扶贫行动先进民营企业、"中华慈善奖"等荣誉。亨通集团党委书记、董事局主席崔根良获评"全国优秀共产党员""时代楷模""最美奋斗者"和"改革开放40年百名杰出民营企业家"等殊荣。

四、经验启示

立足新发展格局,通过党建引领保障民企"两个健康"高质量发展,有利于推动民营经济发展由单打独斗走向协同发展,是打造具有中国特色的优秀民营企业的必然要求。

(一)要进一步加强组织建设,强化党建主体责任

新时代中国特色优秀民营企业首先要姓党,要坚持以习近平新时代中国特色社会主义思想为指导,抓好党的组织和党的工作"两个覆盖",进一步加强党员工作者培养,加大在产业工人队伍中发展党员的力度,同时进一步加强流动党员管理,充分发挥党组织和党员"两个作用",以高质量党建促进企业高质量发展。

(二)要进一步完善考核机制,促进党建业务融合

要把党建工作的落脚点放在促进企业发展上,持续优化企业党建工作责任制考核指标体系,从严开展党组织书记抓基层党建工作述职评议考核,把促进生产经营、推动高质量发展作为检验党建工作成效的重要指标,同时借助智能化信息手段,推动党建各项工作形成闭环,建立党建工作长效机制。

(三)要进一步加强党建共建,扩大党建外溢效应

抓党建不是打造一个盆景,而是厚植一片党建生态森林。要打通企业内部与外部之间的党建交流与沟通,以"走出去""引进来"相结合

的方式，不断增强企业党建活力，通过与战略合作伙伴、党政机关党建共建，扩大党建视野，增强党建合力。

（四）要进一步弘扬企业家精神，凝聚发展向心力

民营企业要有更高的境界追求，协调好企业利益、社会利益、国家利益的关系才能走得长、走得远。要坚持两个文明两手抓，充分发挥党组织凝心聚力主心骨作用，为民企发展把航向、为"两个健康"把好脉。要主动融入双循环发展格局，在国家战略中坚持做新发展理念的实践者、和谐社会的建设者、改革创新的先行者、共同富裕的构建者。

 **案例点评**

> 亨通集团始终坚持党建与发展双轮驱动，以党建"软实力"来提升企业发展的"硬实力"，创新出了一整套契合自身发展的党建模式，为企业高质量发展提供坚强保障。亨通集团以雁阵式党建打造一代比一代强的头雁团队，以诚信合作廉洁共建推进产业链供应链营商环境优化，以"智能化党建"实现有形有神覆盖，探索出了非公有制企业抓党建的规律，创造了抓基层党建的新模式、新经验、新特色，提升了基层党组织的组织力，为开创新时代非公有制企业党建新局面提供了样本。

第三篇

农村党建

以专业化建设锻造乡村振兴"头雁"队伍

张家港市委

【引言】 习近平总书记强调："办好农村的事，要靠好的带头人，靠一个好的基层党组织。""头雁"队伍由好的带头人和好的基层党组织构成。好的带头人如同引航的灯塔，有着坚定的信念、长远的眼光和出色的领导能力；而一个好的基层党组织则是坚实的战斗堡垒，它能将各方力量团结在一起，发挥组织优势和党员的先锋模范作用。深入推进"头雁"队伍的专业化建设，对于党的事业蓬勃发展、社会稳定进步以及人民幸福安康都具有不可替代的重要意义。

【摘要】 张家港市高度重视乡村振兴，将专业化建设作为锻造"头雁"队伍的关键。通过系统培训、精准培养，提升队伍专业素养与能力。搭建实践平台，促进经验交流与合作。完善激励机制，激发干事创业热情。这支"头雁"队伍在产业发展、生态保护、文明建设等方面发挥引领作用，为张家港市乡村振兴注入强大动力，推动乡村发展迈向新台阶。

【关键词】 专业化建设；乡村振兴；"头雁"队伍

扫码看VR

张家港市拥有江苏省最大的县域强村群体，多年来始终坚持像抓重大项目一样抓村（社区）书记队伍，深入推进专业化建设，打出"选、育、管、励"精准组合拳，着力锻造一支政治坚定、结构合理、素质过硬、作风优良、实绩突出的村级带头人队伍，为高质量推进抓党建促乡村振兴提供坚强组织保证和人才支撑。

一、案例背景

党的事业，关键在人。农村基层党组织带头人，是农村基层党组织的领导核心和支柱力量，特别是进入新时代，在国家实施乡村振兴重大战略向基层延伸的大背景下，村（社区）书记更是成为党在农村全部工作的"牛鼻子"，地位重要、作用关键：在加强村级基层组织建设、巩固党的执政根基方面，村（社区）书记发挥着"主心骨"作用；在实施脱贫攻坚、推动乡村振兴方面，村（社区）书记发挥着"领头雁"作用；在维护农村和谐稳定、实现基层良序善治方面，村（社区）书记发挥着"当家人"作用。党的十八大以来，张家港市坚决贯彻落实习近平总书记和党中央关于基层党建的一系列重大决策部署要求，牢固树立大抓基层鲜明导向，围绕抓党建促乡村振兴，持续加强村级党组织带头人队伍建设，先后培树出了全国优秀共产党员吴惠芳和党的十九大、二十大代表郁霞秋等一批优秀村（社区）书记典型。但是从村（社区）书记队伍整体来看，仍然面临着一些痛点难点需要高度重视、靶向治疗，集中表现为四个方面。**一是"常备军不足，后备军告急"**。年轻人缺乏对村（社区）干部角色的认同，把在农村工作当成了考公考研的"中转站""保底饭票"，同时区镇（街道）主导的培养模式更加关注即战力的使用，缺乏对后备力量系统性的培养方案，部分村（社区）出现了"领头雁"队伍"青黄不接"的局面。**二是"身体进入新时代、脑袋停在过去时"**。进入新时代群众利益诉求更加多元化，不仅要求"天蓝地绿"，而且追求"高品质、有尊严"的生活，这就要求村（社区）书记成为产业发展、美村建设等多个方面的行家里手，传统、单一的思想培训已无法满足村（社区）书记开展工作的需要，一些村（社区）书记存在着"法律手段不会用，行政手段无法用，经济手段没钱用，思想手段不管用"的尴尬局面。**三是"拿着钥匙不开锁"**。近年来，村（社区）书记承担的各项事务越来越繁重，相应的责任压力与风险指数也随之增长，容错免责、能上能下机制的缺失致使少数村（社区）书记开始信奉"苦干不如巧干、巧干不如少干、少干不如不干"，安于现状、不求进取，村级事业发展被按下了"暂停键"。**四是"职业生涯一眼望到头"**。虽然有从优秀村（社区）书记中选拔领导干部、考录公务员的成长路径，但是招录比例很小，激励的面不宽。2007年以来张家港市仅有33名村（社区）书记通过定向招录形式取得公务员身份，占比不到2%，这样的激烈程度难以真正激发出村（社区）书记干事创业的热情。

二、主要做法

"变山变水先变人，变人先变带头人"。张家港市围绕推进乡村振兴，聚焦村（社区）书记"选、育、管、励"等关键环节，持续完善选优配强、教育培育、监督管理、激励关爱等制度，全面提升村（社区）书记队伍建设实效。

（一）突出统筹谋划，选优基层"带头人"

立足当前抓长远，全方位、多渠道、宽维度持续配强乡村振兴"头雁"梯队。**集聚资源选树一批**。着眼资源高效配置，面向100名典型培育"种子库"村（社区）书记打造"头雁菁英锤炼营"，立足基层党的建设、经济发展、社会治理、民生服务等重点工作，打造助力基层带头人"想干事、能干事、干成事"的综合赋能平台，推动更多村（社区）书记脱颖而出。**通盘考虑调整一批**。深入推进《张家港市新时代加强村、社区党组织书记队伍建设五年行动计划（2022—2026年）》，建立届中定期分析研判机制，锚定队伍年龄、学历、能力等结构全面优化，通过机关下沉、内部提拔等形式，选配素质高、冲劲足的年轻干部充实村（社区）书记队伍。**着眼长远储备一批**。以全市村（社区）数量2倍标准动态选拔500余名年轻干部组建后备人才库，按照每期50人左右规模连续举办4届村级中青班，建立涵盖积分管理、跟岗锻炼、先锋擂台、兴村特岗等在内的链式培养机制，全面提升年轻干部履职本领，为村（社区）书记队伍持续注入"源头活水"。

（二）突出精准赋能，锤炼干事"硬本领"

着眼靶向增能，为村（社区）书记量身定制培养"专属套餐"，推动政治素养、专业能力两手抓、两手硬。**政治引领"铸魂"**。坚持不懈用习近平新时代中国特色社会主义思想凝心铸魂，组织全市村（社区）书记分批次开展集中培训，围绕村集体经济发展、基层治理等主题分组开展交流研讨70场，引导村级带头人汲取思想伟力、增强奋进动力。**专项培训"赋能"**。建立市镇两级培育管理体系，市级层面以综合培训为主，依托苏州村政学院平台载体，遴选致富能手、技术专家等人才组建乡村振兴智库，开发"点单式讲坛""分组式论坛"，创新开展"六问"组织力体验，通过随机提问、当场作答，现场检验基层书记抓党建、促发展的意识和能力。镇级层面以集中专训为主，结合乡村振兴基层重点工作，组织村（社区）书记开展互访互学、实践教学，提升基层履职能力。**交流任职"淬火"**。立足以事择人、以岗练兵，紧盯中组部红色美丽村庄打造、乡村振兴示范片区建设等关键任务，探索实施5名村（社区）书记跨区镇（街道）交流任职，发挥组织部门"娘家人"优势，按季度开展上门回访，链接职能部门资源力量，协调解决项目招引、环境整治、信访维稳等问题。

（三）突出监督管理，激发担当"源动力"

严管方能心中有畏，全面规范村（社区）书记队伍管理，形成全生命周期动态管控，引导村（社区）书记有畏更有为。**建立"容错＋纠错"保障机制**。率先出台《张家港市村（社区）干部容错免责实施办法（试行）》，明确8类免责情形，推动容错免责程序前置，配套编制《张家港市村（社区）干部容错免责案例汇编》，助力实际操作"有例可循"。**打造"双评＋双联"考核体系**。推行村（社区）书记向上接受区镇（街道）党（工）委测评，向下接受基层党员群众测评，年度考核结果与岗位职级晋升、绩效积分认定挂钩，考准考实村（社区）书记实绩。**畅通"能上＋能下"双向渠道**。锚定"干有所盼"，注重从优秀村（社区）书记中选拔区镇（街道）科职领导干部，自2020年推进专业化建设以来，累计提拔15名。划定履职合格分，制定11条村（社区）干部清退标准，未达标者或触及红线者直接清理出村干部队伍。

(四) 突出关爱激励，提振扎根"精气神"

坚持以组织担当带动干部担当，健全村（社区）书记关爱保障机制，推动基层带头人安心安业。**高标准落实"县乡共管"**。将村（社区）书记纳入全市干部队伍建设体系整体规划，市委组织部主导参与村（社区）书记动议、考察、讨论、任职等选拔任用流程，以升级管理强化村（社区）书记职业认同感和归属感。**大力度实施"专项激励"**。设立村（社区）书记"提级保障、扎根基层、考核先进"三个专属"奖金池"，以奖励先进的方式提升基层干部待遇，每年享受专属激励的村（社区）书记人数不低于全市总数的10%。拓宽激励"编制池"，开展面向优秀村（社区）书记定向选聘事业编制人员工作，首批选聘10人。**全过程推进积分管理**。落实完善村干部"四岗十五级"、社区干部"三岗十八级"薪酬管理制度，出台《村（社区）干部积分制管理办法》，以"年功分、绩效分、奖惩分"为"标尺"，构建四级退休待遇保障机制，政策实施后，90%以上的村（社区）书记退休待遇明显提升。

三、工作成效

从实践效果看，张家港市深入推进村（社区）书记专业化建设，持续完善选拔、培养、管理、激励闭环机制，切实锻造出了一支懂农业、爱农村、爱农民的"领头雁"队伍，为全市乡村振兴事业提供了源源不竭的澎湃动能。有关做法先后被《人民日报》、中组部相关刊物、新华社智库、《中国组织人事报》专文刊发。

（一）从"无人可用"到"人才辈出"，人才红利日渐凸显

随着选配模式的不断健全，无论是典型选树还是村（社区）书记选任，"人难选选人难"成为"过去时"。"村（社区）书记摇篮"成果喜人，累计62名村级中青班学员提拔为村（社区）书记。基层先进典型持续涌现，先后有5名村（社区）书记入选全省"百名示范"书记，38名村（社区）书记入选苏州市"千名领先"书记。聚焦老榜样焕发新活力，重点挖掘提炼"标杆书记"身上具有鲜明时代特征的新思路、新举措、新成效，同步强化对上宣传力度，南丰镇永联村吴惠芳书记当选中组部重大宣传典型，参与央视《榜样8》专题节目摄制。

（二）从"力不从心"到"得心应手"，履职能力显著提升

实践是检验干部能力素质的唯一标准和试金石，随着专业化建设的不断推进，村（社区）书记综合能力不断提升，为张家港市域内各项村级事业的蓬勃发展提供了坚强有力的人才支撑。2020年以来全市村均集体经营性收入年均增长率超14%。打造"双引双融"基层治理特色品牌，跻身全国党建引领乡村治理试点地区，相关经验做法入选第三批全省乡村治理典型案例，为打造中国式现代化县域先行区夯实了乡村基石。

（三）从"瞻前顾后"到"冲锋在前"，担当意识持续强化

紧盯关键少数，向"躺平者"亮剑、为"前行者"撑腰，随着监督管理"组合拳"的持续打出，村（社区）书记直观地感受到来自组织的力量推动着他们向前进步，也让他们充分意识到唯有"一往直前"才能

"永立潮头"。近年来全市村（社区）书记干事创业精气神持续提升，在面对基层繁重的工作，特别是疫情防控、拆迁安置、信访维稳等急难险重的任务时始终能够冲在前、干在先，先后有 20 名村（社区）书记被评为担当作为好干部。

四、经验启示

（一）在"选"的方面：既要储备"尖兵小将"，也要用好"中坚干将"

村（社区）书记队伍建设，必须尊重成长规律，加强系统规划，将"敢不敢扛事、愿不愿做事、能不能成事"作为评价识别的重要标准，做到"因事用人"，而不是"因人谋事"。要大胆使用思想解放、敢闯敢试的"尖兵小将"，在基层一线"摔打磨砺"，让更多年轻村（社区）书记冒出来、青年干部冲上来。要善于使用善解难题、善攻难点的"中坚干将"，让他们当好"舵手"、带好徒弟，帮助年轻干部"经风雨、见世面，壮筋骨、长才干"，持续充实村级带头人人才储备。

（二）在"育"的方面：既要确保"政治过硬"，也要突出"本领过硬"

评价干部的标准有千万条，对党忠诚永远是第一条，要常态化分层分批组织村（社区）书记开展习近平新时代中国特色社会主义思想学习活动，不断提高政治站位，把坚定拥护"两个确立"、坚决做到"两个维护"作为根本政治信条，融入血脉、刻进灵魂、付诸行动。同时要紧扣基层发展实际和村（社区）书记内在需求，加大引领强村富民、建设法治乡村、服务村民群众等方面知识技能的培训力度，助力村（社区）书记成长为乡村振兴的中流砥柱。

（三）在"管"的方面：既要强化"正向保护"，也要落实"反向鞭策"

村域不大，舞台很大；"村官"虽小，责任不小。村（社区）书记队伍行不行，直接关系到乡村振兴战略的实施成效。必须要把村（社区）书记队伍管理工作摆在突出位置，坚持"严管和厚爱结合、激励和约束并重"的原则，一方面，深化运用容错免责、澄清保护机制，营造鼓励改革创新的良好环境，为敢干者"卸包袱""兜底线"；另一方面，用好反向鞭策与约束机制，加大组织调整力度，向无为干部敲响"下"的警钟，为政治强、敢担当、善作为、作风优的村（社区）书记提供施展的舞台。

（四）在"励"的方面：既要关注"在职激励"，也要关心"退休保障"

习近平总书记指出："农村干部在村里，脸朝黄土背朝天，工作很辛苦，对他们要加倍关心。"要建立"下得去、留得住、干得好、流得动"的长效激励机制，不断提升村（社区）书记在职保障。着眼"退有所养"，要进一步健全社会保障机制，通过提高社会保险缴费基数、探索引入商业保险、设立职业年金等方式，不断改善退休待遇，让村（社区）书记们吃下"定心丸"，心无旁骛地干事创业。

 **案例点评**

　　如何以专业化建设锻造乡村振兴"头雁"队伍？张家港市围绕推进乡村振兴，打出"选、育、管、励"精准组合拳，聚焦村（社区）书记"选、育、管、励"等关键环节，持续完善选优配强、教育培育、监督管理、激励关爱等制度，着力锻造一支政治坚定、结构合理、素质过硬、作风优良、实绩突出的村级带头人队伍，为高质量推进抓党建促乡村振兴提供坚强组织保证和人才支撑。

"五抓五强"聚合力 蹚出强村富民路

张家港市南丰镇永联村党委

【引言】 习近平总书记强调,"农业强国是社会主义现代化强国的根基。农业是基础,基础不牢大厦不稳"。农业农村现代化是国家现代化的重要基石,是国家稳定和繁荣的坚实支撑,是推动经济发展、激发农村活力、促进城乡融合的必由之路。党建引领农业农村现代化是实现农业农村高质量发展的关键路径,也是推动乡村振兴的必然要求,能推动农业农村现代化取得新的更大成就。

【摘要】 张家港市南丰镇永联村通过"五抓五强"举措凝聚发展合力,成功蹚出乡村富民路。抓党建引领,强组织保障;抓产业升级,强经济基础;抓生态优化,强宜居环境;抓文明建设,强精神内涵;抓人才培养,强创新动力。一系列措施使得永联村实现产业兴旺、生态宜居、乡风文明、治理有效、生活富裕,成为乡村振兴的典范。

【关键词】 乡村振兴;"五抓五强";强村富民

扫码看VR

一、案例背景

永联村位于张家港市南丰镇东部，1970年在长江边围垦建村。建村之初，由于地势低洼、十涝九灾，当初的永联村是全市最穷最小的村。期间虽然换了六任工作组长、五任党支部书记，永联村始终没有摆脱贫困，村庄发展停滞不前，村民人心涣散。富不是天生，穷不会生根。为了彻底改变落后面貌，永联村坚持党建引领，通过"选准一个好书记，建设一个好班子，落实党的好政策"，逐渐走出了一条工业化牵引、带动城镇化建设，进而实现农业农村现代化的发展道路。在发展工业的同时，永联村始终坚持多条腿走路，依靠永钢集团的优势，推进工业反哺农业、带动服务业，一二三产齐头并进，翻开了集体经济可持续、高质量发展的新篇章。

二、主要做法

（一）抓组织，强党建引领力

书记放样子，树立榜样。坚持"书记抓、抓书记"，村党委书记抓产业、抓发展，支部书记抓落实，推动责任层层传递、压力层层传导、任务层层落实，对照"农业强、农村美、农民富"的发展要求，通过建设永联小镇、深化村庄改革、发展壮大集体经济等，让永联农村城镇化、公共服务均等化、农业现代化的共同富裕道路越走越宽。**班子作引领，发挥作用**。以狠抓班子建设为切入点，紧扣政治坚定、学习创新、勤政为民、清正廉洁、本领过硬的目标，以"关键少数"示范引领带动集体经济发展。永联农民集中居住之后，村党委班子为解决好村民上楼后低技能劳动力就业难等问题，成立股份土地合作社，将土地集中流转到村集体，建设苗木基地、粮食基地、蔬菜基地、特种水产养殖基地、农耕文化园，通过兴建加工厂、统办中央厨房、成立配送公司、开设生鲜门店、发展乡村旅游等方式，实现种植养殖、食品加工、旅游餐饮配送的"一二三产"融合发展，形成了完整、可持续的农业产业链。**党员亮身份，比学赶超**。坚持市场主体到哪里，支部建设到哪里，党员的身份就亮到哪里。围绕"学习在先、攻关在先、服务在先"要求，开展"四有四无"活动，重大任务有党员、困难面前有党员、关键时刻有党员、推动创新有党员，党员身边无隐患、党员身边无违纪、党员身边无浪费、党员身边无陋习，充分发挥党员的先锋带动作用。注重把业务骨干发展成党员，把党员培养成业务骨干，对目标任务全面实行揭榜挂帅制，让党员干部在赛场"赛马"中兑现诺言，争当先锋。

（二）抓机遇，强政策牵引力

敢于决策化危为机。为打破 2002 年钢材市场价格倒挂导致的企业困境，永联村党委通过科学决策，妥善解决资金、人才、政策等制约因素，拍板上马了炼钢项目。自筹 10 多亿元资金，耗时 341 天，将永钢打造成为大型联合型钢铁企业，助力永联村的集体经济发展进入快车道。**敢于拼抢乘势而上**。强化机遇意识，用好"城乡建设用地增减指标挂钩试点"政策落地契机，紧抓农民集中居住问题，聚力实现农村城镇化，打造永联现代化小镇，完成了农房到楼房、农民变居民的精彩蝶变，同时也为永钢的发展铺清道路、腾挪空间。积极响应国家为应对

2008年金融危机实施的4万亿投资拉动计划，乘势叫响"三年再造一个新永钢"的口号，大干快上，钢铁产能从450万吨扩大到了900万吨。**敢于坚持厚积薄发**。坚持说了算、定了干，有条件要上，没有条件创造条件也要上。克服"没有悠久历史、没有显赫古迹、没有俊美山水、也没有独特人文景观"等旅游发展先天不足，通过研究学习和充分调研，建设占地500亩的农耕文化园，旅游产业实现从无到有、由小到大的跨越式发展。永联村先后获评中国乡村旅游模范村、全国乡村旅游重点村、国家4A级景区等荣誉，年接待游客达100万人次，观光、住宿、餐饮的年产值近2亿元。

（三）抓创新，强改革驱动力

村企分离，让产权更清晰。积极推进村企分离，打破"村企合一"的发展模式，推动永钢集团先后两次股份制改造，村集体保留25％的股权。在以土地为纽带的基础上，创新了以资本为纽带的共建共享实现形式，即把全村的集体资源和集体资产转化为集体资本，再把集体资本转化为企业的集体股份。同时，实施管理分离，组建村企两套班子，明确管理范围，促进永钢集团快速发展，村集体收益水涨船高。**政经分离，让运转更科学**。加快推进政经分离，推动集体经济发展职能和社会治理职能相分离。严格界定集体经济组织成员，制定《永联村股份经济合作社社员资格确权办法》，让集体经济管理更规范。引入现代企业治理模式，修订《永联村股份经济合作社章程》，并依据章程选举产生社员代表239名，召开社员代表大会选举产生理事会、监事会，聘请职业经理人，组建经营班子，对集体土地、集体资产、集体资本，实施企业化经营管理。**两权分离，让发展更高效**。积极推进村经济合作社所有权和经营权分离，从"管企业"向"管资本"进行转变。组建成立永联实业集团有限公司，实行经济合作社控股，职业化总经理班子负责制，由四个职能部门、十二个事业部组成，涵盖生鲜配送、食品加工、农业科技、文化旅游、社区服务、安保物业、劳务服务等行业板块，实现了集团化经营、扁平化管理，进一步提升发展效率。

（四）抓队伍，强人才支撑力

五湖四海，用更宽广的视野引人。始终坚持人才不分内外，谁有能力谁上岗，把更多有想法、有情怀、有知识、有技能的优秀人才引进来，为乡村振兴提供更强的智力和人才支持。坚持每年招收300名以上大学生，充实到各类岗位。同时，招收大城市高端人才，专门在上海、苏州等地注册开办公司，为人才解决社保和落户问题。不断把优秀的人才选进来，充实到班子里，目前永联村党委8名班子成员中，仅3人为永联本村人，8人中研究生学历3人、80后3人。**唯才是举，用更灵活的机制用人**。始终把发挥好人才作用放在重要位置，对人才进行分类管理，把人才分为经营管理型、技术业务型、操作技能型三类，根据特点特长、技术专攻方向，制定不同的发展规划。实施岗位公开竞聘，对空缺岗位进行张榜公示，明确岗位基本要求，凡是符合岗位要求均可报名参加竞聘。年轻化专业化的班子队伍，正承担起永联数字产业、数字治理、数字民生的乡村数字化改革任务。**全面保障，用更实在的举措留人**。投资6亿元建设高品质酒店式公寓，提供单身公寓、家庭房和专家公寓等多种房型2200多套，并配套职工餐厅、洗衣房、健身房、自动售卖机等服务设施，切实改善村企员工居住环境。积极营造良好"软环境"，每年为员工提供免费体检，关爱员工身体健康；开展相亲、集体婚礼等活动，解决单身青年的恋爱婚姻问题；举办欢乐假期活动，解决双职工家庭子女暑期无人照看的问题，帮助外地员工协调子女在本地入学事宜；发放伙食补贴，开设通勤班车，解决员工吃饭和交通问题。

（五）抓民生，强共富凝聚力

致富路上一个都不能少。坚持以村党委为纽带统筹各类资源，铺就共建共享富裕"高速路"。依托厚实的集体经济，系统构建"股权＋""分红＋""美好＋"递进式分配体系，从"奖农补副""集体持股"到"按户分配""充分就业"，不断推动集体经济的分红公平转化，让村民持续共享"共富蛋糕"。通过组建劳务公司，为农民中的低技能人员提供就业岗位。加强困难群体民生兜底帮扶，发挥村属龙头企业带动作用，引导永联为民基金会、惠民服务中心、志愿者联合会等社会组织参与服务供给，开展医疗救助、生活补助、临时救助等精准服务，致富路上不让一个人掉队。**让村民过上城镇化生活**。系统提出"居住方式城镇化、生产方式产业化、生活方式市民化、管理方式规范化、就业方式多样化、收入方式多元化"的新农村建设标准。通过永联小镇建设，实现城镇化的居住方式。积极向上争取，让公安、市场监督、卫生等机构派驻入村里，成为全市率先实现公共管理和公共服务均等化的村庄。全面启动数字永联建设，网格化综合管理平台、海豚急救自助系统、数字生活馆、数字健康小屋等建成投用，让永联的村民提前享受数字化带来的便利。**既要富口袋也要富脑袋**。既用发展成果推动文明创建，又用文明创建的精神力量推动改革发展，带动村民共建幸福家园，共同汇聚向上向善的精神力量。制定"文明家庭奖"评比办法，运用"大数据＋信用体系＋数字货币"等新技术，全面升级"文明家庭考评体系"，打造全国首个村域数字乡村信用平台。高标准打造暨阳书画社、小戏楼、永联文体馆等设施，通过品书香、办学校、抓培训、建学院，持续丰富村民精神文化生活。

三、工作成效

（一）发展更加有力

以工兴村夯基础，坚持产业兴村，以工业化牵引村级发展，打破"以粮为纲"禁锢，迈出"农转工"坚定步伐，通过大力发展永钢等实体经济，实现了高质量发展。抢抓机遇强发展，用好"城乡建设用地增减指标挂钩试点"政策落地契机，紧抓农民集中居住问题，聚力实现农村城镇化，打造了永联现代化小镇，推动散居在田间地头的3 000多户村民全部集中居住，完成了农房到楼房、农民变居民的精彩蝶变，同时也为永钢的发展铺清道路、腾挪空间。产业融合助振兴，通过土地集中流转，建设了4 000亩苗木基地、3 000亩粮食基地、400亩蔬菜基地、100亩特种水产养殖基地、500亩农耕文化园，通过建加工厂、办中央厨房、成立配送公司、开设生鲜门店、发展乡村旅游，实现了一二三产充分融合。组建了永联实业集团有限公司，涵盖生鲜配送、食品加工、农业科技、文化旅游、社区服务、安保物业、劳务服务等行业板块，实现了集团化经营、扁平化管理，2023年实现营业收入6.4亿元，上缴利税1 800万元。

（二）百姓更加富裕

留足股权促共享，按照"彻底转、转彻底"的要求，村办企业永钢集团完成两次股份制改造，坚定保留村集体25%股权，作为共同富裕的"压舱石"。完善制度保民生，系统构建"股权＋""分红＋""美好＋"递进式分配体系，从"奖农补副""集体持股"到"按户分配""充分就业"，再到"为民服务基金""信用体系建设"，推动集体经济分红公平转化，实现发展红利富民惠民，村民人均可支配收入达6.7万元。带动就业奔共富，持续发展壮大集体经济，为周边村民提供创业平台和就业机会，充分发挥永钢集团、劳务公司优势，吸纳和带动周边近1000名村民就业致富。将永联小镇商业街、门面店统一交由经济合作社经营，面向社会公开公平招租，带动近20户周边村民开店经营，平均每个店年收入在30万元以上，带动近100人就业。

（三）乡风更加文明

文明分润乡风，建立"文明家庭奖"评价机制，将社会公德、职业道德、家庭美德、个人品德等表现情况量化为百分制考核条款，常态化开展"文明楼道""身边好人"评选活动，用"文明分"催生"文明风"。数字化提能级，持续强化智治支撑，全面启动数字永联建设，通过完善数字信用体系、建成数字生活馆、投用村民数字健康档案等方式，以信息化助推乡村精细化治理。制度化促民主，完善村党委会、理事会议事规则，健全党组织领导的"代表大会议大事、议事团体议难事、楼道小组议琐事、媒体平台议冒尖事"的议事机制，搭建了网格化管理、精细化服务、信息化支撑的基层治理平台。

四、经验启示

(一)组织引领是强村富民的"压舱石"

党旗作指引,发展靠支部,只有始终保持和发扬"铁心向党、永葆先进"的坚强信念,才能夯实农业农村现代化建设的组织基础和群众基础。用党员的优良作风团结带领群众,党员做给群众看、带着群众干,凝聚团结拼搏、共谋发展的向心力。选好党的基层组织带头人至关重要,在带头人的带领下,农村党组织才能更加稳固,党员干部群众才能更加团结,乡村振兴的组织基础和群众基础才能更加坚实有力。

(二)党的政策是强村富民的"定盘星"

党的政策是阳光雨露,如何推动党的政策在农村落地开花结果,变成村庄发展的机遇和农民的实惠,关键在基层党组织。农村基层党组织是落实党的政策的转化器,是贯彻落实乡村振兴战略的先行者和实践者,是贯彻落实党中央决策部署的"最后一公里",必须把落实党的政策、把准发展方向、抢抓发展机遇作为首要任务和重要责任。

(三)改革创新是强村富民的"源动力"

抓改革就是抓发展,谋创新就是谋未来。面对"家大业大、管理难度也不断加大"的客观实际,永联村坚持党建引领,顺应社会主义市场经济规律,深化机制体制变革,解决了解放和发展生产力的问题。新时代新征程,发展壮大集体经济,必须始终坚持"解放思想、实事求是、与时俱进、求真务实",向改革要活力,向创新要动力,才能始终立于改革开放的时代潮头,找准方向方位、把握大势大局,以改革促创新,以改革强动能、增效率。

(四)人才振兴是强村富民的"推进器"

在国际化、市场化条件下,村企发展的实力,关键在于人才队伍的实力,竞争优势来源于人才队伍的优势。农村及农村企业在招聘引进人才时的难度很大,这就要求我们要敞开胸怀,让各类人才汇聚农村。不仅要抛弃只信身边人、只用本村人的狭隘思想,更要营造尊重知识、尊重人才的人文环境、用武平台,让人才受到尊重,得到成长。激发人才活力,要有充满"人情味"的管理,而不能仅是"我出资金,你出智力"的商品交换法则。

(五)发展为民是强村富民的"着力点"

先富帮后富,共创致富路,只有始终保持"人民至上、共建共享"的赤子情怀,才能实现农村现代化的初心使命和价值追求。发展为了人民、发展依靠人民、发展成果由人民共享,这是全面推进乡村振兴、加快农业农村现代化建设的根本。

 **案例点评**

　　如何坚持党建引领农业农村现代化？张家港市南丰镇永联村坚持党建引领，通过"五抓五强"举措，逐渐走出了一条工业化牵引、带动城镇化建设，进而实现农业农村现代化的发展道路，翻开了集体经济可持续、高质量发展的新篇章。"五抓五强"举措是指抓组织，强党建引领力；抓机遇，强政策牵引力；抓创新，强改革驱动力；抓队伍，强人才支撑力；抓民生，强共富凝聚力聚合力。

推深做实"精网微格" 走好新时代乡村善治路

常熟市委

【引言】 基层治理是国家治理的基石。习近平总书记指出:"党的工作最坚实的力量支撑在基层,经济社会发展和民生最突出的矛盾和问题也在基层,必须把抓基层打基础作为长远之计和固本之策,丝毫不能放松。"党建引领基层治理是新时代基层治理的必然选择,是夯实党的执政基础、巩固基层政权、推进国家治理体系和治理能力现代化的重要途径。因此,要不断加强党对基层治理的领导,充分发挥基层党组织的战斗堡垒作用和党员的先锋模范作用,努力构建共建共治共享的基层治理新格局。

【摘要】 近年来,常熟市紧盯农村基层组织形态和治理形势任务变化,以落实全国党建引领乡村治理试点任务为契机,大力实施"精网微格"工程,突出"网格化管理、精细化服务、信息化支撑"三项重点,积极推动"党建网""服务网""治理网"三网融合,确保乡村治理有人干事、有章理事、有资源办事,织密筑牢党在乡村的末梢根系,有效构建"组织领导、多方协同、党员带头、群众参与"的新时代党建引领乡村治理新模式。

【关键词】 精网微格;基层治理

扫码看VR

一、案例背景

改革开放以来特别是进入新时代后,常熟市经济社会各方面取得巨大成就,城乡面貌焕然一新,居民收入持续增长,生活质量得到极大改善。同时,农村基层组织形态和治理形势任务也在发生深刻变化,对推动乡村治理体系和治理能力现代化提出了更高要求。

(一)治理体系由"树状"向"网状"的转变,对加强党的领导提出更高要求

自1999年启动建制村合并工作以来,常熟市采取大村带小村、强村带弱村的方式,将行政村从原来的653个整合到目前的214个。随着村域面积和人口规模的扩大,基层治理体系由原来的以镇、村、村民小组为层级的"树状"管理体系,向以镇、村、网格为局域的"网状"服务体系转变,工作方式由原来的上下级、条线式,转变为区域化、联动化,更加注重区域内各类组织、各类资源的互联互动和共建共享。扁平式的管理模式,对如何发挥基层党组织的核心引领作用,实现党对区域内各类组织、各类资源的全面领导和有效运用,提出了现实挑战和更高要求。

(二)农村"空心化"与人口"老龄化"的问题,对推动资源下沉提出更高要求

在快速工业化和城镇化的背景下,农村资本与劳动力大量向城镇转移,更多农村年轻人口通过外出务工、求学深造等方式,离开农村来到

城市就业生活，这一方面推动城市经济社会发展，另一方面也带来了农村"空心化"和人口"老龄化"的现实问题，要求党的基层组织设置和活动方式要积极适应形势变化、求新求变，充分发挥党统领全局、协调各方作用，推动各类资源力量向农村集聚下沉，助力农村基层组织治理能力和服务能力。

（三）手段"单一"与主体"多元"的矛盾，对优化治理方式提出更高要求

常熟位于长三角经济带的核心区域，城乡一体化程度高，制造业的飞速发展，吸引了大量外来人口，部分农村从原有的产业结构单一、人口结构简单、各类组织较少的传统农村，向农业、工业、服务业一体，人口结构复杂多元，各类社会组织不断增多的现代农村转变。比如，常熟市东南街道小康村外来人口多达2万，村域范围各类组织多、流动人口多、企业个体多，治理主体复杂多元，传统的治理手段难以实现现代农村的有效治理，需要在治理方式和服务机制上创新探索，积极运用现代信息技术，不断提升治理的温度和精度。

二、主要做法

（一）突出"网格化管理"，打造上下贯通、执行有力的治理体系

深入实施高质量党建引领基层治理现代化"根系工程"，以试点工作为契机，全面重塑网格、配强力量、整合资源，着力提升党建引领乡

村网格化治理水平。**一是推动组织根系在一线深扎**。持续推动党的组织覆盖和工作覆盖，积极探索城乡融合区域党建有效路径，加强党组织设置和活动方式创新，大力推广"行动支部"工作法，推动党组织向新型农村社区、产业链、合作社、家庭农场有效覆盖，实现党的组织根系和治理基础单元的深度融合。**二是推动治理体系在一线延伸**。按照管理服务半径合适、治理力量能够覆盖、因地制宜务实管用的原则，以村民小组、街边商铺等为单位，按照"1个网格覆盖50户，1名网格员联系10户"的标准，科学划分农村网格，充实壮大服务力量，制定微网格工作运行机制、微网格服务管理事项清单及网格长、网格员工作清单等一套机制、三份清单，确保网格运行高质高效，推动基层治理"毛细血管"更深入、"末梢传感"更敏锐。**三是推动各类阵地在一线共享**。持续推动基层党群服务中心与新时代文明实践中心（所、站）和镇、村综合服务设施的统筹建设使用，积极打造集政策宣讲、文化传播、便民服务等功能于一体的综合性服务阵地，推出延时服务、假日课堂等一系列"不打烊"服务，为乡村逆向引流。加大"家门口的微阵地"建设力度，利用村公共用房、闲置农房、农业产业基地等场所，打造550余个网格"红色先锋站"，常态化开展体检义诊、家电修理、亲子课堂、评弹说书等暖心服务和文化活动，推动各类阵地"大门常开、场所常用、活动常办、群众常来"。

（二）突出"精细化服务"，构建多元融合、暖心舒心的治理机制

注重健全党建引领乡村治理多元共治机制，统筹推动各类资源力量向乡村一线集聚下沉，着力激发基层自治活力，切实增强人民群众的获

得感、幸福感、安全感。**一是注重先锋引领**。注重密切党群干群关系，全面建立市、镇领导和市级机关部门主要负责人包村联系制度，持续推动村干部走访入户、党员常态联户，做到村情民意"一口清"。注重发挥党员先锋引领作用，统筹多方力量，加强村民自治，挖掘500余名化解矛盾的"老娘舅"，成立200余个纾困解难的"帮帮团"，举办1 200余场党群共治的"议事会"，着力解决好村民的身边事、自家事。聚焦改善农村人居环境，创新推行党员干部"宅前屋后三包""周六下沉日"制度，市镇党政主要领导带头参加村庄清洁活动，充分调动村民自我维护、自我管理积极性。**二是推动资源下沉**。充分发挥"两代表一委员"政治优势、资源优势和能力特长，组织1 300余名代表、委员下沉网格参与治理。组织市镇机关、企事业单位、两新组织等领域600余个党组织与农村党组织结对共建，采取"揭榜挂帅"方式，每年为结对村解决1至2件惠民实事项目。建立"服务下乡·红色代办"工作机制，常态组织相关职能部门和水电气、金融等民生单位以及"三官一律"等开展助农便民活动，把服务送到田间地头，把温暖送到群众心坎。**三是强化共商共办**。聚焦老百姓急难愁盼问题，建立"海棠有约"共商共办议事协商机制，依托"12345"信息联动平台，组织市级职能部门赴现场开展共商共办，解决农村违建整治、留守老人心理健康、农民工欠薪等一批突出难点问题。深化党组织领导下的议事协商平台建设，创新搭建网格"春来月谈""逢五说事""大家讲莊"等载体平台，邀请党员群众围绕村庄发展重点和村民关注热点问题等集思广益、群策群力，激发群众自治热情，推动多元力量在网格集聚、服务诉求在网格呼应、矛盾问题在网格化解。

（三）突出"信息化支撑"，探索科学便捷、精准高效的治理手段

充分发挥现代信息技术提质增能作用，以数字化手段推动乡村治理模式和治理理念创新，积极构建智慧精准高效的乡村治理信息支撑体系，助力乡村治理提质增效。**一是建立数字指挥体系**。巩固深化乡镇管理体制改革成果，以"数字乡镇一网统管平台建设规范"获苏州市地方标准立项为突破口，全面建成乡镇集成指挥中心，开发基层党建、网格治理、公共安全等应用场景，构建扁平化、全域化、数字化指挥体系。全面推进数字乡村建设，开展"智慧农村"示范村建设，推动"互联网+"党建、政务、村务等乡村治理能力提质增效，全市建成村级信息指挥分中心 48 个，依托数字化手段，推动镇村指令畅通、数据共享，实现治理工作"发布—处置—反馈—评价"的有效闭环。**二是畅通末端沟通渠道**。优化完善基层治理一网统管平台，整合各部门民生数据，集成全市近 81 万块数字门牌，实现居民基础信息共享，方便网格服务力量开展入户走访。依托网格化管理架构，全市组建 1.3 万余个居民微信联络群，制定出台《居民微信联络群管理办法》，落实村工作人员、警务人员、网格长、网格员、志愿服务人员等"五大员"进群制度，实现基层群众沟通联系"零距离"，帮助解决民生微诉求 44.5 万件。**三是打造资源链接平台**。建立党员干部应急响应、下沉服务机制，创新开发"先锋领治·码上到"小程序，采取"组织派单、党员接单"的方式，推动 17 500 余名在职党员回居住地报到，形成村党组织资源力量底册，一键发布各类治理服务项目，集聚先锋力量下沉领办。创新打造"海棠铺子"惠农惠企惠民平台，一方面由党组织把关、推荐本地特色农产品

入驻销售，助力农户以新型农民合作社形式探索产业化、品牌化发展道路；另一方面利用铺子链接资源优势，反哺乡村治理，开办公益集市、组织乡贤志愿服务，为孤寡老人、困难群体提供暖心慰问、以"组织化＋市场化"运行模式拓宽党组织联系服务群众渠道，"海棠铺子"荣获江苏省"互联网＋"帮促助农活动典型案例。

三、工作成效

（一）治理体系的全面优化，实现了乡村治理从"大水漫灌"向"精准滴灌"转变

通过网格的全面重塑优化，有效破解了基层网格"网眼过大、多网并立，有网无人、效用不佳"等问题。全市进一步划细农村网格3 900多个，选聘网格长、网格员1.5万余名，建立健全网格工作准入、包联走访、工作例会、问题处置、激励保障等制度机制。全面加强网格服务载体建设，依托村组网格活动"小阵地"，打造政策宣传、信息咨询、矛盾化解"大平台"，实现网格内群众户户有人联、事事有人管，有效推动"组织链"和"治理链"的深度融合，形成网格员前哨发现、网格长议事协调、村干部破题解难的网格治理体系，确保小事不出网格、大事不出村，累计建成全国乡村治理示范镇1个、全国乡村治理示范村3个。

（二）组织优势的充分发挥，实现了资源要素从"自我运转"向"互联互通"转变

通过组织作为和组织力量，建立统筹协调、一体推进的赋能机制，

持续推动人才、资金、市场等要素资源向农村集聚下沉。全市机关、企事业单位、两新组织等领域近千个党组织与农村党组织结对共建，深入乡村一线开展共商共办，2023年以来，累计召开重点工作协调会74场，解决各类民生问题127个，实施解决停车难、配药难、办事难等惠民实事项目900余个。率先成立金融服务乡村振兴合作联盟，近500名"金融村干"下沉参与治理，推动36家金融机构与全市集体经济相对薄弱村结对帮扶，广大企业家、乡贤为乡村建设捐资捐物、献计出力，全市累计建成美丽村庄3 794个、覆盖率达到82%。在婚姻家庭、邻里纠纷、文明家风以及妇女儿童权益保障等领域，超过14 000名群众下沉助力，推动群团力量深入到基层社会治理的"最后一公里"。

（三）方式方法的有效创新，实现了各类主体从"治理对象"向"治理力量"转变

持续探索村党组织领导下的自治、法治、德治相结合的乡村善治机制，用活用好村规民约、积分管理、村民议事会等载体，推动乡村治理由"干部帮治"变为"村民自治"，有效提升村庄自我维护、自我服务、自我管理水平，实现群众自治活力有力激发、村级保洁经费有效压降、基层矛盾纠纷有序化解。以流动党员为重点，引导新市民积极参与志愿服务和基层治理。2023年，累计开展惠老服务、垃圾分类等基层治理项目3 000余人次，建言献策400余条，实现从"身份流入"到"作用融入"。

四、经验启示

（一）走好新时代乡村善治路，必须坚持党的领导

办好农村的事情，关键在党。乡村治理是一项系统性工程，工作纷繁复杂、问题形形色色，必须抓住党的基层组织建设这个"牛鼻子"，切实增强基层党组织的政治功能和组织功能，强化农村基层党组织对农村各类组织、各项工作的全面领导，确保纲举目张、政令畅通，实现"支部建在基层、治理抓在基层、服务就在基层"。

（二）走好新时代乡村善治路，必须勇于创新探索

创新是引领发展的第一动力。随着农业农村现代化建设的持续推进，乡村的区域形态和治理形势任务要求都在发展变化中，传统的治理方式难以解决新生的矛盾问题，必须加强治理方式创新，积极打破惯性思维和路径依赖，不断提高农村基层党组织驾驭复杂局面的能力，以工作方法的"变"实现治理效果的"好"。

（三）走好新时代乡村善治路，必须强化统筹协调

乡村有效治理离不开资源的集聚和力量的下沉。必须发挥党统揽全局、协调各方作用，坚持把党建引领机制嵌入到社会资源的动员与配置中，更加充分调动市场、社会等各类资源进一步向乡村集聚，鼓励更多社会主体参与治理、服务群众，形成更强治理合力，推动党的组织优势全面转化为乡村治理效能。

（四）走好新时代乡村善治路，必须发动群众参与

乡村治理说到底还是人做工作、做人的工作，群众既是治理主体，也是参与主体。要充分尊重人民群众的主体地位，多问计于民、问需于民，真正把广大人民群众发动起来，用群众的力量解决群众的问题，积极构建"党委抓支部、支部管党员、党员带群众"的工作机制，凝聚起美丽家园"大家建、大家治"的思想共识和磅礴力量。

 案例点评

> 常熟市在经济社会各方面取得巨大成就，城乡面貌焕然一新，居民收入持续增长的同时，面对农村基层组织形态和治理形势任务正在发生的深刻变化，通过运用网格化管理、精细化服务、信息化支撑的精网微格治理法，实现了各类主体从"治理对象"向"治理力量"转变，乡村治理从"大水漫灌"向"精准滴灌"转变，资源要素从"自我运转"向"互联互通"转变，这是常熟市在基层治理新形势下探索出的一条基层善治高速路。

"定制村干"为乡村振兴注入源头活水

太仓市委

【引言】 习近平总书记强调:"要推动乡村人才振兴,把人力资本开发放在首要位置,强化乡村振兴人才支撑,加快培育新型农业经营主体,让愿意留在乡村、建设家乡的人留得安心,让愿意上山下乡、回报乡村的人更有信心,激励各类人才在农村广阔天地大施所能、大展才华、大显身手,打造一支强大的乡村振兴人才队伍,在乡村形成人才、土地、资金、产业汇聚的良性循环。"总书记的讲话对新时期乡村人才队伍建设培养提出了更高要求。"定制村干"培育工程是加强基层党组织建设的重要举措。通过选拔和培养一批政治素质好、发展能力强的村干部,可以进一步提升基层党组织的凝聚力和战斗力,确保党的路线、方针、政策在农村得到全面贯彻落实。同时,这些"定制村干"作为基层党组织的新鲜血液,能够带来新的思路和方法,推动基层党组织不断创新和发展。

【摘要】 从2013年起,太仓市在全国首创与农业职业技术学院以"政校合作、定向招生、定制课程、定岗培养、定向就业"的模式培养定制村干,试点探索定制村干职业体系建设,建立健全从严选拔、创新分配、做精培育、员额管理、多元保障"五步骤"。重点实施"田间教育计划",搭建"职业院校+基地实践""经常培训+导师帮带""分类施教+岗位磨炼"等"1+1"育才平台,持续锻造出一支政治文化素养好、农业发展能力强、基层治理水平高、留得住扎下根的"永久牌"乡村振兴生力军。

【关键词】 定制村干；乡村振兴；政校合作

扫码看VR

一、案例背景

乡村振兴，基础在村、关键在人。作为国家现代农业示范地区，太仓在推进农业农村现代化的过程中，较早地遇到了年轻人不愿种田、不会种田等问题。为进一步激发农村发展活力，太仓市从 2013 年起，主动与省内农业职业技术学院合作，试点实施定制村干培育工程，定向培养了一支"技术型＋管理型"双元型年轻人才，为全面推进乡村振兴提供了坚实人才保障。

二、主要做法

聚焦农村青年人才选育管用"全链条"，太仓市坚持统筹部署、精准发力，积极健全培养选拔优秀定制村干常态化工作机制，着力锻造一支素质过硬、堪当重任、作风优良的乡村振兴年轻干部队伍，为加快实施乡村振兴战略提供坚强组织保证。

（一）创新机制"选"

作为全省首批定制村干培育工程试点单位，太仓市坚持把乡村人才工作战略性前移，择优选拔一批政治素质好、愿意扎根农村的青年学生到江苏农林职业技术学院等省内农业院校进行 3 年全日制大专学习。一**是突出政治标准选**。坚持把政治素养高、组织纪律强作为首要标准，实行"三见三问"政审模式（见学校领导、见人事档案、见学生本人，问政治表现、问行为表现、问学习表现），强化对人选的政治品德把关。

二是注重能力素质选。设置招考条件，考生在高中教育阶段各科成绩需达到合格以上才有资格参加农业类职业技术学院提前自主招生考试，成绩需达到相应普通高等职业技术院校录取分数，并依据考生考核总成绩从高到低录取。坚持综合素质全面衡量，对在校期间担任学生干部、获得市级及以上有关荣誉的可优先录取。**三是坚持规范程序选**。市委组织部、市农业农村局联合制定招考工作意见，明确招考流程，成立招考纪律监督组，对报名、笔试、面试、政审等环节进行实时监督，确保定制村干招考程序全程公开、公正、透明，杜绝"带病入学"。

（二）多措并举"育"

根据农村现实需求和定制村干实际情况，创新实施"田间教育计划"，将定制村干纳入全市干部教育培训统一规划，搭建3个"1＋1"育才平台，快速缩短"成长期"。**一是实施"职业院校＋基地实践"**。会同省内农业职业院校，开展"理论知识＋实践操作"双提升教学，设置符合现代农业发展需求和特点的课程，让在校培训"接地气"。依托太仓市粮食、蔬菜、园艺等合作农场设置了"开放式课堂"，对定制村干进行农业实训锻炼，使其懂农业、知农事。**二是开展"经常培训＋导师帮带"**。建立市级集中培训制度，组织部门每年开展市级示范培训班，农业农村部门每年春秋两期开展农技培训；实施区镇轮值培训制度，每月由轮值区镇组织全市优秀定制村干开展封闭式培训。创新"1＋2"导师帮带制，即区镇党政领导干部、村干部两者同时联系帮带一名定制村干，定期交任务、传方法、讲经验、做示范。**三是实行"分类施教＋岗位磨炼"**。针对定制村干经历单一、基层经验相对不足等问题，围绕乡村振兴5个方面，为定制村干量身定制基层党建、农业产业、生态环境、社会治理、乡村文化 5 大类 20 个实践锻炼岗位,不断提高定制村干分析、判断和解决问题的能力。

(三) 加强保障"促"

开展"定制村干"培育工程,不仅仅是要把这支队伍培养成农业技术"好手",更多是把他们打造成高素质农村干部队伍的"后备军"。**一是成长空间多元化**。太仓市委组织部、市农业农村局定期举办交流座谈会,常态化与"定制村干"谈心谈话,了解其工作情况,掌握思想动态,规划发展路径,结合现实表现加大从优秀定制村干中选拔村(社区)"两委"干部、党务干部、合作经济组织管理人员的力度。**二是待遇保障多样化**。按照政治素质、德才表现、工作年限、受教育程度等综合因素,建立定制村干四级岗位等级序列。定制村干经济待遇以所在村"两委"人员平均待遇为基准,四个岗位等级经济收入分别按照不低于 70%、80%、90%、100% 的系数进行核算。**三是考核激励制度化**。采用日常考核、年度考核和聘期考核相结合的方式,通过个人述职、党员群众测评、工作导师和村(社区)"两委"班子评价等形式进行民主评议,对年度考核"不合格"的进行谈话诫勉,聘期考核"不合格"的予以解聘;对考核结果"优秀"的,将给予一定奖励并作为人事调动、职位提拔的重要依据。

三、工作成效

多年来,太仓市坚持严选优培、人岗匹配、定向使用,量身定制符合岗位需求的农村年轻人才,有效破解农村干部选任难、培养难、扎根难等一系列难题，培养了一批有文化、懂技术、善经营、会管理的高素质后备乡土人才，为乡村振兴蓄足"源头活水"。

（一）定向招生，破解"本土化"人才难题

聚焦农村高素质人才流失问题，太仓市结合本地农村子弟熟悉村情镇情、毕业后回原籍工作意向高的实际情况，确定生源本土化原则，综合考虑学生现实表现、户籍所在地等，与省内农业院校签订《定向培养协议书》，学生承诺完成学业后回原籍从事农业生产、技术服务或村务管理等工作。截至目前，已累计定向招录定制村干506名，实现人才任用"本土化"，把真正懂农业、爱农村、爱农民的优秀人才选出来、留下来。

（二）充电蓄能，搭成"学习型"成长平台

聚焦能力提升，太仓市委组织部将定制村干纳入全市干部教育培训统一规划，发挥省"百名示范"村（社区）书记引领带动作用，用好太仓市乡村振兴实践学院、"稻田理想园"等平台载体，分层分类定制培训。定期组织开展定制村干风采大赛、农业技能大比武、直播带货、工作讲坛等活动，为定制村干提供一个展示、交流、提高的全方位平台，让更多乡土人才破"土"飘"香"。自2019年以来，连续举办定制村干风采大赛5届，通过以赛促练的方式，全面提升定制村干能力素质，为助力农业农村现代化提供人才驱动力。

（三）定岗历练，锻造"能干事"干部队伍

坚持优中选优，有计划地遴选一批优秀定制村干作为村级后备干部

进行培养，到环境整治、拆迁安置、综合治理等岗位实施"考验型"锻炼。开展"定制村干"培育工程，不仅仅是要把这支队伍培养成农业技术"好手"，更多是把他们打造成高素质农村干部队伍的"后备军"。截至目前，全市共有126名定制村干入额，70人进入村"两委"班子。充分发挥农业委培生农业技术专长，拖拉机、收割机等农机驾驶证合格率达100%，2人成功申报国家级秸秆综合利用项目，12人获评姑苏乡土人才。

（四）关心关爱，形成"全周期"保障机制

在校期间，全额补助委培生的学费和住宿费，享受在校生同等的奖学金、助学金、助学贷款；毕业后落实就业分配，经济待遇从之前参照村工作人员待遇变成以村"两委"人员为标准发放，让"能做事、能做好"的定制村干真抓实干更有劲头。经统计，定制村干入额前年平均收入9.02万元（全口径），入额后年平均收入11.42万元（全口径），增长26.6%。凸显重实干、有实绩的选人用人导向，打破成长"天花板"，对于实绩明显、群众认可的定制村干大胆使用，及时选拔进入"两委"班子。截至目前，3人担任村党组织副书记、7人担任村委会副主任。

四、经验启示

全面推进乡村振兴，人才振兴是关键，只有人才的供给跟上了，乡村振兴才能实现。太仓市坚持把乡村人才作为乡村振兴"牛鼻子"，创新推行定制村干培养模式，培育造就了一批"懂农业、爱农村、爱农民"的年轻村干部，为乡村振兴提供源源不断的发展活力，其中经验值得重视。

（一）发挥党建引领优势，千方百计"寻才"

当前正处于乡村振兴工作的关键时期，党组织是实现乡村振兴的"执行主体"，是推动乡村振兴的"总引擎"，强劲有力的党组织是乡村振兴战略目标能否实现的决定性因素。太仓实践也充分证明，坚持党管人才，能让人才工作更有目标、有计划、有效率地发展，能更好激发乡土人才活力。因此，各级党组织要在选育和管用各个环节中积极主动地从"后台"走向"前台"，发挥好政治引领、组织引领、能力引领、机制引领等"牵头抓总"的作用，为乡村人才振兴"拓路子"，为人才资源创新运用提供广阔土壤，引导乡村人才向农村聚拢，吸引优秀青年向党组织靠拢。

（二）推动校地深度合作，有的放矢"育才"

作为国家现代农业示范地区，太仓实践证明，要解决农村本土人才外流较多、劳动力数量减少、素质结构性下降、农业从业人员科技文化水平不高等日益突出问题，必须顺应农业农村现代化发展的新要求，尽快培养造就一支有较强市场意识、懂经营、会管理、有技术的"定制村干"队伍。为此，太仓市通过瞄准"乡村振兴""人才培养"2个目标，紧紧抓住学业与产业的衔接点，通过"定向委培"的方式，与省内农业职业院校探索合作，创新"开放办学""校地合作"育人模式，按照村务管理、生产经营、创新创业、推广服务等四类农科人才岗位分类制定人才培养方案，培养出一批"技术型＋管理型"乡村人才，为助力农业农村现代化提供了人才驱动力。

（三）淬火磨砺百炼成钢，一线墩苗"用才"

新时代的农村是充满希望的田野，是干事创业的广阔舞台，更是成长成才的"炼钢厂"。坚持定人帮带，通过"1＋2"成长、业务双导师帮带的方式，让定制村干可以尽快适应工作岗位、融入集体，助力综合素质、工作能力双提升。坚持一线历练，把个人成长与农村发展贯通起来，主动到乡村振兴一线、重大项目一线、征地拆迁一线去淬炼铁一样的责任担当，多在田间地头汲取智慧、在爬坡上坎中历练本领、在日晒雨淋中积累经验，让定制村干更好地接地气、壮筋骨、长才干，尽快成为乡村振兴"金种子"。

（四）多措并举鼓励激励，全力以赴"留才"

做好农村工作关键是要留住人才，坚持"让优秀者优先、吃苦者吃香"，持续抓好关爱激励，营造成才"暖环境"。太仓市从制度入手，构建定制村干职业化体系，建立健全考核激励机制，对实绩突出的给予表彰激励，对不同岗位等级定制村干的经济和政治待遇都进行明确，用组织温情持续激发定制村干的干事创业热情，真正让定制村干安心扎根基层、服务农村。

 **案例点评**

太仓市在全国首创与农业职业技术学院以"政校合作、定向招生、定制课程、定岗培养、定向就业"的模式培养定制村干,在筛选阶段定向招生、在培育阶段搭建学习型平台、在促进阶段定岗历练、在使用阶段一线墩苗、在激励环节多措并举,以全周期化的定制培养模式,为太仓市基层乡村输送了一大批优秀村干队伍,助力乡村振兴事业加码提速。

"昆玉头雁"淬火成钢
锻造过硬基层党组织带头人队伍

昆山市委

【引言】 2018年10月25日中共中央印发的《中国共产党支部工作条例（试行）》，对党支部书记的素质和能力提出了明确的条件和要求。村（社区）基层党组织书记是领路人、领航者和领头雁，是全面做好农村、社区基层党建工作、发挥基层党组织领导核心作用的关键因素，是党的路线方针政策和各项工作任务在基层得以落实的基本保障。

【摘要】 昆山市大力实施"昆玉头雁"工程，致力于锻造过硬的基层党组织带头人队伍。通过系统培训、实践锻炼、严格考核等多种方式，提升带头人的综合素质和工作能力。注重选拔培养优秀人才，激发创新活力，发挥示范引领作用，使基层党组织更具凝聚力和战斗力，为昆山市的发展提供坚强组织保障。

【关键词】 "昆玉头雁"；基层党组织；基本保障

扫码看VR

近年来,昆山通过实施"昆玉头雁"典型培塑计划,系统推进科学遴选、日常管理、联系指导、培养锻炼、鼓励激励等举措,优化结构、提升能力、激发热情,促进全市村(社区)党组织书记队伍建设,为实施乡村振兴战略、加快推进基层社会治理现代化提供坚强有力的人才保障。

一、案例背景

近年来,中央到地方各级都高度重视基层党组织带头人队伍建设,中组部历史上首次举办全国村(社区)党组织书记(主任)全员培训班,省委信长星书记亲自接见第三批全省"百名示范"村(社区)书记。昆山对加强基层党组织书记队伍建设历来十分重视,针对村(社区)领域党建新老典型青黄不接、基层党组织带头人能力不强等问题,近年来,昆山创新实施"昆玉头雁"典型培塑计划,市委主要领导亲自领衔推进,并作为乡村振兴"书记项目",在村(社区)领域分别培育选树20名党组织书记典型,重点打造30个示范党组织,力争培养一批在苏州市、江苏省乃至全国范围内具有示范引领作用的基层党组织带头人。

二、主要做法

(一)坚持抓源头、求长远,系统谋篇布局

一是注重高位谋划。始终把村(社区)带头人队伍建设作为基层党建的"关键工程"、城乡发展的"动力工程"、基层治理的"牵引工程",实施基层党组织带头人"昆玉头雁"典型培塑计划,推出"分类建库""导师帮带""实训互学"等八大举措,系统建立科学遴选、日常管理、联系指导、培养锻炼、鼓励激励等机制。**二是抓好源头管理**。深化"县乡共管",明确选任标准、条件、范围、程序等,在全省率先建立"两委"信息联审平台,系统梳理分析全市村(社区)书记配备现状和潜力,统筹近期选配和远期储备,对队伍年龄结构、学历层次变化进行指导性预审。截至2024年4月底,共实施专项预审70次,否决不适宜担任人选3名,确保全市村(社区)书记队伍实现年轻干部比例、学历层次、综合业绩三个"只升不降"。**三是全面走访遴选**。结合"千村万企、千家万户"大走访、"村村到、户户进、人人访"等要求,市镇两级对全市村(社区)党组织开展常态化走访调研,择优遴选发现"好苗子"60余个。探索推行"三察一回访"机制,察责任落实、短板弱项、特色成效,定期回访复查,累计推动问题整改900余个,推广"绣花针工作法"、"一提二定三出"议事机制等特色做法20项。相关经验获中组部相关刊物刊发宣介。

(二)坚持传帮带、重实践,锻造过硬本领

一是建立"必修+进修"培训体系。每年开展村(社区)书记集中轮训,市委主要领导给村(社区)书记上党课,统筹安排政治能力、群众工作、应急处突、纪律规矩等课程,帮助村(社区)书记提升综合能力。持续优化培训资源供给,2022年和2023年,组织村(社区)书记参加昆山市级以上培训超1 200人次,人均受训超13个工作日,其中,陆家镇邹家角社区党委书记江玉琴作为苏州唯一代表赴中央党校主课堂

参加全国社区党组织书记和居委会主任视频培训班。实施村（社区）干部学历提升"8060"计划，以书记、"两委"班子成员本科率分别达到80％、60％为目标，2022年和2023年，组织129人参加在职学历教育。目前，全市村（社区）书记大专及以上学历占比达到97.7％，位居全省前列。**二是推行"导师＋项目"帮带机制。** 举办"昆玉头雁·书记开讲"活动8期，邀请常德盛、郁霞秋、赵建军等全国基层党建重大典型来昆授课、传授方法。实施"青蓝结对"助力成长行动，组织汤仁青、吴根平、瞿桃林等一批老书记，通过担任第一书记、开设工作室、参与"书记讲给书记听"活动等方式，帮带年轻书记接续传承弘扬"老支书精神"。全面开展城乡、村企、村社共建，依托"大党委"、党建联盟等机制载体，向村（社区）下沉乡村企业、农旅融合、专业服务等共建联建项目400余个，为村（社区）实现差异发展、打造特色品牌提供靶向支撑。**三是搭建"研讨＋竞赛"共促平台。** 每月举办村（社区）书记先锋训练营，聚焦乡村振兴、基层治理等重点难点，创新情景课堂、实战演练等方式，小班制开展业务研讨，推动相互启发、互学互鉴。定期举办"头雁竞飞"汇报讲演活动，围绕党建书记项目、品牌建设等主题，组织重点培育对象轮流上讲台，同台竞技、相互切磋，激励比学赶超、争先创优。

（三）坚持强激励、优保障，激发队伍活力

一是提高待遇增强获得感。 健全村党组织书记"专业五级"和社区党组织书记"三岗十八级"管理体系，通过提高基数、专项补贴等方式，提高村（社区）书记薪酬待遇。目前，全市在职村（社区）书记全口径人均年收入20.4万元，位居全省前列。创新实施积分制管理，不

仅看"年限"、更要看"贡献",每年开展村(社区)书记年度考核,结果与当年度绩效报酬、选拔任用、调整降级使用等激励惩戒措施挂钩,对符合条件的退休人员参照事业人员、四级主任科员落实相关待遇。**二是畅通渠道增强成就感**。打破职业发展空间,对实绩突出、群众拥护的优秀村(社区)书记,优先推荐为各级"两代表一委员"人选、参加公务员定向招录和提拔进入区镇领导班子,全市现有28名村(社区)书记担任昆山市级及以上"两代表一委员",2021年至2023年,有8人被提拔为乡镇领导干部职务,4人享受乡镇科级干部待遇,3人通过定向招录进入公务员队伍。**三是典型引路增强荣誉感**。持续开展"学习身边榜样"活动,充分借助《党的生活》《新华日报》《苏州日报》等媒体资源,组织开展全市基层党建典型全媒体行动,汇编《"昆玉头雁"——优秀村(社区)书记风采录》,制拍陆家镇邹家角社区《社区党建"最佳角"工作法》、张浦镇金华村《农村党建"五彩"工作法》、周市镇市北村《"草帽间"工作法》等系列专题片,让村(社区)书记有"里子"、又有"位子"、更有"面子",激发干事创业热情。

三、工作成效

自实施"昆玉头雁"典型培塑计划以来,村(社区)书记队伍建设整体水平得到有效提升。

(一)队伍结构不断优化

通过加强选育管用,严把源头管理,推动基层党组织书记不断的"充电""蓄电""放电",队伍结构、能力素质得到有效提升。目前,全市村（社区）书记共356名，平均年龄42.4岁，35岁以下占比10.7%，36~40岁占比28.7%，41~45岁占比31.5%；大学以上学历占比66%，其中本科占比64.9%，研究生占比1.1%，年龄结构、学历水平等方面处于较优水平。

（二）作用发挥不断增强

通过定职定级、积分管理、奖惩结合等精细化管理，既传递了工作压力、又激发了工作动力，引导村（社区）书记带好头、发挥领头雁的作用，真正带动全体基层干部履职担当，在岗干事。张浦镇金华村"五彩金华"、周市镇市北村"七星市北"、陆家镇邹家角社区"党那里"等一批老品牌历久弥新、出新出彩，昆山开发区绣衣社区"党建'绣花针'"、昆山高新区朝阳新村社区"朝夕相伴"、花桥经济开发区横墅江社区"横墅江·横竖＋"、陆家镇邵村社区"香樟树下"等一批新品牌不断涌现。

（三）示范引领不断凸显

优秀村（社区）书记的先锋引领作用不断增强，示范带动队伍整体建设再上新台阶。2023年，全市村（社区）获评国家级、省级荣誉57项，巴城镇正仪村党总支书记邢龙获评全国农业农村劳动模范、入选第三批全省"百名示范"书记，全省"千名领先"村（社区）书记新入选14名，全省"百名示范""千名领先"书记分别达到4名、37名，位居苏州大市前列。

四、经验启示

（一）抓好村（社区）书记队伍建设，必须高点定位

新形势下，对村（社区）党组织书记的履职能力提出了更高要求，但这个岗位操心受累、待遇偏低，"人难选、心难留"等问题一直困扰着组织部门。昆山通过科学遴选、日常管理、联系指导、培养锻炼、鼓励激励等措施，建立起一整套成熟的闭环工作机制，同时想方设法提升村（社区）党组织书记获得感、成就感、荣誉感，保证他们有精力、有能力、有动力投身基层工作，用"专业化管理""差异化激励"换来了"全身心干事"。

（二）抓好村（社区）书记队伍建设，必须上下联动

村（社区）涉及党建、经济发展、社会稳定等基层各方面的事务，村（社区）党组织书记队伍建设，也需要组织、政法、农业、民政、乡镇党委等部门相互配合。只有上下联动，各司其职，各负其责，形成上下合力，集中整合财力、人力、物力等方面资源，全面抓实村（社区）党组织书记队伍管理，才能培养一支综合素质高、带动能力强、基层治理水平一流的村（社区）党组织书记队伍。

（三）抓好村（社区）书记队伍建设，必须务实创新

村（社区）书记队伍建设，重点在人才，关键在创新，落脚在务实。具体实践中，应该突出特色定位，顺应新时代发展需求，针对不同

基层党组织发展情况以及村情社情,制定务实可行的村(社区)书记培养模式,不搞千篇一律。因人而异、因村而异,更加注重精细化、点菜式的培养机制的建立,精准施策,精准发力,精准突破,采取更加有效的措施,培养更加有用的人才,能积极带动乡村振兴、基层治理工作不断迈上新台阶。

 **案例点评**

> 如何锻造过硬基层党组织带头人队伍?近年来,昆山市针对村(社区)领域党建新老典型青黄不接、基层党组织带头人能力不强等问题,通过实施"昆玉头雁"典型培塑计划,系统推进科学遴选、日常管理、联系指导、培养锻炼、鼓励激励等举措,优化结构、提升能力、激发热情,促进全市村(社区)党组织书记队伍建设,为实施乡村振兴战略、加快推进基层社会治理现代化提供坚强有力的人才保障。

"四个融入"为现代江村"夯基垒台"

苏州市吴江区委

【引言】 习近平总书记强调,"实现党在新时代新征程的使命任务,党的建设和组织工作要有新担当新作为"。要坚持以习近平新时代中国特色社会主义思想为指导,全面贯彻党的二十大精神,深刻领会党中央关于党的建设的重要思想,深入落实新时代党的建设总要求和新时代党的组织路线,深入推进新时代党的建设新的伟大工程。

【摘要】 近年来,苏州市吴江区大力实施"融入式党建"创新工程,将党建工作融入发展,激活"末梢"活力;融入民生,加强治理为民;融入区域,提升共建共享水平;融入群众,发挥党员模范效应。"融入式党建"为乡村治理打造强劲红色引擎,以党建引领贯穿乡村治理全过程、全领域,构建了乡村治理现代化发展新格局,相关工作经验入选第五批全国乡村治理典型案例。

【关键词】 融入式党建;现代江村;乡村治理

扫码看VR

一、案例背景

吴江区是江苏省的"南大门",也是费孝通老先生《江村经济》和小城镇研究的发源地,总面积1 176平方公里,全域纳入长三角生态绿色一体化发展示范区,下辖7个镇、4个街道,共有210个行政村和9个涉农社区,常住人口156.7万人,是享誉全国的"鱼米之乡""丝绸之府"。2012年"撤市设区"后,成为苏州城区区域面积、发展潜力与发展空间最大的一个区。区域内生态环境优美,农业资源丰富,资源禀赋优势突出,同时市场主体活跃、民营经济发达,为农村地区实现乡村振兴提供了肥沃土壤。习近平总书记指出:"要全面推进产业、人才、文化、生态、组织'五个振兴',统筹部署、协同推进,抓住重点、补齐短板。"近年来,吴江区坚持以习近平新时代中国特色社会主义思想为指导,认真贯彻落实新时代党的建设总要求和新时代党的组织路线,聚焦高水平率先基本实现农业农村现代化目标,紧扣中心大局,持续深化"融入式党建"工程,发挥党组织政治、组织优势,协调各方资源,调动各类组织和广大党员群众的积极性和主动性,共同融入乡村发展建设和管理。

二、主要做法

近年来,吴江区紧扣"一体化"和"高质量"两个关键词,大力实施"融入式党建"创新工程,以农业现代化、农村现代化、农民现代化和城乡融合发展为统领,着力健全区、镇、村三级农业农村现代化推进体系，为乡村治理打造强劲红色引擎，有力有效赋能乡村全面振兴。

（一）党建融入发展，让"最大政绩"与"第一要务"交相辉映

吴江区以高质量党建引领高质量发展，将党建融入基层社会，以党建"最大政绩"保障发展"第一要务"，夯实基层治理根基，集聚乡村振兴力量。

"四议两公开"机制让决策更透明。在全区率先探索推进村级重大事项"四议两公开"决策机制，通过"一套流程""两张清单""三方监督"工作方法，推进村级重大事项决策标准化建设，制定10类村级重大事项清单和28项村务重点监督事项清单，把规矩立在前头，把程序摆在明处，切实构建权责明晰、运行规范、公开透明的村级权力运行机制。实现全区村级纪委书记（纪检委员）、村务监督委员会、党员议事会全覆盖，以三位一体议事监督体系切实提升决策成效。

"全链条"管理让队伍更专业。出台村干部职业化管理体系建设"1+N"系列文件，构建"选、育、管、用、激"全链条管理体系，着力锻造全面进步全面过硬的基层党组织。"**选**"，坚持把政治标准放首位，注重选拔在乡村振兴、产业发展、基层治理、为民服务等实践中实绩突出、工作得力的人才。"**育**"，实施"江村·强基"村干部培养工程，创新村党组织书记交流培养模式，通过选聘成长导师、跨区域师徒结对等形式，不断提升村党组织书记抓乡村振兴的能力水平。"**管**"，全方位推进综合考核体系建设，亮明"计分牌""导向标"。研发村（社区）基层组织干部管理系统，提升信息化、动态化、科学化管理水平。"**用**"，树立鲜明实干导向，持续开展选聘优秀村（社区）书记进事业编工作，2019年以来累计选聘29名村党组织书记进编，拓宽优秀村党组

织书记的上升通道。"**激**",建立专职干部薪酬待遇"五级晋升"体系,出台村、社区书记职业年金制度,激发干事创业的内生动力。

"多渠道"服务下沉让资源更集聚。以党委政府为中心,社会各界齐参与,整合资源要素向基层下沉,汇聚助推发展的合力。**强化帮扶结对**。实施"领导挂帅、单位挂钩、能人助村、企业结对"的四方结对共建行动,累计选派465名优秀机关干部驻村帮扶,投入帮扶资金上亿元,为乡村发展提供人才、资金、技术、信息等全方位支持。**聚力部门联动**。区委组织部和区发改委、农业农村局、住建局、苏州农商行、苏州大学等部门单位联合,成立"美美江村"乡村振兴党建联盟,汇聚政企银学多方合力,引导跨界合作,融合发展。**深化村企合作**。厚植吴江区民营经济优势,深入开展"万企兴万村"行动,推动村企资源共享、互利共赢,累计68个村(社区)与489家民营企业、20家商会结对,实施帮扶项目16个,帮扶金额超亿元。

(二)党建融入民生,让"美好向往"与"奋斗目标"同频共振

吴江区将党建融入民生,把实现人民对美好生活的向往作为党员干部的奋斗目标,让高品质生活更加可观、可感、可享。

打造善治乡村标杆示范。健全党领导农村工作组织体系、制度体系和工作机制,以"江村"乡村振兴品牌为引领,创新片区化推进乡村振兴,将苏州"两湖两线"跨域示范区与吴江"魅力大运河""美丽湖泊群"组团建设系统衔接,逐步形成以环元荡、环澄湖、环长漾片区为重点的发展格局,累计建成中国传统村落2个、中国美丽休闲乡村3个、省级特色田园乡村17个。

打响乡风文明德育品牌。探索创立"德行吴江""道德银行""荣誉

积分"等一系列具有吴江特色、可触可感的乡土文明品牌,形成区、镇、村三级群众性精神文明建设阵地体系。创新推广"积分制"治理模式,常态化举办美丽庭院、文明家庭(文明户)创建活动,通过对身边的先进典型进行表彰公示,引导村民学习"民星"、争当"民星",营造起崇德向善、见贤思齐的浓厚氛围。

打通服务群众"最后一公里"。 以便民利民为导向,加大"放"的力度,强化"管"的能力,优化"服"的质量,加大区、镇、村三级体系标准化、异地通办标准化和"一件事"套餐服务标准化建设,"一窗受理、全科服务"模式实现全覆盖,老百姓办事实现了105个事项不出村,992个事项可即办即结。

(三)党建融入区域,让"红色网络"与"绿色水乡"血脉相连

吴江区大力推行"区域党建",通过条块融合的工作体系、资源共享的生态系统、区域联动的协作机制,努力把党的政治优势、组织优势转化为治理优势、服务优势。

推动区域党建统筹联合。 按照区域统筹理念,围绕地域分布、产业发展和服务功能优化党组织设置,打造区域党建工作站,结合街道"大工委"、社区"大党委"、"一联双管"等机制,探索形成村企统筹、村居统筹等多种区域党组织设置模式。针对新型农村社区建立"村转社区党委—动迁村党支部—楼宇党小组—党员中心户"四级党建网络,逐步开展党组织、居委会、业主委员会、物业管理公司"四位一体"建设,凝聚治理合力,提升服务实效。

实施网格覆盖综合管理。 以综合网格治理为抓手,组建"1+5+1"综合网格队伍,创新"一个网格长牵头抓总,五类网格员下沉融入,一

个督导员监督指导"的网格综合治理 2.0 模式,加快推进基层党建网、民生服务网、社会治理网"三网融合",统筹实施治违、治污、治隐患等专项行动,使党组织有效嵌入各类基层网格,党建引领一贯到底,推动各方力量协同联动,确保民情在网格掌握、服务在网格开展、问题在网格解决。

引导跨区域基层组织共建。 在青吴嘉(上海市青浦区、江苏省苏州市吴江区、浙江省嘉兴市嘉善县)三地交界处建立"吴根越角"党建生态圈,打造基层组织共建、服务群众共抓、乡风文明共培、社会治理协同共融、资源信息共享、古镇资源共通的六大模块,推进"美美与共"村干部长三角区域挂职轮训计划,举办长三角村书记讲坛,促进生态圈内各级党组织同频共振、互动共赢。

(四)党建融入群众,让"参天巨木"与"广袤大地"共生共荣

吴江区深入开展"千村万企、千家万户"大走访,连续 10 余年开展"党员干部进万家"活动,走进群众,聚焦重点难点问题开展调查研究,坚持不懈为群众办实事,把提升群众的参与感、获得感、幸福感作为党建引领乡村治理的出发点和落脚点。

推动党员干部下沉一线。 加快推进高质量党建引领基层治理现代化"根系工程",推广"党建小院""事解江村"党建服务点等新载体,以民情日记工作法推动 6 780 余名党员干部下沉一线,主动靠前,倾听民声,不断增进同人民群众的血肉联系,有力推动民情在一线掌握、矛盾在一线化解,切实解决"最后一公里""最后一米"问题。

开展精品主题实践活动。 全力开展"净美江村"大整治行动,建立 1 名副科职以上干部+1 名中层干部+若干名区镇两级干部的"1+1+

N"挂钩联系制度,覆盖2 120个整治自然村,由村党组织书记发挥先锋模范作用,切实负起村庄"人居环境负责人"责任,2 415名村干部落实分片包干责任制,发动各级干部、志愿者、群众参与村庄清洁行动超75万人次。"红黄绿三色榜单引领农村人居环境整治"成为江苏省唯一入选的全国农村公共服务典型案例。

强化重点实事工程建设。在全省率先出台基层基本公共服务功能配置标准,以党建为引领,用好"书记项目"工作法,先后实施"1058工程""555计划""长三角一体化发展重大项目",加快补齐农村基础设施和公共服务短板,持续加大资金资源投入力度,农村水、电、气、路、通信实现全面通达,行政村双车道四级公路、镇村公交、区域供水、光纤到户、垃圾分类、文化综合服务中心覆盖率均达100%,乡村面貌焕然一新。

三、经验启示

乡村振兴,治理有效是基础。只有不断完善乡村治理的组织体系,强化党对乡村治理的全面领导,增强农村基层党组织政治功能和组织功能,才能开创基层党建工作的新局面。

(一)坚持党建引领

以"党建+"模式,推动组织触角延伸到农村经济社会发展的各个方面,实现广覆盖、深扎根,不断提高党组织在乡村治理中的政治领导力、思想引领力、群众组织力、社会号召力。要以镇域为中心,开展"以'融入式党建'夯实乡村治理根基"书记项目,坚持"书记抓、抓书记",全面落实乡村振兴责任制,切实把组织优势、组织功能、组织力量转化为提升乡村治理现代化水平、全面推进乡村振兴的源动力和强引擎。

(二)坚持治理为民

乡村治理,创新在基层,活力在基层。要推动党建工作重心下移,深入基层组织,推动党群干群互动互通,帮助基层化矛盾、办实事、理思路。要积极推进基层服务型党组织建设,建立健全区域统筹的基层党组织体系,着力构建主体明确、层次清晰的服务体系和城乡统筹、全面覆盖的服务网络。要坚持民生导向,持续提升乡村法治、德治、智治、自治水平,使人民获得感、幸福感、安全感更加充实、更有保障、更可持续。

(三)坚持共建共治共享

深化乡村治理体系建设,关键在于要推动乡村治理主体多元化,形成党委领导、政府负责、群团组织助推、社会组织协同、人民群众参与的良性互动,以共享引领共建、以共建实现共享。要顺应经济区域化、人才集聚化的趋势,树立区域统筹的理念,依托社区、行政村、工业园区、产业集聚区等"三新"组织和人口相对集中的区域和行业,充分整合组织、工作、人员和阵地等资源,实行"组织联建、党员联管、资源共享、活动共办",构建动态开放的区域化党建工作体系,有效地实现党的组织和党的工作的有形、有效覆盖。

 **案例点评**

苏州市吴江区作为长三角生态绿色一体化发展示范区,紧扣"一体化"和"高质量"两个关键词,大力实施"融入式党建"创新工程,把党建融入发展、融入民生、融入区域、融入群众,并通过高效实际、可操作性强的具体举措,使示范区融入式党建发展脉络愈加完善,以"党建+"模式推动组织触角延伸到农村经济社会发展的各个方面,实现广覆盖、深扎根,让广大基层民众共建共治共享发展成果。

激活党建引擎　汇聚红色动能
奋力打造新时代乡村振兴"吴中样板"

苏州市吴中区委

【引言】　通过激活党建引擎，苏州市吴中区着力打造新时代乡村振兴"吴中样板"。全面激活基层党建是推动地区经济持续增长的重要动力，是提升区域竞争力和影响力的关键因素，是农村产业发展的源头活水，对于吴中区的全面发展、农村的现代化建设以及社会的进步都有着极其重要的意义和价值。

【摘要】　苏州市吴中区委积极作为，全力激活党建引擎。通过加强党组织建设、发挥党员先锋模范作用，汇聚强大红色功能。在产业发展、生态宜居、乡风文明等方面精准发力，创新治理模式，整合资源优势，奋力打造具有特色和示范意义的新时代乡村振兴"吴中样板"，为乡村发展注入新活力，开启乡村振兴新篇章。

【关键词】　党建引擎；红色功能；乡村振兴

扫码看VR

近年来，苏州市吴中区深入学习贯彻习近平新时代中国特色社会主义思想和习近平总书记关于乡村振兴战略的重要指示精神，大力实施新时代基层党建"东吴先锋"工程，严格落实抓党建促乡村振兴责任制要求，将党的政治优势和组织优势转化为乡村振兴的发展优势，以组织振兴带动产业振兴、人才振兴、文化振兴和生态振兴，全力绘就"天堂苏州·最美吴中"的乡村振兴新图景。

一、案例背景

党的二十大报告作出了全面推进乡村振兴的战略部署，指出"全面建设社会主义现代化国家最艰巨最繁重的任务仍然在农村"，要"坚持农业农村优先发展，坚持城乡融合发展，畅通城乡要素流动"。吴中区地处苏州古城南部，坐拥五分之三太湖水域，是苏州的"水缸子""米袋子""菜篮子"。全区目前共有210个村（社区）党组织，其中行政村84个、涉农社区44个，占到全区村（社区）总数的六成，且67.97%的行政村（涉农社区）位于环太湖地区，大多农业资源相对丰富、自然禀赋相对深厚。可以说，农村是吴中区经济社会发展的重要基石，抓好农村基层党建具有重要意义。

二、主要做法

（一）织密上下贯通执行有力的红色根系

一是自然村党支部运行"实体化"。深入实施高质量党建引领基层治理现代化"根系工程",深化基层治理"先锋枢纽"体系建设,以村(涉农社区)下辖的自然村为单位建立党支部,同时根据自然村划分网格,织密"村级党组织—网格党支部—党小组—党员中心户"四级联动的组织网络,着力构建上下贯通、执行有力的农村组织体系。木渎镇党委牢固树立大抓基层的鲜明导向,根据党支部"小村化"设置原则,将"两委"班子成员、村干部等"下沉"至各自然村网格支部内,在加强"两委"班子成员与党员群众沟通交流的同时,更好地推动上级部署在基层落实。**二是组织设置方式实现"多元化"**。聚焦环太湖地区农作物种植、手工艺等传统行业和农家乐、民宿等特色行业,探索灵活运用组织设置和活动方式,推广"支部+行业协会""支部+专业合作社""支部+新业态"等特色做法,有效提升新兴领域"两个覆盖"水平,强化党对乡村振兴的全面领导。香山街道舟山村是远近闻名的核雕村,街道党工委依托核雕行业协会成立舟山核雕行业党支部,构建"先锋引领、条块联动、多方协同"的行业党建格局,组建"核新青年""能工巧匠""合舟共济"等党员志愿服务团队,在技艺传承、创业孵化、产业集聚等方面发挥先锋模范作用,同时与舟山村党委、江苏中元控股集团党支部、苏州工艺美院党委等开展合作共建,为核雕产业高质量发展聚势赋能。**三是行动支部作用发挥"项目化"**。全面推广"行动支部"工作法,在乡村振兴一线筑堡垒,对照"组织设置合理、行动目标明确、组织生活规范、服务中心有力、先锋作用明显"的标准,围绕禁捕退捕、防汛防台、疫情防控、人居环境整治等急难险重任务建立各类行动支部,以"项目化"的形式认领行动任务,在行动一线建支部,让支部一线有行动,切实强化支部主体作用。光福镇冲山村党委与市名城集团下属万和商旅党支部共同组建"漫山岛乡村振兴"行动支部,以"红联漫山、不负青山"为工作目标，以漫山岛文旅项目建设为重要抓手推动全国红色美丽村庄建设试点，为冲山村实现乡村振兴注入强劲的红色动能。

(二) 锻造综合素质全面过硬的先锋力量

一是培育更强头雁队伍。大力实施村书记"头雁领航"计划，对标村书记"县乡共管"要求，拓宽选任视野和渠道，从严把关拟任人选，探索准入退出机制，从选拔备案、分析研判、考核管理、鼓励激励等四个维度强化对村（社区）党组织书记的"全生命周期"管理，头雁队伍年龄结构和学历水平得到有效优化。坚持"常态轮训＋重点调训"相结合，定期举办"东吴先锋微讲坛"系列活动，通过"书记上讲台""书记讲给书记听"等方式，组织村（社区）书记围绕乡村振兴、社会治理、群众工作等主题分享心得体会，在微信公众号开设"我是主讲人"专栏，推动经验做法转化为更多工作实绩。**二是培育更优后备力量**。注重乡村振兴后备力量特别是村（社区）书记培养对象的储备，注重从机关年轻干部、大学生村官、返乡创业青年等群体中挖掘一批愿意扎根农村基层的后备力量，创新区镇两级"双向培养"模式，全面提升后备力量综合素质，深挖村书记后备人选"蓄水池"。区级层面举办乡村振兴后备人才学习成长营，集中时间开展全脱产集中培训，设置理论学习、沙盘推演、情景模拟、实地考察、分组讨论等课程，着力提升村书记后备人才综合素质；镇（街道）层面结合中心工作，根据个人特点安排后备人才挂职锻炼、跟岗学习，引导后备力量在重点任务一线主动挑担子、领任务，在攻坚克难的过程中提升干事创业本领。**三是培育更多专业人才**。坚持加强党对乡土人才工作的全面领导，有意识地把能工巧匠、苏作工艺大师等乡土人才培养为党员，把党员培养为人才，切实发挥党员人才在带领技艺传承、带强产业发展、带动群众致富中的作用，通过设立名师工作室、大师传习所、人才工作站等举措，切实做好"土特产"文章。坚持人才为上、自主评审，在全市率先试点推行乡土人才专业职称评定，从学历、资历和专业能力、业绩等维度设立申报条件，通过申报、评审、公示等流程评选农业农村、技艺技能和文化传承等3大类乡土人才，授予相应的专业职称，打造一支专业技术过硬的乡土人才队伍。

（三）探索党建引领聚势赋能的发展模式

一是坚持抱团发展理念。坚持"抱团、均衡、规范"的融合发展理念，因地制宜以党组织联建、大党委共建来带动项目联办，达到补齐发展短板、增强竞争优势的目的。全区先后组建13个镇（街道）抱团发展的镇级集团公司，由镇村两级联合注资从事产业载体建设、优质项目开发等，同时鼓励"强弱联姻""村村抱团"等做法，联合成立经济主体对外拓展经营业务，有效激活村级集体经济发展活力。由区级层面牵头6个集体经济相对薄弱村联合出资，成立全市首家以精准扶贫为主题的"吴中区众联富民农业专业合作社联合社"，与镇级集体资产管公司合作开发高标准工业厂房项目，总投资7 000万元，2023年底实现年收益7%，有效增强集体经济相对薄弱村造血功能。**二是创新合作共赢模式**。制定出台《吴中区关于实施"先锋聚能"工程推动乡村振兴的意见》，推动村级党组织以产业关联、地缘关系、服务管理、挂钩结对为基础，与机关事业单位党组织、金融机构党组织、科研院所党组织等组建乡村振兴"党建共同体"，以项目化形式开展合作交流，激活乡村振兴"红色引擎"。横泾街道上林村党委抢抓特色田园乡村建设机遇，引进同程旅游集团，组建上林村乡村振兴"党建共同体"，整合分散土地资源，盘活闲置民房资源，创新组织民房合作社，委托同程旅游集团专业化打造农文旅融合发展项目，打造一站式乡村休闲旅游目的地，以产业发展带动乡村振兴。**三是深化驻村结对帮扶。**按照"五个一"要求为乡村振兴重点帮促村安排区领导、区级机关单位、经济强村、企业党组织和金融机构开展挂钩帮促，用好驻村第一书记这支"生力军"，深化与派出单位的沟通交流，集中多方挂钩力量在组织建设、项目导入、资源下沉、访贫问苦、基础设施建设等方面开展帮扶工作。金庭镇衙甪里村党委已连续9年与国网苏州供电公司开展结对帮扶，按照"一盏灯、一杯茶、一条路"的工作思路，创设"一记红"碧螺春红茶品牌，建设红茶研制和生产基地，有效解决衙甪里村茶叶产业集聚但收入效益不高的发展困境。

三、工作成效

近年来，吴中区始终坚持抓党建促乡村振兴，切实发挥基层党组织政治功能和组织功能，推动乡村振兴的种子在绿水青山间生根发芽，取得了喜人的工作成效。

（一）农村组织体系不断完善

通过实施高质量党建引领基层治理现代化"根系工程"，织密织细农村组织体系，推动全区1 038个自然村党支部实现实体化运行，让党的领导深入田间地头，确保基层政权稳定牢固、运行高效。不断创新组织设置和活动方式，在乡村振兴重点任务一线建立起各类行动支部332

个，依托行业协会、专业合作社和新业态成立党支部 25 个，不断提升组织覆盖水平，让乡村振兴各项任务推进有了"主心骨"。

（二）基层干部队伍不断优化

通过实施村书记"头雁领航"计划，全区村书记队伍的年龄结构、学历水平、干事本领得到整体提升，1 人获评江苏省优秀党务工作者、2 人获评"百名示范"村书记，2021 年以来，共有 12 人被提拔为副科职干部。乡土人才专业职称评定开始至今，已累计评选出助理乡村振兴技艺师 54 人、乡村振兴技艺师 200 人，乡村振兴人才支撑愈加稳固。按照"一村一备"原则建立村书记后备人才库，23 名储备对象已走上村书记岗位。

（三）集体经济发展不断壮大

2023 年，全区镇村集体总资产达 515 亿元，村级集体总资产突破 205 亿元，村均集体经济总收入达 1 802 万元，村均集体经营性收入超 1 480 万元，各项数据在全市均名列前茅。全区农文旅产业发展多点开花，呼吸森林、林渡暖村、漫山岛、旺山遇见卢浮宫、甪呦呦社区等一批网红打卡点吸引众多游客前来游玩，有效带动集体经济发展和村民增收致富。

四、经验启示

实践证明，吴中区大力实施新时代基层党建"东吴先锋"工程，坚持抓党建促乡村振兴的工作原则，逐步探索出一条组织体系严密、基层队伍过硬、集体经济壮大的发展道路,为全面推进乡村振兴战略提供了"吴中经验"。

(一)必须坚持党的领导这个根本原则

吴中区能够在抓党建促乡村振兴上取得以上工作成效,根本在于坚持以习近平新时代中国特色社会主义思想为指导。要牢记习近平总书记的殷殷嘱托,深刻领悟"两个确立"的决定性意义,增强"四个意识"、坚定"四个自信"、做到"两个维护",在全面推进乡村振兴的征程上始终把牢政治方向,把习近平总书记的"两山"理念转化为推动乡村振兴的政治自觉、思想自觉和行动自觉。

(二)必须依靠头雁队伍这支骨干力量

火车跑得快,全靠车头带。抓农村党组织建设的关键就在于抓好村书记这支"头雁队伍",要始终将农村党组织书记队伍建设作为抓基层党建工作"一号工程",扣紧上下联动、齐抓共管的责任链条,严格落实村书记"县乡共管"要求,深刻对照"有干劲、会干事、作风正派、办事公道"原则选优配强农村党组织带头人,着力提升村书记队伍专业化能力水平,注重后备人才储备,为乡村振兴接续发展奠定良好基础。

(三)必须走稳强村富民这一发展道路

要深刻领悟党的二十大为全面推进乡村振兴擘画的宏伟蓝图,立足吴中资源禀赋发展特色产业,鼓励镇村联合、村村抱团和委托经营管理等发展模式,通过飞地经济、收购项目等途径对冲环太湖地区生态保护带来的发展瓶颈。要始终坚持人民至上,顺应人民群众对美好生活的新期待，谋划一批民生实事项目，解决一批急难愁盼问题，带动村民增收致富、共享乡村振兴成果，不断提升幸福感获得感。

 **案例点评**

> 如何全面激活基层党建？苏州市吴中区大力实施新时代基层党建"东吴先锋"工程，坚持抓党建促乡村振兴的工作原则，逐步探索出一条组织体系严密、基层队伍过硬、集体经济壮大的发展道路，为全面推进乡村振兴战略提供了"吴中经验"。该工程通过开展组织提优、队伍提能、活动提质、制度提效、保障提档等五大行动，全力增强党组织政治功能和组织功能，不断提升农村基层党组织的组织力、凝聚力、战斗力，引领保障乡村振兴。

探索"毗邻党建"六大模式
引领区域协同治理

苏州市相城区北桥街道党工委

【引言】 毗邻党建是指在地域接壤地区进行党建引领、深化互动交流、开展项目合作、构筑长效机制,以推动两地互联互通、合作共赢,实现党建融合、感情融合、发展融合。这种方式可以突破区域和行政的壁垒,最终达到"一加一大于二"的协同效应。毗邻党建不仅是对国家战略的有效回应,可以构建与此相适应的跨区域政策和政策协调机制,还可以促进资源共享,打破地域和组织界限,实现党建资源的互补与共享,提高资源利用效率;加强交流合作,增进不同党组织之间的沟通、学习与合作,相互借鉴经验,共同提升党建工作水平;凝聚工作合力,使各方力量能够围绕共同目标协同推进,形成更强大的工作合力。

【摘要】 苏州市相城区北桥街道党工委积极探索"毗邻党建"六大模式。通过组织共建、资源共享、活动共办等方式,打破行政壁垒。促进产业协同发展,优化区域资源配置。在生态保护、社会治理等方面形成合力,推动区域协同治理迈上新台阶,为打造和谐稳定、繁荣发展的毗邻区域提供有力的党建引领和保障。

【关键词】 毗邻党建;资源配置;社区治理

扫码看VR

一、案例背景

随着长江三角洲区域一体化发展、市域一体化等战略的深入推进，毗邻区域协同发展的生动图景正在加速显现，越来越多的创新经验得以在更大范围内复制推广，也推动越来越多的存量空间焕发出崭新的生机与活力。苏州市相城区北桥街道位于苏州西北部，北与常熟接壤、西与无锡相邻。自古以来，北桥街道和无锡市锡山区、常熟市辛庄镇历史文化相通、产业结构相近、人员往来密切，是名副其实的好兄弟、金乡邻。但在以往的基层治理中毗邻区域行政执法权力交叉、职能不清导致责任虚化，出现"真空管理"地带。

2023年以来，苏州市相城区北桥街道党工委紧抓"漕湖—鹅真荡"生态绿色一体化协同发展示范区建设、市域一体化发展机遇，以"解题党建"工作法探索毗邻区域协同发展新路径，以毗邻区域各级党组织为纽带，通过党建联建共促、区域人才共育等六大模式，突破行政区域界限，携手共绘毗邻党建新篇章。

二、主要做法

（一）建强组织堡垒，打造"党建联建共促"模式

相互开放党群服务阵地，通过签订共建项目，动态更新共享需求、资源、项目清单，促进党组织优质资源要素流通。**一是做实共建项目。**主动对接毗邻地区党组织，共同签署"北桥—鹅湖—辛庄"毗邻党建共

同体共建项目协议书，围绕党建共建、互动共学、融合发展等内容，搭建联席会议议事平台、党建阵地共享平台、学习交流互动平台、非公企业党组织融合发展平台等四大平台，在同向同行中"越走越近"，在融合发展中"越来越亲"。**二是抓牢思想融合**。相互开放党群服务阵地，以北桥街道灵峰村党委、辛庄镇朱家桥村党总支为试点，打造"双村联学共治"项目，共同开展"市域一体化 共话二十大"等主题党日活动，深入交流探索社会治理新模式，推动两地党组织合作发展、互利共赢。**三是提升研学效能**。开展10余场"互访互学"系列行动，与无锡市鹅湖镇党委、常熟市辛庄镇党委共同组织党员实地参观党建阵地，交流分享工作心得，将各地在城镇规划、美丽乡村建设、农文旅融合发展等方面的好经验、好做法复制推广开来。

（二）优化培育路径，打造"区域人才共育"模式

挖掘北桥街道、鹅湖镇、辛庄镇三地党建引领基层治理、人居环境等方面的先进经验、优秀做法，通过研学、培训等方式，加强区域人才共育，形成地方联动、部门互动、党员带动的发展合力。**一是共建党员教育路线**。整合、挖掘北桥街道、鹅湖镇两地古戏台、"周六妹工作室"等阵地资源，串珠成链推出鹅湖—北桥实境课堂教育专线，集中展示两地基层党组织在党建引领基层治理方面的优秀案例、经验做法，党员"跨界"学习，相互取经，共同成长。**二是探索挂职交流**。依托苏州市相城区委组织部与无锡市锡山区委组织部共建的"锡山—相城党建共同体"平台，开展村（社区）"双委员制"挂职，探索"双线工作法"，交叉任职、联办活动，共同推动水环境治理、农文旅融合发展、基层治理再上新台阶。**三是凝聚青春合力**。秉承"优势互补、互帮互助、活动联

动、资源共享"原则,践行"党建带团建"工作思路,推动相城经开区团工委、北桥街道团工委、无锡市锡山区鹅湖镇团委、常熟市辛庄镇团委,联合开展筑基青学堂、基层治理青动能、青企聚力行、经开"青年说"、青创路演工厂、"安全发展·青年争先"6个项目,开创党建带团建新局面,凝聚青春力量助力三地高质量发展。

（三）汇聚各方资源,打造"惠民服务共推"模式

推进毗邻地区非公企业党组织、机关部门党组织结对共建,丰富为民服务资源库,打造互联互动、互促共建的长效机制,探索融合发展的有效途径。**一是业务联办**。北桥街道便民服务中心与无锡市鹅湖镇、常熟市辛庄镇行政审批局签署《政务服务跨区域通办协议》,按照"先易后难、高频优先""急用先行、分类推进"的原则,对高频和操作性强的可"跨区域通办"政务服务事项,优化流程探讨协商,探索构建政务合作"跨区域通办"新机制。**二是服务联动**。结合"相心力""北亲商·暖心桥"等走访活动,推动三地48家优质企业召开招聘会,提供2 000余个空缺岗位,让三地老百姓实现家门口的便捷求职,有力提升群众获得感、幸福感。**三是成果联享**。依托春节、中国农民丰收节等节假日,联合无锡市锡山区鹅湖镇、常熟市辛庄镇党员先锋举办"常相锡"三地农产品展销会,招募百余家特色美食、农副产品店家设摊,让群众在饮食文化互鉴中感受发展成果。

（四）积蓄人文内涵,打造"文明实践共融"模式

坚持"党建＋文明",整合挖掘毗邻地区文化资源,聚焦服务群众根本点,找准志愿服务落脚点,推动治理重心下移、力量下沉、服务下

送。**一是联办文化活动**。举办"苏锡常'健',精彩同'步'——2023年'文明共建'望虞河健步走"活动,围绕农文旅融合、文化宣传、绿色生态等方面,组织毗邻地区党组织设立农文旅融合发展共同体、文化宣传共建共同体、绿色生态共护共同体,加快推动交流合作发展。**二是联享文化资源**。以"耕读"为名,北桥街道党工委、辛庄镇党委、鹅湖镇党委轮流举办全民阅读主题活动,以全民阅读促进党员干部文化认同、情感交流,在"读懂双湖"中为"漕湖—鹅真荡"生态绿色一体化协同发展示范区建设积蓄力量。**三是联推志愿服务**。举办"苏锡一体化 勇当先行军"主题活动,围绕民生共治、戏曲文艺等方面精心策划,集中展示优秀志愿服务项目,发布52项"我为群众办实事"项目清单,携手互助推进民生服务。

(五)打破行政壁垒,打造"治理力量共聚"模式

以党建引领为核心,搭建区域党群议事平台,突破行政边界,提高处理毗邻地区事务的速度、质量和水平。**一是交叉执法,取证互助**。北桥街道、辛庄镇两地综合行政执法局党支部通过签订党建共建协议,打造"一事一议"制度,对跨界地带工业垃圾处置、河道沿线卫生环境不定期开展联合执法,切实提升河道周边市容环境。**二是分级协商,分责办理**。依托"有事好商量"议事协商平台,牵线常熟市辛庄镇职能部门、村党组织、村民代表就交界处生猪养殖基地综合环境提升事项,召开专题协商,共同研究解决方案,监督落实处理措施。**三是共商共议,多元共治**。打造"毗邻议事"制度,统筹毗邻区域村党组织成立"党员议事团",倾听、采纳村民提出的合理化建议,协商翻建连接毗邻区域的断头桥。

（六）聚焦重点难点，打造"区域难题共破"模式

紧盯毗邻区域属地管理难、责任划分不清等导致的水环境治理难点问题，以"解题党建"工作法为导向，发挥毗邻党建共同体的统筹、组织作用，开辟毗邻区域协同合作治理的新路径。**一是机制共建**。北桥街道、鹅湖镇加入"区—镇—村"3级河长制，明确联合河长6大机制，签订《禁捕执法协作共管协议》，加强望虞河、漕湖、鹅真荡的日常管护。**二是难题共解**。深化"区—镇—村"3级联席会议制度，协调解决北桥街道丰泾村生活污水跨市排入无锡市锡山区污水处理厂，解决村民排污难题。**三是项目共议**。携手毗邻常熟市辛庄镇朱家桥村党总支打造"'幸福河岸'，提升生态福祉"书记项目，建立"联动、联防、联治、联商"的四联工作机制，由两地村党组织书记带头常态化开展"双河长巡河"，推进"共建洁净河湖"志愿服务活动。

三、工作成效

（一）从"自我循环"到"互促共育"，党员培育走深走实

坚持把干部培训放在第一位，用好"舟桥学堂"等本土培训载体开展专业化培训，通过工作交流、现场观摩、选派干部挂职等方式，从北桥街道丰泾村党总支、鹅湖镇松芝村党总支等毗邻6个村（社区）遴选6名党员干部互学苏锡两地治理经验，促进毗邻地区治理党员干部迅速成长。

（二）从"金乡邻"到"一家人"，情感认同逐渐升温

以党建搭台、文化唱戏的模式，搭建起联系党员和群众的纽带，通过开展群众喜闻乐见、"有声有色"的文娱活动，凝聚毗邻区域社会治理合力，实现从彼此隔离到共建共享。截至目前，先后开展了相城区2023年中国农民丰收节开幕式"常相锡"三地农产品展销会、"苏锡一体化 勇当先行军"系列全民阅读节活动、"苏锡常'健'，精彩同'步'——2023年'文明共建'望虞河健步走"等活动6场。

（三）从"空间毗邻"到"服务联动"，通办业务延伸拓展

加强不同行政区域间共建共享、互联互通，推进跨区域公共服务均等化、标准化、制度化，实现"异地受理、无差别办理"。北桥街道与鹅湖镇、辛庄镇相互开放灵活就业参保、少儿医保等25项跨区域通办业务，累计处理异地代收代办60余项通办业务，把跨区域社会治理的成效更多更公平地惠及区域内全体公众。

（四）从"单向发力"到"协同治理"，毗邻环境持续优化

在毗邻党建的引领下，常相锡毗邻地区通过议事协商，持续推进跨区域治理，强化组织连接，打破体制、隶属、级别壁垒，翻建连通北桥街道石桥村与辛庄镇双浜村的油车头桥，改良北桥街道灵峰村与辛庄镇朱家桥村的谈家坝界河水环境，协商解决北桥街道丰泾村跨市排放处理生活污水的难题，构建起区域统筹、条块协同、共建共享的党建格局。

四、经验启示

(一)强而有力的组织保障是破解行政壁垒的关键

通过建立党政一把手牵头的工作小组、工作联席会议制度、多层级毗邻地区协调发展议事组织等机制,以制定结对共建项目清单、项目责任书,"书记项目"等方式有效促进信息互通,打破行政级别不对等的限制。

(二)行之有效的抓手载体是整合多方资源的关键

理念层面,从毗邻村、毗邻街道、对口部门、对口条线等领域入手,从地方摸索向上级推广,从毗邻党建的理念辐射各层级,更有利于毗邻党建的探索、实践。操作层面,建立联合党支部可跨域整合各方资源优势,发挥平台联建、人员联动、资源联享、事务联商、活动联办、阵地联用的功能,运用好党组织的资源整合优势。

(三)互学互鉴的交叉任职是提高队伍素质的关键

以干部交叉任职的方式,开展"双委员机制"有助于突破行政边界的限制,帮助基层干部横向比较毗邻地区相关领域经验做法,选取最契合本地工作实际的模式,纵向甄别不符合区域协同发展的治理措施,让党建引领基层治理协同的工作更聚焦、功能更完善、落点更精准。

(四)有来有往的人文交流是促进民心相通的关键

充分挖掘毗邻区域共同的文化资源,开展以文化交流为纽带的毗邻党建活动,不仅能提高毗邻地区人民群众的文化认同感,更能强化毗邻地区的共同体意识,成为毗邻地区党组织链接社会和人民群众的重要纽带。

 **案例点评**

> 如何在一些邻近社区或区域进行党建的合作交流?"毗邻党建"是一条行之有效的路径。苏州市相城区北桥街道党工委以"解题党建"工作法探索毗邻区域协同发展新路径,以毗邻区域各级党组织为纽带,通过党建联建共促、区域人才共育、惠民服务共推、文明实践共融、治理力量共聚、区域难题共破等六大模式,突破行政区域界限,携手共绘毗邻党建新篇章。

第四篇

机关党建

以"融入式党建"引领高质量发展

苏州市吴江区委

【引言】 "融入式党建"是具有创新意义和重要价值的党建理念与实践模式。它强调将党建工作全面深入地融入经济社会发展的各个方面、各个环节。它促进了党建工作与业务工作的相互促进、相得益彰,更好地发挥了党组织的战斗堡垒作用和党员的先锋模范作用,增强了党组织与群众的联系。融入式党建对于提升党建工作质量、推动各项事业高质量发展具有不可替代的重要作用。

【摘要】 苏州市吴江区积极推行"融入式党建",将党建工作全面融入经济社会发展的各个领域。通过创新党建模式、优化组织架构、强化党员作用,实现党建与产业升级、城乡建设、民生改善等深度融合。以党建引领方向、凝聚力量、破解难题,激发高质量发展的内生动力,为吴江区的繁荣发展提供坚强保障。

【关键词】 基层治理;"融入式党建";高质量发展

扫码看VR

党的十八大以来，苏州市吴江区牢牢把握基层党组织建设的功能定位，十年如一日实施"融入式党建"创新工程，把党建优势转化为高质量发展优势，为打造"创新湖区"、建设"乐居之城"，全面推进中国式现代化吴江新实践提供坚强组织保证。

一、案例背景

2012年9月，吴江撤市设区，正式融入苏州中心城区，在继续保持县域体制机制活力优势的基础上，又获得了城区功能新的发展优势，双重叠加效应明显。随着吴江城市化的快速推进，大型居住区、新型农村社区、城市商圈、专业市场等开始出现，党的组织和工作"有形、有效覆盖难"的问题日益突出，"单位＋领域"党建必须向"单位＋区域"党建模式转型。随着政府职能转变和工作重心下移，基层党组织承担的社会管理服务任务越来越重，需要发挥党组织政治、组织优势，协调各方资源，调动驻区单位、各类组织和广大党员群众的积极性和主动性，共同融入地区发展建设和管理。

二、主要做法及工作成效

吴江于2013年明确提出实施"融入式党建"创新工程，以此加强和改进党的基层组织建设。2014年，吴江区委印发《实施意见》，提出深化"融入式党建"创新工程，推进基层服务型党组织建设。吴江"融入式党建"创新工程以"四个融入"为核心理念，即党建融入发展、融入民生、融入区域、融入群众，是吴江近年来以及今后加强党的建设的总体思路和工作路径。吴江"融入式党建"创新工程相关经验做法入选第四届全国基层党建创新优秀案例和江苏省"光辉百年丨江苏组工那些事"100个项目。《融入式党建——苏州市吴江区基层党建新探索》一书被纳入了中浦院干部培训教材，获评江苏省党员教育培训创新教材。

（一）党建融入发展，主动作为服务中心大局

面对新形势下的变化，吴江着重推动党的建设与中心工作有机融合，主动在长三角一体化发展国家战略和沪苏同城化发展大势中找定位、定坐标、显作为。**一是建立考评机制**。每年实施融入式党建"书记项目"，通过建立"一个项目、一名领导、一支队伍、一抓到底"的工作机制，用抓经济项目的办法和力度，有效推动党建引领高质量发展的各项目标任务落实到具体部门、细化为具体措施。**二是赋能产业发展**。吴江作为江苏民营经济"领头羊"，锚定电子信息、丝绸纺织、装备制造、新材料四个千亿级产业集群。立足区域产业发展特色优势，开展党建引领产业集群高质量发展"益企兴链"行动，成立13个细分领域的产业集群党委，高规格举办党建引领世界级高端纺织产业创新集群高质量发展推进会，助推总投资144亿元的吴江区太湖流域产业生态融合项目签约，逐步形成党建强助推发展强的生动格局。以省先进基层党组织亨通集团党委为蓝本，在全国首发非公党建组织力标准体系，实施"四个一"工程，评选一家龙头、十家重点、百名示范，实现千企提标。**三是聚焦资源牵引**。创新合作共建新模式，举办党建引领省属企业与吴江合作共建一体化示范区现场会，推动国信、苏豪等37家省属企业党组织与吴江25个基层党组织党建共建。积极搭建省级机关与民营企业的沟通桥梁，目前已有2批累计41个省级机关党组织与吴江45家重点民

营企业党组织结对共建,让企业得到了实惠。

(二)党建融入民生,久久为功聚力富民强村

坚持分类施策,着力解决群众反映最直接、最突出的问题,真正把人民群众对美好生活的向往转化为党员干部的奋斗目标。**一是在农村实施富民先锋工程**。实施"新时代江村新接力"工程,成立"美美江村"乡村振兴党建联盟,出台村干部职业化管理"1+N"文件,开展优秀村(社区)党组织书记进事业编工作,实现党的建设与乡村振兴建设同频共振。**二是在社区实施和谐先锋工程**。实现街道"大工委"、社区"大党委"全覆盖,开展"一联双管"活动,打造了"爱心时间银行"等一系列为民服务品牌。以党建赋能小区治理,开展党建引领物业管理服务质量大提升专项行动,推广"红色议事厅"制度,成功创建党建引领物业管理服务工作省级示范点3家、市级示范点7家。**三是在机关实施模范先锋工程**。建立机关部门星级管理机制,抱团推进机关部门党建工程建设。打造全市首个综合性机关党建服务中心,开展机关党员八小时内接受单位、八小时外接受社区党组织管理的"一联双管"活动。2021年,吴江区盛泽镇遭遇龙卷风,区级机关志愿者第一时间赶赴现场参与抢险救灾,被央视《新闻联播》节目报道。

(三)党建融入区域,齐抓共管加强协同合作

开展组织共建,积极组建跨行业、跨单位的区域性党组织,高标准建成了一批区域化党建工作站,实现了基层治理的科学化精细化。**一是打造互融互通的制度体系**。以系统化思维推进党建制度集成创新,青吴嘉三地共同发布推动示范区党建工作创新发展"1+2"文件体系,2022

年疫情防控期间青吴嘉三地共同发布一体化示范区基层党组织疫情联防联控互助协作5项机制。中组部相关刊物以吴江为蓝本，专刊登载了党建引领长三角一体化发展的经验做法。开展"美美与共"村社干部挂职轮训，累计选派5批90名年轻后备干部赴沪、浙等地学习交流，示范区三地27个毗邻村实现兼职委员全覆盖。**二是构建简约高效的管理体制**。深化区域社会治理现代化建设试点，推进"一网通用""一网通办""一网统管"，构建简约高效的基层管理体制，以数字赋能治理现代化。依托全区基层网格，加快推进基层党建网、民生服务网和社会治理网"三网融合"，统筹"治违、治污、治隐患"等专项行动实施和专业网格建设，实现各方力量协同联动。建成投用全市首家"一站式"区级矛调中心，"一站式"分级解纷工作法成为全市唯一入选全国新时代"枫桥经验"先进典型。**三是构建条块融合的工作体系**。开展新业态新就业群体党建"融"耀新锋工程，打造区新业态新就业群体党群服务中心，形成"总站—特色驿站—微驿站"三级服务矩阵。中组部相关刊物刊载了吴江区发挥新就业群体优势、激发基层治理新动能的经验做法。系统总结党建引领基层社会治理"12345"工作法，相关经验在中组部举办的街道党工委书记示范培训班上被专题介绍。

（四）党建融入群众，下沉一线深化连心服务

坚持把提升群众幸福感和获得感作为党建工作的出发点和落脚点，深入推进高质量党建引领基层治理现代化"根系工程"建设，努力增强党员服务群众的本领，提升服务群众的实效。**一是持续深入开展"党员干部进万家"活动**。创新开展并不断接力传承党员干部进万家活动，用好"民情日记"工作法、深化"两代表一委员"联合接访群众等工作，

推动党员干部下沉基层、充实一线工作力量，选聘了 3 700 余名海棠先锋，延伸基层治理触角，将基层党组织的政治优势、组织优势转化为治理效能。**二是深化"两代表一委员"联合接访群众工作。** 每月 5 日和 25 日由代表、委员在镇（开发区）、村（社区）固定接待点接待。"两代表一委员"根据履职的需要，对群众反映的问题，通过事前调查分析，同党委、人大、政协及有关部门取得沟通联系，全面发挥了"联络员""代言人""信访员""监督员"和"巡视员"作用，促进了全区社会和谐稳定。**三是全面建设海棠花红先锋三级阵地体系。** 建成覆盖区、镇、村的海棠花红先锋阵地群，打通联系服务群众"最后一公里"。打造的"乐居驿站""民情绿色通道"等一批基层党建服务品牌，构建远程教育、互联网络、手机短信、数字电视"四位一体"服务网络，营造了优良的基层服务生态。

三、经验启示

新时代对党建工作提出了更高要求，基层党组织应自觉在新时代的大背景下不断改进工作、提高水平，创新思路、奋发有为，努力开创基层党建工作的新局面。

（一）基层党建工作要与经济社会发展进程相适应

在经济社会发展的不同历史时期，基层党组织面临着不同的历史使命，党组织建设要坚持党建与发展紧密联动，助推改革任务完成和经济社会发展。要注意在不同的时期，根据本地区经济社会发展不同阶段的特点和党建工作面临的主要矛盾，在贯彻落实上级精神时注重创造性，注重结合本地实际，有突出和有侧重，选准上级精神和本地实际的结合点，以促进高质量发展为中心，紧紧围绕"国之大者"不动摇，实现贯彻上级精神和切实解决自己问题的统一。

（二）基层党建工作要把服务和保障民生作为落脚点

党建引领的作用，不仅仅是把方向、管大局、保落实，同时还能凭借"党员联系群众"的天然属性，把党务工作、政府工作更好地宣传出去，为后续事业的开拓凝聚起更强的思想认同。其中，"联系好群众"至关重要。要坚持党建工作重心下移，深入基层组织，帮助基层化矛盾、办实事、理思路。要积极推进基层服务型党组织建设，建立健全区域统筹的基层党组织体系，着力构建主体明确、层次清晰的服务体系和城乡统筹、全面覆盖的服务网络。

（三）基层党建工作要树立区域化的理念

要顺应经济区域化、人才集聚化的趋势，树立区域统筹的理念，依托社区、行政村、工业园区、产业集聚区等"三新"组织和人口相对集中的区域和行业，充分整合组织、工作、人员和阵地等资源，实行"组织联建、党员联管、资源共享、活动共办"，构建动态开放的区域化党建工作体系，有效地实现党的组织和党的工作的有形、有效覆盖。

（四）基层党建工作要依靠党员群众的力量

党的基层组织是党的全部工作和战斗力的基础，广大党员群众是经济社会发展和基层组织建设的主体，也是最富有创造性的力量。党建只有真正融入群众，才能打牢执政党的群众基础。无论资讯多么发达、技术多么先进,"键对键"永远代替不了"面对面"。只有用脚步丈量民情,才能永葆与群众的血肉联系。

 案例点评

> 新时代基层党建如何抓出实效、做出示范?苏州市吴江区做出了积极的探索,取得了丰硕的成果。大力实施"融入式党建"创新工程,将党建工作融入基层发展,激活"末梢"活力;融入民生服务,加强治理为民;融入区域网格,提升共建共享水平 融入广大群众,发挥党员先锋模范作用。"融入式党建"为乡村治理打造了强劲的"红色引擎",将党建引领贯穿乡村治理全过程、全领域,构建了乡村治理现代化发展新格局。

以高质量机关党建赋能环太湖科创圈建设

苏州市吴中区委

【引言】 习近平总书记在中央和国家机关党的建设工作会议上指出,"只有围绕中心、建设队伍、服务群众,推动党建和业务深度融合,机关党建工作才能找准定位"。坚持围绕中心抓党建、抓好党建促业务,坚持党建工作和业务工作一起谋划、一起部署、一起落实、一起检查,以机关党建高质量发展服务推进中国式现代化。

【摘要】 近年来,苏州市吴中区大力实施"产业强区、创新引领"发展战略,全面推进环太湖科创圈建设三年行动计划,科学布局十大科创园区,加快实施十大创新工程。区委区级机关工委大力推进新时代基层党建"东吴先锋"工程,将发展难题作为党建课题,扎实开展吴中环太湖科创圈先锋聚能行动,在赋能环太湖科创圈建设过程中积极发挥作用,不断推动产业发展迈上新台阶。

【关键词】 机关党建;环太湖科创圈;党建共同体

扫码看VR

一、案例背景

为贯彻落实《国家创新驱动发展战略纲要》《长三角科技创新共同体建设发展规划》《苏州市"十四五"科技发展规划》《关于苏州市推进数字经济时代产业创新集群发展的指导意见》和苏州环太湖科创圈战略规划研究要求，2022年4月，苏州市吴中区委、区政府印发《吴中区环太湖科创圈建设行动计划（2022—2025）》的通知，全力打造"333＋N"现代产业集群。2022年8月，吴中环太湖科创圈先锋聚能行动正式启动，通过指导建强产业园党组织，组建"东吴先锋·创新服务特派员"队伍，设立产业链上"行动支部"，不断推动环太湖科创圈建设。2023年，习近平总书记在调研江苏、苏州时强调，要"在强链补链延链上展现新作为"，"要把坚守实体经济、构建现代化产业体系作为强省之要"。为响应习近平总书记号召，抢抓长三角科技创新共同体、沿沪宁产业创新带、环太湖科创圈和吴淞江科创带建设等重大历史机遇，吴中区委区级机关工委继续找准机关党建与产业发展的结合点，于2023年12月成功举办苏州环太湖科创圈先锋聚能行动暨太湖新城"数字强链·赋能千企"活动，通过凝聚机关、国企、协会、大院大所等力量，深入实施产业链党建融合行动，开启了环太湖科创圈先锋聚能行动2.0时代。

二、主要做法

（一）聚焦组织体系，筑牢先锋引航"圆心"

将压实基层组织、提升组织力作为机关党组织助力产业链党建的首要任务，聚焦吴中区环太湖科创圈建设安排，打造"1＋5＋N"先锋聚能矩阵，形成上下贯通、执行有力的产业链组织体系，实现党建链带动产业链的良性循环。**一是构建"1"个环太湖科创圈党建共同体**。整合园区、机关、高校、国企、协会五类共 25 个创新要素，成立环太湖科创圈党建共同体，建立健全党建共同体联席会议制度，明确主席轮值、产业链上下游对接等规则，联合举办理论学习、产学研对接、人才沙龙等活动 157 场次。**二是建设 5 个产业集群党委**。聚焦机器人与智能制造、生物医药及大健康、新一代信息技术产业等重点产业，建立覆盖主管部门、骨干企业、属地板块等党组织在内的 5 大产业集群综合党委，覆盖链上企业 1 567 家、党组织 474 个、党员 3 544 名。同时完善"产业集群综合党委—企业党支部—车间党小组"的三级组织链条，牵头举办"聚力环太湖科创圈、岗位建功我先行"主题党日等活动 19 场、开展产学研对接 21 次，有效整合各类政策服务资源。**三是组建 N 支行动支部**。聚焦重点产业园区、龙头企业、科研项目等，以机关党员骨干为主成立"工业互联、融合发展""科技赋能、智造未来""规划先行、协同创新"等一批行动支部，围绕项目招引、研发攻关、市场拓展等关键环节协同发力，在解决关键核心技术和"卡脖子"问题等重点难点项目中攻坚克难。

（二）聚焦队伍建设，拓宽资源链接"半径"

围绕环太湖科创圈建设行动计划，区级机关积极探索建立跨部门、跨领域、跨层级的工作协调机制，将机关中的服务先锋、业务骨干汇聚到产业链上。**一是组建"东吴先锋·创新服务特派员"队伍**。在机关部门遴选优秀年轻党员加入"东吴先锋·创新服务特派员"队伍，举办机器人与智能制造产业创新集群专题培训班,实施"导师帮带制",不断提升特派员专业能力。通过跨部门合作为企业提供集成服务,推动政务服务从"各自为阵"变"组团作战",指导追觅科技、浪潮智能等产业集群党委成员单位成功创建省级智能制造示范工厂。**二是组建"东吴先锋·创新服务专员"队伍**。在环太湖科创圈十大重点园区内部,配强创新服务专员24名,建立"首问负责""吹哨报到"等工作机制,确保"事事有回应、件件有着落"。通过常态化走访收集企业困难诉求,协调处理企业用地、用工、证照办理、资金等急难愁盼问题1 450余件,提供产业、科技、人才申报、财税等政策辅导1 738次。**三是组建产业链党建"指导员"队伍**。从吴中、吴江两地开发区机关、国有企业中选配20名既懂党建又懂政策的业务骨干组成苏州环太湖科创圈先锋聚能行动"党建导师团",从科研院所、高校中选聘24名专家、教授担任苏州环太湖科创圈先锋聚能行动"专家智囊团",为产业链上企业科学攻关提供"智力"支持。

(三)聚焦健全机制,延伸党建惠企"周长"

围绕"产业缺什么""我们有什么""工作做什么"三个问题,引导机关部门将党建与业务深度融合,持续高质量开展"党建惠企"专项行动。**一是梳理优质服务清单**。联合发改、工信、科技和科研院所力量,组建3个调研行动小组,开展"百链千企"蹲点解剖调研行动,累计走访重点企业314家,排摸产业链上企业"人才、融资、场景、空间载体、资源"五大类需求,梳理环评审批服务、法治服务、融资服务、涉税申报服务资源等64项,发布《惠企暖心服务手册》,制定"企业服务、金融赋能、产业促进"等5个重点项目,推动需求有效对接、资源有效统筹、项目有效落地。**二是优化阵地功能布局**。围绕环太湖科创圈布局，绘制"红色产业带"惠企服务地图，在汇川技术、科沃斯机器人等产业链龙头企业建设15个"东吴先锋·企业服务驿站"，将区级机关40余项申报审批服务等下沉到驿站，推行"不见面审批""红色代办""多证齐发"等服务机制，让"东吴先锋·企业服务驿站"真正成为服务"圈"内企业的重要场所。**三是举办惠企系列活动**。推进"强链先锋"行动，深入基层一线开展调查研究，发现新情况、解决新问题，多措并举服务企业发展、项目建设，切实以高质量服务保障高质量发展。结合"千村万企、千家万户"大走访，组织65个区级机关深入1145家"四上企业"开展走访调研，举办工业软件赋能装备制造、节能与绿色发展等20余场"吴优链·链无忧"系列活动，吸引560家链上企业参加，推动人才交流、供需匹配、专利授权等62个合作意向，有效打破上下游企业合作"壁垒"。

三、工作成效

（一）推动了基层组织体系再完善

发动机关和园内物业力量，深入排摸产业园区情况，指导产业集群综合党委、产业链"行动支部"、科创园区和园内企业党组织组建，实现科创圈党的组织覆盖和党的工作覆盖100%，进而不断优化环太湖科创圈党建生态。环太湖科创圈先锋聚能行动开展以来，各科创园区累计新成立企业党组织23家，75个机关党组织与科创圈内企业党组织进行党建共建，共同开展"三会一课"、主题党日和交流学习等各类活动

121 次，新发展党员 17 名、培养入党积极分子 47 名，为产业链发展注入红色力量。

（二）促进了科创圈产业生态再优化

发挥区发改委、区工信局、区科技局等经济部门党组织力量，在持续壮大"333＋N"现代产业集群、推进太湖新城·数字经济创新港等十大科创园区建设中给予政策、资金、人才、项目等扶持，统筹配置各类创新资源，新增省级以上科技孵化载体 5 家、市级以上科技创新平台超 50 个，不断优化营商环境。推动产业集群综合党委、行动支部、创新服务特派员之间信息共享、资源共用、优势互补，加速实现信息"零时差"、服务"零距离"，更新出台科技创新高质量发展支持政策，创新推出"东吴科技人才贷""科贷通""科技招商贷"等科技金融产品，新增科创基金超 50 亿元。

（三）助推了干事创业热情再提振

将机关各条线上的业务骨干放到产业链一线锻炼，共同参加产业链研学活动，共同开展业务交流，共同进行业务比拼，共同组织惠企服务，进而把机关党员的积极性充分调动起来，树牢"敢"的气魄、"为"的自觉，激发敢为动力。结合业务实际，科学设置党员先锋岗 152 个、党员示范窗口 27 个，通过挂牌上岗、亮牌办公等形式，引导机关党员干部把党徽戴起来、把身份亮出来、把责任扛起来，进而激发和调动机关党员干部干事创业的热情，在落实区委区政府决策部署中、在开展惠企服务的工作中当好"排头兵"。

（四）实现了资源集聚效应再放大

发挥党建共同体和产业集群综合党委在平台搭建、要素对接、沟通合作中的桥梁作用，促进共同体和集群内要素交流互通，增进产业链上下游相互了解，推动产学研合作更深入。目前环太湖科创圈集聚了市区两级 47 家机关单位、25 家高校院所和社会组织、行业协会等各领域党组织，成功举办工业互联网大会、工控中国大会、新一代信息技术创新大会，发布工业元宇宙十大应用场景，启动"星火·链网"超级节点和工业互联网创新中心建设，2023 年完成数字化改造项目 1 000 个，招引优质产业备案项目备案投资总额 683.8 亿元。

四、经验启示

实践证明，坚持机关党建和产业融合共促，是推动"产业强区、创新引领"的重要举措，是落实机关党建"围绕中心、建设队伍、服务群众"职责定位的有益探索。

（一）必须坚持机关党建和中心工作目标同向一体

发展是第一要务，党建是最大政绩。机关离党委最近、服务决策最直接，要准确把握机关党建和中心工作的共同价值取向，带头学习贯彻习近平总书记对江苏、苏州工作重要讲话重要指示精神，深刻领悟总书记对江苏提出的"四个走在前""四个新"重大任务，确保政治方向不偏。要自觉把机关党建工作放在协调推进产业发展的中心大局中来思考，准确把握机关党建的责任和使命，围绕推动区委区政府中心工作来制定机关党建的工作目标,确保目标一致、方向一致。

(二)必须推动机关党建与惠企服务力量同步合力

纵向上推动市、区、开发区三级机关力量向产业链集聚,深化党旗飘在一线、堡垒筑在一线、党员冲在一线"三个一线"行动,举办产业链研学活动,完善职能部门惠企服务清单,不断提升机关党员干部组织协调、调查研究、创新思考等各方面能力。横向上推动群团组织向产业链导入资源,调动国有企业、高校院所、社会组织、行业协会等党组织积极性,发挥机关党建凝聚各方力量作用,不断扩大企业"朋友圈",让更多力量在产业链上汇聚。

(三)必须推动机关党建与产业发展工作融合共进

坚持"融入中心抓党建,抓好党建促发展"工作理念,在做大做强机器人与智能制造、新一代信息技术双千亿集群,推动生物医药产业能级跨越式提升中找准机关党建工作的切入点,把机关党建和区委区政府重大决策部署、重大计划安排结合起来,持续深入实施环太湖科创圈先锋聚能行动,用好用活机关手中的资源,向企业精准输送政策资金、创新项目和生产要素。为企业搭建交流对接平台,推动大院大所、金融机构、行业协会等各类创新要素向产业链集聚,强化产学研深度融合,聚力解决一批"卡脖子"难题,聚焦"333+N"产业强链补链延链,推动产业结构优化升级。

 **案例点评**

机关党建怎么做？苏州市吴中区抓住苏州环太湖科创圈的建设机遇，通过凝聚机关、国企、协会、大院大所等力量，深入实施产业链党建融合行动，开启了环太湖科创圈先锋聚能行动2.0时代。推动机关党建与产业发展工作融合共进，与惠企服务力量同步合力，做出了机关党建"围绕中心、建设队伍、服务群众"职责定位的有益探索。

以深度融合推动机关党建
向中心聚焦 为大局聚力

苏州市委市级机关工委

【引言】习近平总书记指出,机关党建的职责定位是"围绕中心、建设队伍、服务群众",这是以习近平同志为核心的党中央从战略和全局高度对机关党的建设提出的新的定位和要求,为做好新时代机关党建工作指明了方向。而市级机关工委是地方主要的党建职责部门,指导着全市机关党建工作,具有重要的工作地位。

【摘要】为充分发挥机关党建的引领、服务、保障作用,有力有效推动市级机关党组织和广大机关党员在贯彻落实中央和江苏省委、苏州市委决策部署上走在前、作表率,苏州市委市级机关工委深入开展融合发展先锋行动,切实将机关党组织的政治优势、组织优势转化为全市高质量发展优势。

【关键词】党的建设;机关工委;融合党建

扫码看VR

一、案例背景

市级机关是贯彻落实市委、市政府重大部署的"第一方阵"。近年来，苏州市委市级机关工委紧扣职能定位，转变党建理念，紧紧围绕产业链建设、长三角一体化发展、环太湖科创圈等国家战略和市委、市政府重点任务，全力推进市级机关融合发展先锋行动，打造一批深度融合的重点项目、组建一批协同攻坚的党建联盟、成立一批特色鲜明的行动支部、培育一批本领过硬的先锋队伍、形成一批务实有效的工作机制，努力为苏州高质量发展贡献更大机关党建力量。

二、主要做法

（一）全方位谋划，把准融合发展定位

对标市委最新决策部署，工委书记室深入各部门单位党组织和县级市（区）实地调研，推进出台开展融合发展先锋行动《实施意见》和进一步深化党建业务融合发展的《实施方案》等文件。充分发挥机关工委"前哨"作用，结合开展的大联络、大调研、大交流"三项机制"，推动党建联络员"一对一"跟踪指导融合发展工作进度，及时掌握难点堵点，动态调整和优化行动方案，提高落实的精准性和有效性。构建融合发展建设成果综合评价体系，制定体现服务高质量发展考核指标，以抓中心工作完成、重大任务落实作为检验党组织组织力的试金石。

（二）全要素整合，拓宽融合发展路径

建立由市级机关工委指导协调、牵头单位党组织统筹抓总、相关单位党组织一体推进的"1+1+X"组团工作机制，建立书记项目、行动支部、党建联盟工作载体。创新开展"百千万"走访调研：推动市级机关、县级市（区）组建百个行动支部、组织千名党员业务骨干走访服务万家创新集群企业，建立党建指导员、红色代办员、助企服务员制度。指导机关、国企、板块、非公等党组织确立党建课题及合作项目，为推动深度融合不断探索新路子。为更好凝聚各机关党组织合力，形成"企业点单、产业链党委派单、部门接单"工作闭环，通过"苏商通"、12345"一企来"企业服务一体化平台将企业诉求实时反馈并交办，精准解决融资难、招工难等痛点堵点问题。

（三）全链条推进，提升融合发展能级

完善深度融合的策划、推进、考核和结果运用等4项机制，形成纵向到底、横向到边、协同发力、务实高效的融合体系。立足打造"全域党建"，进一步拓展机关党建融合发展广度和深度，努力覆盖10个板块以及国企、社区、农村、非公等各领域。通过项目化牵引、支部化行动、联盟化模式，有效整合盘活信息、阵地、服务等党建工作资源，助力基层治理、产业发展和项目落地落实。

三、工作成效

（一）实现跨层级联动

会同相城区委组织部确定"智能网联汽车管理相关立法"等6个党建课题，协调市人大法工委等7个部门协同攻关，目前已立法实施，推动了行业标准制定、填补地方产业条例空白。推动全市162个机关党组织资源、力量、服务"三下沉"，与板块深度对接，助力汾湖功能区、环太湖科创圈、港产城一体化和名城保护等重点任务高质量推进。围绕加强环太湖党建圈建设，组织推动环太湖两省四市38个有关部门机关党组织，落实共筑生态湖区、共建生态岛"链"、共享生态文旅、共促太湖平安、共护太湖生物、共绘两湖一色6个重点项目，为太湖增添更多美丽色彩。"以机关党建合力汇聚高质量发展动力"经验做法在中组部相关刊物刊发。

（二）实现跨领域联动

围绕市委明确的25个产业创新集群细分领域建设方向，会同市委两新工委、市集群办，第一时间指导成立纳米新材料、智能车联网、人工智能等25个产业链党委，9 172家企业、3 040个党组织、40 000余名党员融"产"入"群"，打造"链上"抱团发展的强劲引擎。协调成立全省首个"大院大所"党建联盟，以组织联动融合在苏35家高校、科研院所优势与资源禀赋，促成企业技术转移项目签约70余家，完成校地合作项目签约落户20多项、产学研合作项目500多项，引进孵化创新企业近110家，产生合作金额17.83亿元。指导建设"国企改革发展""城市更新"等党建共同体20余个，涵盖党组织150多个，全力服务高水平科技自立自强。

（三）实现跨部门联动

会同市科协等部门启动"人才服务＋，百园万企行"系列活动，开展各类活动40余场，惠及人才企业500多家。推动市交通运输局、市自然资源和规划局、市生态环境局打造"先锋绿源通"党建联盟，在交通基础设施建设、规划用地、生态环保等方面建立6项联动机制，协同推进"跨区域道路建设"等12个重点项目。贯彻落实防风险守底线工作要求，指导市应急管理局整合住建等相关行业主管部门资源，成立"应急先锋·苏安卫士"党建联盟，提供安全生产服务，培训企业员工6.82万场356.19万人次。

（四）实现跨业务联动

推动市发改委、市行政审批局、市税务局等涉企单位党组织结合各自职能，成立惠企行动支部30余个，推出惠企专员、红色代帮办、"办不成事反映窗口"等惠企举措100多项，相关经验做法在"江苏机关党建"微信公众号发布。联合市总工会开展"建功'十四五'奋进新征程"业务技能竞赛，遴选16个年度竞赛项目，5 000余名机关干部参与，助力打响"人到苏州必有为"工作品牌。

四、经验启示

新时代新征程上,如何进一步深化机关党建和业务工作融合,更好促进经济社会高质量发展?需要不断加强研究探索,深刻认识和把握其特点规律,以科学态度、务实举措持续推进。

(一)紧紧围绕市委决策部署和中心任务,不断增强"融"的精度和准度

市级机关是贯彻落实市委、市政府决策部署的"火车头",机关党建是"强引擎"。融合发展必须做到市委中心工作指向哪里,机关党建阵地和服务就推进到哪里,实现主动贴合、高度契合、深度融合。以党建联建为载体,以书记项目和党建课题为抓手,加强组织和统筹,常态化开展20项融合发展先锋行动,形成浓厚的融合氛围。深化开展"百千万"走访调研活动,为企业提供"点对点""一站式"服务,推动优化营商环境各项举措落地见效。完善产业创新集群党委运行机制,深入研究探索赋能产业创新集群发展的方法路径,全方位构建组织覆盖体系,健全完善"企业点单—集群党委派单—机关部门接单"的闭环机制,推动产业链党建与产业创新集群建设耦合度不断提高。

(二)要着眼构建大党建格局,持续推动"融"的深度和广度

把党建和业务融合进一步向社区、企业、产业创新集群和新业态新就业群体等各部门、各领域深入推进,进一步巩固形成跨层级、跨领域、跨部门、跨业务融合联动的大党建格局。聚焦科技创新、产业创新

集群建设、服务优化营商环境、古城保护、乡村振兴等20个重点领域，会同有关部门和高校共同探索研究，着力探索机关党建与业务工作深度融合的新方法、新路径。

（三）要着眼常态长效，加快完善"融"的措施和机制

牢固树立"一盘棋"思想，市级机关工委牵头抓总、统一谋划，搞好顶层设计，制定具体指导意见，同时推动机关部门单位针对行业特点，制定具体实施方案，指导基层党组织紧密结合党员业务工作实际和岗位职责，明确落实清单，形成相互关联的流程网、时间表、路线图，通过"一盘棋"破除"两张皮"。机关工委、部门单位党组（党委）和机关党组织加强沟通协调，定期组织召开联系会议，及时研究解决落实过程中存在的问题和困难，形成机关工委跟踪指导、部门单位党组（党委）跟进推动、基层党组织抓好落实的协作配合机制。

 案例点评

> 苏州市委市级机关工委紧紧围绕产业链建设、长三角一体化发展、环太湖科创圈等国家战略和市委、市政府重点任务，依托一批深度融合的重点项目、一批协同攻坚的党建联盟、一批特色鲜明的行动支部、一批本领过硬的先锋队伍，以大党建格局和常态长效化机制实现了机关党建工作的跨层级、跨领域、跨部门、跨业务联动。

构建"四联建五支援"机制
推动机关基层党建业务深度融合

苏州市公安局党委

【引言】 习近平总书记在新时期以马克思主义政治家、思想家、战略家的气魄和卓识围绕建设什么样的长期执政的马克思主义政党、怎样建设长期执政的马克思主义政党的重大时代课题，提出一系列新理念新思想新战略，形成了习近平总书记关于党的建设的重要思想。对于习近平总书记关于党的建设的重要思想的整体性、系统化学习，也是公安机关开展机关党建和基层党建的有效思想武器。

【摘要】 苏州市公安局党委坚持党建引领，认真落实上级公安机关关于警种部门支援派出所工作部署，以党建共建为纽带，通过构建组织联结、党员联学、活动联办、示范联创"四联建"和警力调度支援、攻坚行动支援、人才培育支援、归口业务支援、服务保障支援"五支援"工作机制，凝聚机关基层工作合力，推动实现机关基层一体联动、党建业务有机融合，助力提升公安工作整体质态水平。

【关键词】 基层党建；党建融合；公安机关党建

扫码看VR

一、案例背景

苏州市深入推动机关基层党建业务深度融合，市县两级公安机关230个警种部门党组织已经与269个基层所队结对共建，开展"四联建"780余次，大力实施"我为基层解难题"行动，帮助协调解决"水上联合应急屯兵点"建设、派出所"训练角"打造等基层实际问题182个，相关经验做法得到"旗帜网"、《党的生活》党建刊物、公安部《党建简报》等刊载肯定。

二、做法成效

（一）发挥"四联建"统领作用，构建机关基层共建格局

一是坚持高位谋划系统部署。出台《中共苏州市公安局委员会关于构建"四联建五支援"机关基层党建共建机制的实施方案》，组织市区两级公安机关分别召开部署会，全面启动机关基层党建共建行动，两级机关部门党组织主动赴基层所队，举行党建结对签约仪式，迅速掀起机关基层党建结对共建热潮。**二是坚持双向选择精准结对**。明确机关部门党组织结对联系至少一个基层所队党组织，原则上一个基层所队只结对联系一个机关部门。机关基层党组织围绕业务联系紧密、重点培优需要、工作短板补强3个共建导向，上下双向选择党建结对共建对象。目前，市局层面31个机关部门党组织已与46个基层所队党组织结对共建；县分局层面199个机关部门党组织已与223个基层所队党组织结对

共建，实现机关与基层所队党组织结对共建全覆盖。**三是坚持四项联建互促双提**。组织联结上，明确每年共同开展的党建联结活动不少于 2 次；党员联学上，明确双方党组织书记、委员每年至少参加 1 次对方的集中学习活动，党组织书记至少为结对党组织上 1 次党课；活动联办上，利用"海棠花红"先锋阵地、党建示范点等阵地资源联合开展走学，共同组织党建文化活动、志愿服务等活动；示范联创上，以党建共建为抓手，通过联结联学联办联创工作，共同打造党建共建公安品牌。目前，全市公安机关已开展四项联建活动 780 余次。

（二）落实"五支援"服务保障，推动党建业务协同创优

一是实施警力调度支援，推动机关警力下倾。贯彻为基层减负工作要求，出台《苏州市公安局借用人员工作管理规定（试行）》，严格控制从基层借调警力，完成对市局机关长期借用人员的清退返岗；在重大安保和敏感节点期间，按照勤务等级组织部门警力下沉所队协助开展工作。夏季治安打击整治"百日行动"中，两级机关部门根据任务需求，每次抽调不少于三分之一警力支援基层一线，赴党建结对单位开展巡查宣防集中行动。**二是实施攻坚行动支援，解决基层工作难题**。坚持问题导向，紧紧围绕各项公安重点任务落实，在维护社会稳定、打防突出犯罪、面上整体防控等攻坚行动中，开展"我为基层解难题"活动，明确机关部门党组织年内至少帮助结对基层所队党组织解决 1 个工作难题。截至目前，累计为基层所队解决"水上联合应急屯兵点"建设、派出所"训练角"建设等实际问题 182 个。**三是实施人才培育支援，强化业务能力支撑**。结合苏州市局警种部门专业训练计划，将训练范围扩大到党建结对联系的基层党组织，加强对基层所队民警特别是条线业务专管民

警集中培训，进一步提升基层所队战斗力，推动重点工作在基层落细落实。相关警种部门党组织围绕外国人"三非"案件查处、最小作战单元实战技能等方面，上门开展条线业务专项培训。**四是实施归口业务支援，培育工作示范标杆**。组织机关部门赴结对共建基层所队党组织，开展归口业务指导，帮助准确理解警种业务的新任务新要求。发挥标杆引领作用，共同研究归口业务落地执行的方法措施，结合实际创造性开展工作，合力打造归口业务工作示范点。法制部门研究制定15个主题24项共建内容，帮助结对共建派出所党支部建设"星级案管室"、现场执法示范所队，打造法治社区"润心"工程，推动实现归口业务提档升级。**五是实施服务保障支援，涵养良好警营生态**。以机关更好服务基层为目标，围绕警情处置、基础管控、案件办理等基层所队执法执勤工作，为结对党组织提供法律支持、数据支撑、技术保障等服务。坚持资源共享，机关部门全力帮助结对基层所队党组织落实政治关爱、工作关怀、健康关切、生活关心等暖警惠警措施，合力营造凝心聚力、和谐稳定的警营环境。

（三）完善"三配套"工作举措，促进融合发展常态长效

一是建立共建联络机制，保持上下沟通顺畅有力。加强常态化沟通联络，明确由机关部门和基层所队党组织书记具体负责，双方党组织各确定1名联络员，负责日常联系、信息沟通、组织协调和服务保障等工作。明确由机关部门党组织定期听取结对党组织意见建议，主动响应基层发起的合理支援请求，客观评估归口业务落地成效，及时调整完善工作措施。**二是建立清单管理机制，确保结对共建落实落细**。围绕"四联建五支援"工作部署，制定机关基层党建共建任务清单，明确机关各部

门党组织的共建内容和任务频次,加强检查管理,确保有序推进。定期收集归纳机关帮助基层所队解决工作难题的典型案例,为深化联建支援工作提供借鉴、启发思路。**三是建立考核评价机制,助力党建共建达标见效。**实行机关基层党建共建工作成效评价制度,由基层所队党组织对照"四联建五支援"任务清单,按照"一事一议"与综合评议相结合的原则,对结对的机关部门党组织"四联建五支援"工作进行综合评价,评价情况作为机关部门党内评先评优的重要参考。同步将"四联建五支援"任务完成情况,纳入苏州公安工作高质量发展绩效综合考核,引导全警上下合力抓好联建支援工作,持续推动机关基层党建共建工作迈上新台阶。

三、经验启示

(一)党建共建是夯实基层基础的重要举措

习近平总书记反复强调"基础不牢,地动山摇"。公安工作最坚实的力量支撑在基层,最鲜活的经验创造也在基层。建立健全警种部门支援基层工作机制,是公安部深化公安改革的重要内容,也是夯实公安基层基础的必然要求。开展"四联建五支援"工作,就是要毫不动摇地坚持大抓基层、大抓基础的工作导向,坚决贯彻部厅党委部署要求,以党建结对共建为纽带,将警种部门支援派出所机制往深里推、往实里做,推动警种部门全方位联系基层、深层次服务基层,全面补强基层基础工作,进一步厚实全市公安工作高质量发展根基。

（二）上下联动是形成整理合力的现实需要

党的力量来自组织。只有形成上下贯通、执行有力的组织体系，党的领导才能如身使臂、如臂使指。基层所队处在公安机关组织体系的"神经末梢"，是贯彻上级部署、承接项目任务、直面群众诉求的"最后一公里"，各类工作繁重复杂、很不容易。开展"四联建五支援"工作，就是要毫不动摇地坚持党建引领、党组织先行，大力构建机关基层上下联动、同题共答、难点共克的工作格局，从业务工作协同、机制流程衔接、党建队建融合等方面全面发力，切实解决"中梗阻"和"水流不到头"等问题，推动形成机关围着基层转、机关带着基层干的良好局面。

（三）融合发展是实施联建支援的最终目标

习近平总书记在中央和国家机关党的建设工作会议上指出，"解决'两张皮'问题，关键是找准结合点，推动机关党建和业务工作相互促进"。这就要求我们系统谋划、精准施策，大力探索党建与业务共融共促的有效模式，推动党建与业务同发展、共提升。开展"四联建五支援"工作，就是要毫不动摇地坚决贯彻总书记的重要指示精神，通过机关与基层"点对点"共建支援，将党建工作和业务工作同谋划、同部署、同落实，把党组织战斗堡垒作用和党员先锋模范作用，激发到服务基层、服务实战中，体现到围绕中心、服务大局上，为打造公安工作现代化先行示范区提供坚实保障。

 **案例点评**

"三配套、四联建、五支援"这些简单的数字背后是苏州市公安局完善党建联建机制、配套帮扶举措、形成党建合力的生动体现,最终形成了上下联动、融合发展的党建工作格局,在艰巨复杂的公安业务运行的同时,理清了党建工作思路,把党组织战斗堡垒作用和党员先锋模范作用,真正激发到服务基层、服务实战当中去。

红色领航打造公共就业创业服务"苏式"样板

苏州市人力资源和社会保障局党组

【引言】 党的二十大报告指出,"强化就业优先政策,健全就业促进机制,促进高质量充分就业"。而苏州是小平同志"小康构想"的地方,习近平总书记要求苏州要为中国特色社会主义道路创造一些经验,探路子、树样板。苏州是经济大市、工业大市,也是用工大市,540余万用工备案人数,外地户籍占2/3,为全省、全国稳就业大局贡献了苏州努力。一直以来,苏州都坚持将就业创业工作摆在经济社会发展的突出位置。

【摘要】 苏州市人力资源和社会保障局党组深入学习贯彻习近平新时代中国特色社会主义思想,以建设劳动者就业创业首选城市为统领,厚植党建引领发展新优势,创新实施"根系工程"构建"15分钟就业服务圈"、构建人力资源服务"生态圈",制定重点企业人社领导挂钩服务制度,实施大学生创业创新"薪火计划"、"免申即享"模式落实稳岗促就业政策等举措,持续推动党建业务深度融合、同频共振、齐头并进。苏州连续4年获评全国"最佳促进就业城市",就业促进工作连续4年获得省政府督查激励,全市就业形势呈现总体稳定、稳中向好的态势。

【关键词】 公共就业;创业服务;红色领航

扫码看VR

一、做法成效

2020年5月20日,苏州市正式对外发布《关于建设劳动者就业创业首选城市的工作意见》,苏州市聚焦劳动者关切,致力就业创业环境最优、求职用工环境最佳、权益维护保障最牢、服务均等普惠最实,全力以赴推进各项工作落实落地,切实增强劳动者获得感、幸福感。对照劳动者就业创业首选城市建设要求,苏州市人力资源和社会保障局党组充分发挥基层党组织战斗堡垒和党员先锋模范作用,强化党建引领示范,精心打造公共就业创业服务"苏式"样板,在全面推进中国式现代化苏州新实践中作出人社新贡献。

（一）坚持高站位、远谋划,释放企业敢干"新动能"

提高政治站位,强化责任担当,围绕服务中心、服务大局的着力点和结合点,引导党组织书记发挥示范引领作用,利用职能优势、整合各项资源、联动各方力量,以建设劳动者就业创业首选城市为统领,通过建立上下联动机制、成立"惠企利民"就业创业分队、制定项目进度推进表等举措,持续擦亮做优"活力人社 惠民先锋"党建品牌,切实为企业提供稳岗位、保用工等暖心"苏式"服务。

1. 数据赋能惠企政策落实

聚力推进数据共享、数据比对、数据整合,2019年起全省率先采取大数据比对"免申即享"经办模式,推进稳岗返还、一次性扩岗补助、一次性吸纳就业补贴、留苏来苏补贴等政策落实工作,切实发挥就业优先政策最大效应，推动实现高质量充分就业。2023年全市通过"免申即享"发放各类助企补贴13.90亿元，惠及企业31.93万家、人数357.64万人，稳定15.02万个岗位，让企业"零跑腿"直接受益，高效确保政策红利直达市场主体。全面落实"降、缓、返、补、扩"等系列惠企纾困政策，2023年累计为企业减负85.71亿元（按照3‰～1‰口径）。全面推广"苏岗贷"2.0新版本，增加"苏岗贷"合作银行至9家，建立"苏岗贷"企业名录库，2023年全市"苏岗贷"服务企业9148户、金额达537.53亿元。

2. 创新思路转变服务模式

为切实提升主动服务效能，在"苏商通"上线"苏州人社政策计算器"，集中单位吸纳就业困难人员社保补贴、小微企业吸纳高校毕业生社保补贴、一次性创业补贴等27项高频业务，对应91条惠企政策。按企业类型、用工情况等要素，向企业推送可能适用的社保补贴、创业补贴等惠企政策，用"精准画像"解决企业"找不到、看不懂"政策的问题，不断扩大人社政策知晓度和惠及面，使企业充分享受政策红利。

（二）坚持解难题、促发展，畅通人力资源"供应链"

持续深化"行动支部"建设，聚焦企业发展需求，定期开展规模更大的用工需求调查、建立实效性更强的重点企业联系制度。组织开展千企用工调查，建立重点企业人社领导挂钩服务制度和"点对点"人社服务专员，引导党员干部深入企业摸排发展实情，最大程度为重点企业排忧解难，2023年全市公共就业部门累计联系服务企业2.07万家，多渠道为企业解决用工7.32万人。

1. 靶向服务保障企业用工

将组织优势转化为发展优势，开辟"绿色通道"，通过"出家门、上车门、进厂门"一站式服务，加快推动返岗复工、稳岗留工、赴城上岗，春节后组织专车765辆、专列3趟，从河南、贵州等15个省份"点对点"接回3.45万名外来务工人员返岗复工。一系列务实精准的举措受到全国各类媒体，尤其是央视媒体的广泛关注，《新闻联播》《朝闻天下》《经济信息联播》《第一时间》《天下财经》等栏目纷纷报道。2023年1月31日，央视《新闻1+1》聚焦节后用工返岗情况，视频连线时任苏州市人社局局长朱正，详细报道苏州稳岗位、保返岗、促对接的做法。

2. 精准高效推动供需对接

2023年苏州市各级公共人力资源市场开展线上线下招聘会1919场次，为81.07万次劳动者、5.36万家次企业提供公共求职招聘服务，采集发布有效岗位数130.51万个。此外，切实发挥零工市场等特色载体作用，盘活灵活用工资源，搭建供需桥梁，用零工"小市场"激活就业"大民生"，2023年苏州市共建成31家零工市场和零工驿站。2024年1月22日全国人力资源社会保障工作会议上专题介绍苏州零工市场建设经验，相关做法先后被《人民日报》客户端、《光明日报》等国家级媒体报道。持续深化劳务对接合作，全力做实人力资源"保障链"，2023年组织赴外对接交流277次，新增劳务协作、校企合作基地303个。举办苏州市人力资源校企合作融合发展大会，活动期间共有来自全国17省、60市的104家职业类院校以及1056家苏州企业参加，校企间通过线上线下渠道对接洽谈超过3000家次。

（三）坚持重引领、强队伍，撑起重点群体"暖心伞"

坚持以高质量党建引领人社事业高质量发展，积极组织广大党员干部参加"在职党员进社区"、文明实践集中服务日、政策宣讲志愿服务等活动，让党员在重点工作上充分锻炼、聚力攻坚、担当作为。

1. 常态长效做好就业兜底帮扶

开展就业困难人员"暖心行动"、高校毕业生等青年就业服务攻坚行动等，通过"大数据＋铁脚板"精准掌握辖区重点群体情况，通过服务平台赋能、供需对接推动、专项行动兜底等方式，全力推动岗位推荐、职业指导、困难兜底、创业帮扶等工作落实到位，助力重点群体走稳就业创业路。2023年我市共排查重点对象10.48万人次，岗位推荐8.69万人次，开展政策宣传25.09万人次。发挥创业孵化载体"红色阵地"作用，以党建引领基地文化发展，打造"党建＋创业"基层公共平台。2023年全市支持成功创业3.39万人，创业带动就业28.48万人。

2. 构建"家门口"就业服务体系

以实施首批全国公共就业服务能力提升示范项目为契机，该示范项目获批中央财政补助1亿元，苏州是长三角地区唯一入选城市。按时序推进"四大工程""十二项行动计划"和37项任务清单，着力打造覆盖全民、贯穿全程、辐射全域、便捷高效的全方位就业公共服务体系。在全国率先提出"家门口"就业服务站设想，坚持党建引领，联合市委组织部出台《关于加强党建引领进一步推动"家门口"的就业服务体系建设的通知》，推动"家门口"服务阵地深度融入"海棠花红"党建品牌阵地建设，集成就业援助、创业扶持、求职招聘等人社全业务领域服务，推动党建服务、公共服务向社区、楼宇、商圈、高校、银行、创业园等全面延伸，打造"15分钟就业服务圈"。依靠基层党建阵地和党员志愿者服务力量，进一步拓展服务功能，为劳动者提供就业援助、职业指导、技能培训、法律咨询、公益诊疗等暖心服务。2023年苏州市共挂牌"家门口"就业服务站207个，其中联合打造的"海棠花红"阵地146个，"暖心驿站"82个，"劳动者驿站"78个；通过服务站帮扶4 052名就业困难人员实现就业。部分特色"家门口"就业服务站等被列为2023年全国、全省人社系统稳就业工作推进会的现场观摩点，相关经验做法获部省级部门肯定。

二、经验启示

（一）强化理论学习，筑牢思想根基

习近平总书记指出："坚持用马克思主义中国化时代化最新成果武装全党、指导实践、推动工作，是我们党创造历史、成就辉煌的一条重要经验。"要深入学习领会习近平总书记关于就业创业工作的重要讲话和重要指示批示精神，真正学出坚定信念、学出绝对忠诚、学出使命担当，要坚持把自己摆进去、把职责摆进去、把工作摆进去。大力弘扬马克思主义理论联系实际的学风，在"实"字上下功夫，运用好贯彻其中的立场观点方法，全力以赴推动就业创业工作部署落地落实。

（二）强化政治素养，保持政治定力

在党的建设新格局当中，党的政治建设统领党的建设，始终是党的

建设根本性问题。要始终将政治建设摆在首位，全面提升自身政治素养，牢固树立"四个意识"，坚定"四个自信"，做到"两个维护"，在政治立场、政治方向、政治原则、政治道路上自觉同以习近平同志为核心的党中央保持高度一致。保持对党绝对忠诚，自觉树立和践行正确的政绩观，以奋发有为的精神状态，切实推动高质量充分就业。

（三）恪守为民之责，提升惠民有感

立党为公、执政为民，是中国共产党最鲜明的特征、最亮丽的底色。要坚持以高质量党建引领就创事业高质量发展，树牢"守土有责"的政治认识，坚持"守土尽责"的担当作风，主动深入基层一线了解群众最关心最关切最希望的热点、难点问题，准确把握人民群众的新要求新期待，针对就业工作特别是企业用工、重点群体就业帮扶、大学生创业创新等群众关切的问题，强化公共就业创业服务供给，聚成助推民营企业高质量发展"强大动力"，使企业和重点群体在党组织的"红色领航"下，走出一条高质量发展的宽广道路。

 案例点评

> 苏州市人力资源和社会保障局以建设劳动者就业创业首选城市为统领，以精准分类施策实现服务对象的更大范围覆盖，以靶向对接需求实现服务方式的更多灵活样式，以帮扶政策叠加实现服务体系的更全方位模式，苏州市连续4年获评全国"最佳促进就业城市"，就业促进工作连续4年获得省政府督查激励，全市就业形势呈总体稳定、稳中向好的持续态势。

做实"车轮党建"
"制度＋温度"凝聚城市"摆渡人"

苏州市交通运输局党组

【引言】 党中央高度重视新业态新就业群体党建工作,习近平总书记在党的二十大报告中明确指出,"加强新经济组织、新社会组织、新就业群体党的建设"。货车司机是道路货运行业的"主力军",是城市发展的"摆渡人",也是交通运输领域重要的新业态新就业群体,必须在实际工作中关注、推进这一具有代表性的新就业群体的党建工作。

【摘要】 自2022年开始,苏州市交通运输局党组聚焦货车司机群体面临的劳动关系不固定、行业发展不稳定、权益保障有欠缺等难点问题,致力于发挥严密的组织体系这一党的优势,对道路货运行业党组织怎么建、党建活动怎么办、党组织和党员司机作用怎么发挥等问题进行实践探索,以高质量"车轮党建"赋能道路货运行业高质量发展。

【关键词】 车轮党建;网格化组织;长效化活动

扫码看VR

一、案例背景

苏州是人口大市、经济大市,在高度密集的经济活动、人口流动的总体格局下,货车司机等新就业群体已经深入影响社会生活的方方面面,对繁荣经济发展、完善社会治理、提供公共服务等发挥着重要作用。但这一群体普遍存在易松散难凝聚、易变动难稳固等问题,从党组织设置和党建活动的层面究其原因,主要有以下三点:

(一)党组织"难建"亦"难管"

近年来,随着交通运输领域"放管服"改革加快推进,全市道路运输行业从业主体数量攀升。根据调研显示,2022年3月份,苏州有道路货运经营业户三万余户(包括企业、个体业户),然而道路货运企业党组织数仅有几十个,相较体量庞大的业户数量而言不甚匹配。究其原因:一是在三万余个经营业户中,绝大部分为非公有制企业和个体业户,企业规模小、货车司机少、党员数量等达不到建立党组织的客观条件;二是非公有制业户经营方式、管理模式、用工形式具有高度灵活性,尤其是在激烈的市场竞争环境下,货运行业生存经营压力大,加之部分企业经营者缺乏规范建设党组织、系统开展党建工作的自主性和积极性,以致有的企业在符合成立党组织条件的情况下未能建立党组织;三是货运企业尤其是中小型企业,沟通渠道不畅,对申请建立实体党组织步骤程序不清,致使存在党组织"难建"的现实。即使有些头部企业建立了实体党组织,然而由于党建力量配备不足、党务能力普遍不高,企业党组织规范运行程度整体较低,致使已建党组织也难逃"难管"的境地。

（二）党员"流动"易"流失"

新业态具有开放性和流动性强的特征，新就业群体的职业稳定性、活动区域固定性、心理安定性程度相应较低。调研显示，2022年3月，苏州市有货车司机十五万余名，党员货车司机九百余名；至2023年6月时，货车司机总数有所下降。然而，细究之下，根据统计名册显示，具体人员已发生相当程度的更新，货车司机流动性强的群体特征由此观之。从活动区域来看，货车司机吃住在车里、生活在车上，难以参与固定点位的线下党组织管理活动。此外，党员货车司机有近三成为外省籍司机，党组织关系在外地，对于参加党组织活动更是"心有余而力不足"。从心理因素来看，货车司机群体工作时间长，劳动强度大，相关保障欠缺，特别是近年来受宏观经济环境等因素影响，这一群体困难诉求不断增加，由此带来了认同感、价值感、幸福感缺失，致使党员司机惯于"隐身"、时有"流失"。

（三）党建活动"有形"欠"有效"

无论是货运业户，还是司机群体，最关注的是市场这个"锅"和收入这个"碗"，精力上往往向生意场、利益链倾斜，导致党建工作在末端落实上行动张力不足。从管理层来看，货运企业经营者对党组织建设重视程度不够，专项资金、管理规定缺乏倾斜，不利于企业深入开展党建活动。从执行层来看，货运企业性质大多为传统非公有制企业，体量小、人员少，鲜少设置专职党建岗位，通常由业务岗位工作人员兼职，而兼职党建工作者往往疏于精耕党建工作。从受众层来看，企业党组织一般以管理层党员为主，党员司机为辅，党建活动多为固定时间、固定地点的灌输式理论学习，对于受教育程度普遍较低的受雇党员司机而言友好度不高、吸引力不大，长此以往，司机群体政治上感受不到激励、工作上感受不到支持、内心上感受不到关怀，党建活动参与兴趣下降。驱动性阙如、专业性不足、针对性不强，种种因素导致党建工作未能穿透到"最后一公里"。

二、主要做法

在一年多来的货车司机群体党建工作实践中，苏州市交通运输局党组因"行"制宜优化党组织设置，因"人"制宜开展丰富活动形式，集聚力量、明确任务，系统推进货车司机群体党建工作取得实质性突破、整体性提升。

（一）围绕"怎么建"完善网格化组织体系

全行业找齐党员。摸清行业底数是开展货车司机群体党建工作的前提基础，布局排查行业底数是行业主管部门的首要任务。针对货车司机群体数量庞大的现实情况，交通运输部门成立调查摸排工作领导小组、制定细化摸排方案，通过走访调研、平台采集、信息比对等方式，实施"两找一核"（通过运政在线系统从司机中找党员，通过组织部门数据库从党员中找司机，由公安等相关部门进行核对)，不断去伪去重去挂靠，摸排掌握全市道路运输经营业户 37 474 户，货车司机 100 120 名，党员货车司机 1 087 名，并不断完善党员工作台账，建好党建数据库，做到底数清、情况明，确保党员司机流动不流失、离乡不离党。

全覆盖建强组织。在组织部门（两新工委）的统筹指导下，以"静态底数见底，动态底数兜底"为目标，按照"行业党委＋网格化党支部"模式，建立"统得起""管得住"的组织体系。充分发挥交通运输行业党委"领头雁"作用，针对已有党组织货运企业，将党组织纳入行业党委凝聚服务范围；针对应建未建党组织货运企业，采取登门宣讲、积极动员等举措，当好企业与属地的沟通"桥梁"，推动货运企业党组织应建尽建；针对个体货车司机及无法建立党组织的货运企业从业司机，依托交通执法中队等基层单位建立"地缘型"网格化流动党员党支部进行兜底管理。针对货车司机"在路上"的现实特征，依托货运平台建立云上党支部，强化"云上互动"，切实把"组织之线"牵引到基层执法一线、货运企业和司机群体，实现"车轮行万里，党建万里行"。2023年以来，市交通运输行业党委对原有的101个网格化党组织进行逐一审核，调整优化19个传统道路货运企业党组织，目前掌握网格化党组织86个。

全流程提升质效。按照"抓大聚小""提级管理"思路，市级行业党委通过选派片区指导员、联络员方式，加强与县级板块"一对一"联系。各县级行业党委采取行业党委负责人联系指导、选派党建指导员及助企联络员方式，实现与货运企业"手拉手"共建。按照"谁组建、谁管理"原则，规范流动党员党支部运行并有效发挥作用。探索构建流出地和流入地双向互动、协同发力的工作闭环，在组织覆盖、工作覆盖的基础上，实现党建工作的有效覆盖。实行"两周一提示"跟踪问效机制，累计编印工作简报75期，形成了多线联动、规范运作的工作机制。

（二）围绕"怎么办"凝练长效化活动机制

注重教育管理，"互动"＋"启发"增强号召力。注重把学习阵地建在行驶线上、轨迹点上、服务站上、云平台上，制定道路货运行业党组织和党员理论学习计划，深入推进党的理论进企业，加大网格化党支部书记集中培训力度，充分发挥流动党员党支部书记作用，依托主题党日、"三会一课"等方式组织理论学习82场次，注重采取图文、音视频等"接地气"的形式，把党的声音传递到货车司机群体。针对货车司机流动性大、学习难集中、时间碎片化现状，分析学习方式和学习内容的可行路径，实行学习教育"套餐制"、理论课堂"分餐制"、流量助学"快餐制"，拓展学习时空、丰富学习形式、提升学习效果。积极探索货车司机流动党员教育管理机制，建立完善"一方隶属、多方发力"的教育管理制度，既发挥组织关系所在党支部的定期联系作用，又落实所在功能型党支部的经常教育责任。建立双向互动、定期联系机制和重要节日家访、困难帮扶等制度，组织流动党员参加组织生活。联动税务、教育、司法、人社等行业主管部门，围绕货车司机需求开展"拼单式"暖"新"活动50余场次，提供财税赋能、子女入学、法律咨询、学历提升等多元咨询服务资源，以"运满满"的诚意、"货拉拉"的实惠激发货车司机好感度、参与度。

注重有形有效，"路上"＋"云上"提升体验感。坚持整合资源、优化配置，在公路服务区、物流园区、货车集散中心等货车司机聚集区域建设"红色战斗堡垒"，因地制宜新建14个党群服务中心（站）、司机之家、卡友驿站、暖心驿站，做到基础设施设备齐全，一体化提供党建指导、政策咨询、医疗救助、安全教育、休息用餐、如厕洗浴、停车充电等服务。建立完善党群服务阵地标准化规范化运行管理制度,盘点全市阵地资源,及时向社会公布"身边的海棠花"热力图,按照"门常开、人常来、活动常办"思路,持续增强阵地知名程度、运行效能,解决货车司机出行后顾之忧。畅通"货车司机—党员司机—流动党员党支部—行业党委"诉求表达直通渠道,推动形成"接诉·解诉·结诉"接办闭环,线上线下累计接办诉求335条,形成"司机呼书记应、支部呼党委应、线上呼线下应"的良好工作格局。定期开展货车司机群体思想动态调研分析,探索设立货车司机群体关爱月、暖"新"服务清单等,始终保持对司机群体所需所盼的敏感性和回应力,集中力量解决货车司机关心关切,为货车司机"路上"减少弯路,"云上"吹开愁云。

注重典型激励,"示范"+"引领"提振向心力。聚力打造道路货运行业党建品牌,探索"一地一品牌、一地一特色、一地一亮点",发挥品牌聚力效应,推动区域性、个性化暖心活动"百花齐放"。开展行业先锋培育行动、"三评两选"、"最美交通人"评选活动并探索制度化推进,选树一批保供保通保畅先锋车队、一批优秀党员司机、一批先进司机党支部,广泛宣传"全国十大最美货车司机""苏州时代新人"朱亚东等先进典型,激发货车司机群体自豪感、责任感。注重培育一批政治素质好、业务素质强、群众威信高的党员货车司机,让司机"有事请讲""有话直说",当好广大司机朋友的"老大哥""知心人"。坚持以组织之力唤"新"、诚挚之心换"新",促文明之风焕"新",向货车司机群体发放4000余个"文明随手拍"宣传扇和书签,引导货车司机等新就业群体参与基层治理,积极投身"文明有'约'"、"文明哨'卡'"、"文明随手拍"等实践活动,探索建立量化激励机制,真正把这一群体紧紧团结凝聚在党的周围,增强其城市归属感、身份认同感、自我价值感。

三、经验启示

货车司机群体党组织设置是该群体党建工作的核心基础，在党组织设置之上开展活动又是该群体党建工作的具体实践，也是其行之有效的证明和彰显。经验启示如下：

（一）进一步强化目标导向，既要"有人抓"又能"抓住人"

货车司机群体党组织设置涉及面广、延伸线长、重难点多，严密党的组织体系是实现党的领导"如身使臂、如臂使指"的重要保证。要心怀"国之大者"，深化调查研究，形成切实可行的实施方案，逐项试探验证，逐条拆解落实。坚持系统观念，强化部门联动，建立健全联席会议等协调联动机制，凝聚为行业发展赋能护航"最强合力"。同时，应该充分认清货车司机群体党建工作的本质是做好人的工作，破题之策在于摸清"货运业户、货车司机、党组织、党员货车司机"四类行业底数，解题之法在于通过"党组织找党员，党员找党组织，党员找党员"，让党员货车司机"归队入列"，为健全"行业党委＋网格化党支部"组织模式和丰富党组织活动形式布好局。

（二）进一步强化问题导向，组织"建起来"更要"强起来"

新业态新就业群体"在路上""在云上"，具有"发展模式新、组织形态新、运行机制新、用工方式新'四新'特点"，特别是货车司机常年奔波劳碌在他乡、在路上，大多滋生了漂泊无定的浮萍化心态，成为"沉默的大多数"，然而内心深处却渴望全社会给他们一个的身份认同、价值认同和情感认同的回答。给钱给物，不如给建个好支部，让支部成为他们的靠山和肩膀，是解决问题的最佳方案。为此，必须坚持"党员货车司机走到哪里，党的组织和党的工作就覆盖到哪里"，既动中抓又散中建，既排点布线又穿针引线地密织组织之网，形成"组织吹号、党员报到""司机吹哨、书记报到"等有效做法，以此将货车司机吸引过来、组织起来、稳固下来，推动党建跟车走、车轮跟党走。

（三）进一步强化效果导向，找准"需求点"变为"发力点"

货车司机行遍千山万水，尝尽千辛万苦，行途之窘、后顾之忧、认同之惑、融入之盼一路挂怀，精准掌握他们的肺腑之言和难言之隐，正是行业党组织应尽之责和行业党建题中之意。十万余名货车司机不仅是数字的叠加，每个个体背后都有不少难处，尤其需要坚持问题导向，以需求侧响应牵引供给侧破题，作为提升党建活动实效的重要路径。针对货车司机群体普遍存在行车过程中饮食如厕、休息洗澡需求，租房、子女入学需求，学历技能提升、劳动维权需求等，要以分析司机需求为切入口，把凝聚服务作为发力点，多维度探索党建活动开展的形式、载体、内容和保障措施，用真心实意为这个群体铺就一条畅行之路、舒心之路，推动形成行业高水平治理、建设人民满意交通的生动实践。

 **案例点评**

> 苏州是人口大市、经济大市，货车司机等新就业群体数量庞大，苏州市交通运输局面对新就业群体党组织难建难管、党员流动易流失、党建活动欠有效的困难，致力于发挥严密的组织体系这一党的优势，完善网格化组织体系，凝练长效化活动机制，以高质量"车轮党建"赋能道路货运行业高质量发展。

苏州市大院大所党建联盟
以"海棠花红"赋能"最强大脑"

苏州市科学技术局党组

【引言】 2024年全国两会期间,习近平总书记强调,"科技界委员和广大科技工作者要进一步增强科教兴国强国的抱负,担当起科技创新的重任"。近十年来,苏州已与国内外238家知名高校院所共建平台载体130多家,实施合作项目1.5万项,累计集聚姑苏领军人才超2 233人次,市级以上领军人才企业达到1 907家。大院大所是高端技术成果转化的"顶梁柱"和创新驱动产业发展的"主引擎",是加快创新要素集聚、打造产业创新集群的主要力量。苏州市大院大所党建联盟以党的建设引领创新发展,以品牌互鉴推动互助合作,以服务互动促进协同创新,激发了院所抱团创新合力、共享创新动力。

【摘要】 苏州市科学技术局党组联合苏州市大院大所党建联盟,以"海棠花红"赋能"最强大脑"。该联盟由52家大院大所组成,通过党建引领,推动创新发展。联盟以党的建设为核心,促进品牌互鉴、服务互动,激发抱团创新合力,围绕苏州创新集群布局,集聚高层次人才和创新型企业,推动跨界创新成果转化,助力企业创新发展和产业高端提升。

【关键词】 党建联盟;党建引领;创新发展

扫码看VR

党的二十大报告指出，必须坚持科技是第一生产力，人才是第一资源，创新是第一动力。大院大所被誉为"最强大脑"，承担着重大项目攻关任务，集聚着各级各类人才，是苏州至关重要的创新策源地。苏州市科学技术局党组始终把深化大院大所合作作为汇聚创新要素的重要抓手，持续构建以企业为主体、市场为导向、产学研相结合的创新体系。

一、案例背景

为贯彻落实新时代党的建设总要求，坚持以习近平新时代中国特色社会主义思想为指导，响应市委"1030"产业体系建设的要求，以培育党建集群服务产业集群为目标，2022年5月，苏州市大院大所党建联盟（以下简称"联盟"）揭牌成立。联盟以党的建设引领创新发展，以品牌互鉴推动互助合作，以服务互动促进协同创新，着力打造红色先锋集群、创新样板集群、发展共赢集群，积极探索党建与业务深度融合新路径，努力构建"党建引领、组织共进、科创协同、共建共享"的党建工作新格局，凝聚发展合力、共享创新动力，以党建赋能大院大所在苏机构等创新载体高质量发展。近年来，苏州与260多所国内外知名高校院所开展形式多样的合作，建设各类产学研创新载体超150家，实施产学研合作项目20 000多项，获评"中国产学研合作示范城市"。其中，中国科学院在苏建设的科技载体机构34家，积极打造中国科学院体制机制创新的"苏州特区"，形成特色鲜明的"中科院效应"；清华大学在苏相继建设清华大学苏州汽车研究院等重大载体12个，形成清华校地合作的"苏州现象"。

二、主要做法

党的二十大报告指出,坚决维护党中央权威和集中统一领导,把党的领导落实到党和国家事业各领域各方面各环节。苏州市科学技术局党组持续凝聚好大院大所的红色力量,加强统筹,融合市级资源推动大院大所党建工作纵深发展,持续推动党建与业务深度融合。

(一)加大组织融合,凝聚发展合力

苏州市科学技术局党组精准分析"三新"党员不同群体特点,分类安排、精准指导,组织联盟成员单位定期交流分享党建工作经验,联合举办理论学习、党课、主题党日活动等,提升基层党建规范化和品牌化水平。同时,积极协调成员单位与苏州市相关部门和企业开展各类党建共建活动,持续拓展党建"朋友圈",构建院所党建工作新格局。

(二)强化目标引领,扩大创新优势

党的二十大报告指出,增强党组织政治功能和组织功能,坚持大抓基层的鲜明导向。苏州市科学技术局党组以创新型党组织建设引领大院大所发展方向,充分发挥大院大所等创新载体扎根一线的优势,积极参与国家战略科技力量建设,凝心聚力助力科技创新生态优化,凝练苏州科技工作成功经验,锻造高质量发展"红色引擎"。确保党的工作横向到边、纵向到底,增强"三新"党员听党话、跟党走的高度自觉,做新时代新征程的奋斗者、奉献者、追梦者。

(三)深化资源共享,赋能产业集群

苏州市科学技术局党组始终把党建的政治优势和组织优势转化为促进大院大所持续发展的"红色催化剂",凝聚基层党建优势与党员智慧力量,引导成员单位合作承担国家、省、市科技项目,肩负起增强"策源功能"和"支撑力量"的担当;有效组织成员单位发挥各自条线优势,积极参与国家战略科技力量建设,配合落实全国重点实验室建设、顶尖人才(团队)引进等重大任务;推动成员单位参与省、市创新联合体试点项目,推动跨学科研究成果转化,为高水平创新集群提供坚实支撑。

(四)增强内生动力,促进院所共赢

苏州市科学技术局党组紧紧围绕联盟成立的宗旨和任务,团结各个领域的优秀创新载体,加强联盟成员单位与各级政府部门、创新主体的互动对接,充分发挥党组织战斗堡垒作用,深入科研院所、创新载体、孵化器、产业园等单位,面对面开展科技创新政策解读,指导院所载体和科技企业用足用好科技政策,在提升政策获得感的同时激发内生发展动力,共同挖掘创新需求、寻求合作机遇;充分调动多方共治的积极性,不断丰富和发挥联盟服务功能,围绕大院大所创新发展的各阶段各环节,提供全周期、全方位的优质服务,不断增强联盟凝聚力和影响力。

三、工作成效

目前,共有 52 家大院大所加入联盟,其中 44 家市内联盟成员单位拥有科技创新领军人才1 100余人，研发、创新团队400余个，累计研发与转化产业化技术772项、累计发明专利1 049项，引进孵化企业近600余家。联盟的成立，为苏州市高水平创新集群建设提供了有效支撑，也成为以党建赋能大院大所高质量发展的重要探索。

（一）强化顶层设计，深化党建引领优势

联盟实行"思想联心、活动联办、人才联育、资源联享、发展联进"的五联模式，涵盖组织同建、资源同享、科研同向、人才同育、工作同频五个方面，用党建"共同体"赋能创新"共同体"。在党的建设、人才集聚、科研攻关、协同创新等方面实现跨界融合，增强高校与研发机构在创新集群中的策源功能和支撑作用，助力企业提质增效，推动产业能级提升，助推区域创新发展。2023年，联盟被列入苏州市级机关工委"融合发展先锋行动"重点项目暨基层党建书记项目。

（二）深入协同创新，加快科技成果转化

联盟不断创新体制机制，深化科创协同，主动联合承担或参与重大科研项目，积极参与创新联合体建设、创新型领军企业培育和国家重点实验室创建等工作，推动企业创新发展、产业高端提升和创新集群建设。在联盟的牵线搭桥下，大院大所成员单位、企业之间共开展合作项目747项，涉及金额17.83亿元。苏州大学与南京大学苏州校区、中国科学院苏州纳米技术与纳米仿生研究所、协鑫集团等单位合作申报全国重点实验室、创新联合体，聚焦纳米产业的行业关键核心技术问题开展研究，攻克了多项共性难题。

（三）丰富活动形式，扩大党建"朋友圈"

联盟致力于在院所之间，院所与苏州相关部门、企业之间开展各类党建共建活动，拓展党建"朋友圈"。自成立以来，联盟开展了近200场形式多样、内容丰富的党建活动，并积极链接外部资源，推出一系列主题活动，不断增强大院大所党组织战斗力。策划组织了联盟"四敢"主题党日活动、走进杭州学习借鉴杭州发展数字经济产业的经验做法，进一步激发院所抱团创新合力、共享创新动力，有力推动苏州市产业创新发展和创新集群建设；联合苏州大学纳米科学技术学院与苏州工业园区、姑苏区侨联开展主题党日活动，引导教师领略千年姑苏文化魅力和苏州纳米产业发展潜力；协助长三角先进材料研究院（集萃新材料研发有限公司）、中国科学院上海药物研究所苏州药物创新研究院等党支部落实专题党课，邀请专家作主题学术报告；参与各县级市（区）科技镇长团党支部结对共建活动。确保新经济组织、新社会组织党员主题教育全覆盖。

（四）集聚科创资源，共建创新合作网络

为加快构建具有国际竞争力和全球影响力的创新集群建设，集聚全国优质科创资源，联盟以党建为纽带，以"科技行"为活动平台，组织苏州龙头企业走进清华大学、上海交通大学、西安交通大学、哈尔滨工业大学、青岛大学、广东以色列理工学院、华中科技大学温州研究院等高校院所开展产学研对接，并与高校院所举行党建联盟结对揭牌仪式。通过"科技行"活动，联盟实现跨区域结对共建、协同联合创新，成为苏州"走出去、引进来"的有力支撑，加快赋能苏州产业创新集群发展。

四、经验启示

(一)强化纽带是"最强大脑"发挥最大能量的重要抓手

大院大所是高端技术成果转化的"顶梁柱"和创新驱动产业发展的"主引擎",是加快创新要素集聚、打造产业创新集群的主要力量。以党建为纽带,以联盟为路径,串起大院大所实施"思想联心、活动联办、人才联育、资源联享、发展联进",扩大成员单位"朋友圈",增加联合攻关项目。

(二)加强党建教育是增强院所与企业凝聚力的有效路径

目前,苏州百余家大院大所研究方向覆盖了医疗器械、新一代信息技术、高端智能制造和新能源等领域,研究方向存在共性交叉,如果院所之间相互孤立,很容易出现同质化竞争。院所之间,院所与苏州相关部门、企业之间建立起合作交流渠道,开展各类丰富多彩的党建共建活动,交流党建心得、学习党建方法、共享党建经验,实现党建与业务的深度融合,能够有力增强党建工作的活力和凝聚力,促进产业链上下游单位之间的合作,推动产业链强链、补链、延链,达到"1+1>2"的效果。

(三)深入协同创新是加快科技成果转化的有力举措

深化院企合作是促进科技成果转移转化的关键。联盟充分利用好党建与业务的深度融合,探索"党建引领、人才支撑、科研攻关"的协同创新新模式,将院校、龙头企业、优势产业进行更紧密的结合,主动联合承担或参与重大科研项目,积极参与创新联合体建设、创新型领军企业培育和国家重点实验室创建等工作,推动企业创新发展、产业高端提升和创新集群建设,全力促进科技成果转化落地,打通"最后1公里"。

（四）加强交流合作是创新要素集聚苏州的必然要求

通过"苏州科技行"活动平台,联盟龙头企业走进全国知名高校院所加强交流合作,推动协同创新;突破以地域、单位为主的党组织设置,根据新业态业务模式、组织方式、人员结构的变化创新组织设置和工作方法,形成创新合力;围绕苏州创新集群布局和产业链关键环节,把各领域党员群众吸引过来、组织凝聚起来,推动高层次人才和创新型企业创新要素加快向苏州集聚。

案例点评

> 如何培育党建集群来服务产业集群？苏州市通过成立大院大所党建联盟,以党的建设引领创新发展,以品牌互鉴推动互助合作,以服务互动促进协同创新,着力打造红色先锋集群、创新样板集群、发展共赢集群,积极探索党建与业务深度融合新路径,努力构建"党建引领、组织共进、科创协同、共建共享"的党建工作新格局,凝聚发展合力、共享创新动力,以党建赋能大院大所在苏机构等创新载体高质量发展。

"园丁先锋"党建品牌
赋能书记校长分设学校治理现代化

苏州市委教育工委

【引言】 十年树木,百年树人,教育大计是百年大计。随着中小学校党组织领导的校长负责制落地落细,需要建树一批彰显时代性、典型性、创新性的基层党建优秀成果和特色品牌,促进示范引领,辐射带动全市中小学校党组织全面进步、全面过硬,推动构建高质量的中小学校党建工作体系。

【摘要】 苏州市委教育工委深入实施"园丁先锋"党建品牌"育人工程",加强党对教育工作的全面领导,紧扣"园丁先锋"党建品牌,实现"三个转变",大力推进落实中小学校党组织领导的校长负责制,走出党建赋能书记校长分设学校治理现代化新路径,为书写中国式现代化苏州新实践教育新篇章提供坚强的思想政治组织保证。

【关键词】 园丁先锋;党建品牌;中小学校党组织

扫码看VR

一、案例背景

"园丁先锋"党建文化特色品牌创建5年来，苏州市委教育工委始终坚持把政治标准和政治要求贯穿办学治校、教书育人、立德树人全过程，实现党的领导从"有位"向"有为"转变、党政工作从"相加"向"相融"转变、发展质效从"高速"向"高质"转变的"三个转变"，切实将党的政治优势和组织优势转化为学校治理效能，形成党建与业务两手抓、两促进、两提高的良好局面，成为全市中小学校党的建设的标志性成果。

二、主要做法

（一）突出拧紧思想"总开关"，实现党的领导从"有位"向"有为"转变

一是深化思想认识。全市两级教育工委（党委）积极组织各级党员干部深入学习领会习近平总书记关于党的建设的重要思想和中共中央办公厅《关于建立中小学校党组织领导的校长负责制的意见（试行）》（简称"《意见》"）等文件要求，将其纳入党委理论学习中心组及主题党日等学习的重要内容。市委教育工作领导小组先后4次召开专题会议对《意见》精神进行细致解读、答疑释惑，进一步统一思想、深化认识。张家港市教育局采取走访调研、座谈、现场沟通等途径，准确把握基层学校对此项重大改革的思想认识动态。相城区教育局明确党组织统揽学

校全局，履行领导职责，准确把握党组织领导和校长负责的关系，全面厘清党组织会议与校长办公会议的权责边界。

二是强化统筹协调。成立由市委常委分管领导任组长的工作领导小组，负责做好统筹协调、组织实施和督促指导工作。由市委组织部牵头会同市委编办、市委教育工委，建立定期会商、约谈机制，确保党组织领导的校长负责制各项工作落到实处。市县两级组织部门先后10多次会商编制，教育部门、市委编办主动深入中小学校，研究核定中小学校书记校长分设和副书记领导职数配备。吴中区教育局建立领导班子成员联系学校制度，班子成员带头、以机关带系统，形成教育工委书记"第一责任人"、教育工委委员"一岗双责"、各基层党组织书记抓落实的工作格局。

三是精准谋划指导。市委、市政府建立起"市委统筹抓总、部门协调联动、教育一体推进"的整体工作体系，各部门各司其职，市委组织部牵头抓总，协调市委编办、市人社局、市委教育工委开展党组织领导职数核定、职称等级变动、班子人选摸底调研等工作，进一步选优配强领导班子，做到人岗相适。协调市委组织部会同编办集中约谈10个县市区组织、编办、教育部门分管领导，采用逐一过堂的形式，会商各县市区工作推进情况，分析存在的问题，共同研究解决措施和路径。

（二）突出树牢制度"风向标"，实现党政工作从"相加"向"相融"转变

一是完善组织体系。成立专项调研组，深入推进调研走访工作落细落实，对公办中小学校党组织设置、班子配备等情况开展全面摸底调查。结合各学校党组织设置的基本情况，重新规范设置各学校党组织领

导职数核定和党务工作内设机构，优化职能配置，进一步提高党组织设置工作规范性。印发《关于加强全市中小学校党建工作 提升组织力凝聚力的实施意见》等文件，明确理顺中小学校党组织隶属关系年度目标，进一步健全市中小学校党建工作领导机制。姑苏区教体文旅委成立10个教育集团党委，因地制宜结合义务教育集团化改革推进党组织领导的校长负责制工作落实，厘清了教育集团化学校党委的职责权限，细化了集团党委的领导职责。

二是健全体制机制。以建立和完善学校党组织会议和校长办公会议议事规则和决策机制为重点，以健全学校党组织统一领导、党政分工合作、协调运行的制度体系和工作机制为目标，印发《书记校长职责》《会议议事规则》等5个"示范文本"，修订完善"三重一大"集体决策、党组织会议、校长办公会会议、书记校长定期沟通、工作报告等制度，梳理形成学校党政议事清单，明晰权责边界。吴江区教育局结合学校实际情况，制定学校党组织会议、校长办公会议制度和议事规则，进一步完善学校内部管理制度，健全制度体系。太仓市教育局对学校各项规章制度进行全面梳理和修订完善，该调整的调整、该规范的规范、该细化的细化，推动学校各项工作深度融合。

三是选优配强队伍。印发《关于推动落实中小学校党组织领导的校长负责制的重点任务清单》，明确"时间表"，制定"路线图"，列出"改革学校""成熟学校""不成熟学校"清单。将政治标准摆在选人用人的首要位置，及时研究和调整各学校领导职数和内设机构数量。配优配强党务工作者，指导中小学校党组织按党员人数不低于1∶50的比例配备党务干部。将基层党组织书记抓党建述职评议、领导班子考核、事业单位人员年度履职考核相融合，强化考核结果运用。高新区教育工委与区工委组织部充分酝酿，注重选优配强学校党组织书记和校长等领导班子，积极完成支部建制学校党支部副书记的配备工作。昆山市教育局采用示范培训、全员培训的方式对中小学校党组织书记、校长、党务干部开展政治能力提升培训。

（三）突出擦亮党建"新名片"，实现发展质效从"高速"向"高质"转变

一是高擎党建统领"指挥棒"。牢固树立"一个支部就是一个坚强战斗堡垒"的理念，将推进中小学校领导体制改革工作纳入基层党建工作述职考核重点内容。严格落实党委、党总支设置的学校党组织书记和校长分设；党组织设置为党支部的学校书记和校长"一肩挑"，并设专职副书记的要求。突出和强化党组织全面领导学校工作的职责地位，探索建立党（委）总支带支部、支部带党员、党员带骨干、骨干带全员"四带"模式，开展"园丁先锋"示范班、"园丁先锋"示范课、"园丁先锋"示范岗"三示范"创建活动，推动实现党建与教学相融互促。常熟市教育局常态化开设"海棠红 书记讲堂"，全面设立"园丁先锋岗"，引导党员在"培根铸魂""提质增效""生命护航""社区领治"四大行动中争当先锋。

二是奏响党教融合"发展曲"。坚持党建和业务工作深度融合，将党组织领导的校长负责制实施与推动学校党建品牌创建工作结合起来，深化"园丁先锋"党建特色品牌创建。坚持将党组织领导的校长负责制实施与深化集团化办学改革结合起来，以管理方式转换深化治理结构转型。发挥市、县、校三级基层党组织联动优势，发挥党员骨干教师的示范引领作用，推动学校党建与教育教学业务互融互促。充分发挥基层党

组织和党员在德育和思想政治工作等工作中的示范引领作用，精心探索变革育人方式、充分凝聚市域统筹一体合力。坚持思想政治理论课质量提升、普高多样特色高效发展、校长书记同上思政课、"一校一策"提升一体推进，将党建工作与教育教学工作同部署、同推进、同落实。

三是党建品牌引领"提质效"。深化"五强化一争创"党建提升机制，细化年度党建工作任务。以党支部为单位，专题开展"园丁先锋"行动，制定《关于在全市中小学校开展"园丁先锋"党建文化品牌示范学校、示范党支部、示范岗申报评选工作的实施方案》，在全市中小学校选树27所"园丁先锋"党建品牌示范学校、60个"园丁先锋"示范党支部、100名优秀教师为"园丁先锋"示范岗，形成推广机制和示范效应。建立党员教师"一人一事思想政治工作"机制，引导各级党组织和广大党员教师通过亮身份树能力、亮承诺树作风、亮形象树业绩。苏州工业园区教育局把"园丁先锋"党建品牌聚焦到师德师风教育中，完善对教师的教育、监督、考核管理机制，推动教师成为先进思想文化的传播者、党执政的坚定支持者、学生健康成长的指导者。

三、工作成效

（一）进一步提高站位，凝聚改革思想共识

在已开展的省、市党组织书记培训基础上，针对《意见》以及市、县市（区）出台的配套文件，统筹开展市、县、校"三级"宣传解读。在对象上，加强对学校党组织书记和校长特别是副书记、党政办公室主任等重点人群的培训，着力提升学校党政干部的政策领悟能力、执行落

实能力和依法治校领导能力。在内容上，牢牢把握中小学校党建工作与校长负责制的使命任务，强调"党组织领导"是集体领导、履行的是领导职责等核心理念的培训，实现学校领导班子成员在思想上统一、政治上团结、行动上一致。

（二）进一步明晰职责，加快完善制度机制

利用书记例会、党建述职、专项检查等工作机制，引导中小学校党组织书记、校长深入理解《书记校长职责》《会议议事规则》等5个"示范文本"。目前，领导班子改革落实的学校遵照"示范文本"，建立健全学校党组织统一领导、党政分工合作、协调运行的制度体系和工作机制，深入系统梳理和修订完善学校各项规章制度，制定学校党组织会议、校长办公会议及议事规则等学校内部管理制度，进一步健全完善了学校章程、合理分工领导班子、规范"三重一大"集体决策议程等制度。

（三）进一步规范运行，推动党政融合共进

学校党组织牢记职责定位，着力健全学校内部运行机制，做到目标任务、推进措施、完成时限、责任主体"四明确"。建立学校领导班子成员分工由上级党委审核备案机制，合理确定学校领导班子成员分工，明确工作职责。建立党组织书记和校长的定期沟通制度，提高书记、校长民主治校、科学治校、依法治校的意识和能力。建立领导班子谈心谈话制度，畅通沟通渠道，学校党组织集体领导与校长负责之间、党组织会议讨论决定事项与校长办公会议研究拟定事项和执行落实之间"两组关系"得到有效把握。

（四）进一步抓点促面，区域整体辐射推进

结合实际，深入开展更多"小切口"案例推广，将领导班子的磨合等问题，作为一个个小课题研究，一校一案、精准指导，切实提高新制度、新机制的适用性。将中小学校加强党的领导和党的建设、推进党组织领导的校长负责制改革工作列入各级党委党建工作的年度考核指标；学校推进将落实改革的进展作为向上级党委书记抓基层党建年度述职的内容，纳入学校年度绩效考核指标；通过政治巡查和业务督导，全面了解改革推进情况，精准指导学校整改问题。

四、经验启示

（一）坚持党的领导，从政治保证入手

擦亮"园丁先锋"党建品牌、高质量贯彻落实中小学校党组织领导的校长负责制必须旗帜鲜明坚持党的领导。要深刻认识坚持党的领导的极端重要性，增强坚持党的领导的政治自觉、思想自觉和行动自觉，切实把党的领导要求贯彻到党建品牌建设和落实中小学校党组织领导的校长负责制全过程、各方面，充分发挥政治领导、思想领导、组织领导优势，为党建品牌建设和落实党组织领导的校长负责制奠定可靠的政治保证。

（二）坚持系统思维，从源头解决入手

擦亮"园丁先锋"党建品牌、高质量贯彻落实中小学校党组织领导

的校长负责制必须树牢系统思维。要进一步加强基层党组织的学习指导，做好政策培训、文件解读和学习贯彻，从政治站位的高度进一步解决好书记、校长思想认识问题。同时，从市级层面加强顶层设计，独立设置党建科，完善职数的岗位配套，高标准配齐配强党建工作者队伍。

（三）坚持聚焦重点，从制度保障入手

擦亮"园丁先锋"党建品牌、高质量贯彻落实中小学校党组织领导的校长负责制要善于抓住重点。坚持以《关于党组织书记和校长职责示范文本（试行）》为推动中小学校党组织领导的校长负责制落地落实的重要抓手，把握好学校党组织集体领导与校长负责之间以及党组织会议讨论决定事项与校长办公会议研究拟订事项和执行落实之间"两组关系"。特别是针对中小学校党组织领导的校长负责制全面铺开后的工作重点，明确提出要结合学校实际情况，抓重点辐射整体，以实施更多"小切口"改革为突破口，切实提高党组织领导的校长负责制改革实效。

（四）坚持问题导向，从具体问题入手

擦亮"园丁先锋"党建品牌、高质量贯彻落实中小学校党组织领导的校长负责制要紧扣现实问题靶向发力。例如，少数基层党员干部对新的领导体制认识不足，停留在书记和校长"谁说了算"的层面上，片面认为党组织"领导一切"即书记说了算，针对这种认识偏差，要进一步加强学习培训，尽快摒弃错误认识。尽快组织改革到位的学校书记、校长培训，迅速形成工作合力，全面提升党组织书记组织领导力，全面提升领导班子整体建设质量。

 **案例点评**

> 随着中小学校党组织领导的校长负责制的落实,苏州市委教育工委以"园丁先锋"为党建品牌赋能书记校长分设学校治理现代化,从思想、组织、机制、队伍四个方面完善党教融合,充分发挥政治领导、思想领导、组织领导优势,为"园丁先锋"党建品牌建设和落实党组织领导的校长负责制奠定可靠的政治保证。

深化苏州园林"窗口党建"
推进"党建红＋园林绿＋窗口美"深度融合

苏州市园林和绿化管理局党组

【引言】 习近平总书记在江苏考察时强调,"中华优秀传统文化代代相传,表现出的韧性、耐心、定力,是中华民族精神的一部分","不仅要在物质形式上传承好,更要在心里传承好"。苏州园林作为中华优秀传统文化的杰出代表,是世界看中国、品江南、读苏州的重要"窗口"。苏州市园林和绿化管理局党组通过深化苏州园林的"窗口党建",将党建工作与园林文化相结合,可以更好地传承和弘扬中华优秀传统文化,丰富园林的文化内涵,可以展示苏州园林的良好形象,提高苏州的知名度和美誉度。

【摘要】 苏州市园林和绿化管理局党组深化苏州园林"窗口党建",推进"党建红＋园林绿＋窗口美"深度融合。通过筑牢思想共识、展现良好风采、凝聚干事合力,打造"党建红·园林绿"党建品牌矩阵,设置党员先锋岗,成立行动支部,开展惠民实事等举措,实现党建与业务互融共促,提升园林服务质量,彰显苏州园林之美。

【关键词】 "窗口党建";以人民为中心;园林现代化

扫码看VR

如何在新形势下更好地发挥苏州园林的"窗口"效能,助力中国式现代化苏州新实践走在前、做示范,是苏州园林主管部门的新时代党建命题。经过基层的不断实践探索,我们认为,因时因势推进"党建红+园林绿+窗口美"深度融合,是答好这个新时代党建命题的最关键一环。

一、主要做法

近年来,苏州市园林和绿化管理局党组始终坚持以人民为中心的发展思想,认真贯彻落实市委、市政府"让苏州园林成为城市的闪亮标识"的要求,立足园林功能定位和资源禀赋,强阵地、树形象、优服务,大力探索"窗口党建"模式,逐步走出了一条以"党建红"引领"园林绿"、以"园林绿"彰显"窗口美"的园林党建实践之路。

(一)聚焦支部所能,打造"党建+窗口阵地"

苏州市园林和绿化管理局党组瞄准园林文化与红色基因的结合点和切入点,把政治理论教育融入岗位环境,夯实基层组织思想基础,真正以"小窗口"筑牢忠诚信仰的"大阵地"。**一是"点"上塑特色**。依托"一园林一支部"的组织构架,深挖文化内涵、提炼精神标识,在全系统错位打造"党建红·园林绿"党建品牌矩阵,先后推出"红动铁铃""清风石湖""红在天平""沧浪濯缨"等一批海棠花红先锋阵地,形成了"一支部一品牌"的阵地格局。**二是"线"上串场景**。串珠成链激发品牌集群效应,创新发布"觉醒之旅""新生之旅""初心之旅""圆梦之旅"4条红色教育线路,配套策划园林红色故事专题展览,沉浸式讲好红色故事，年均有数万名党员干部在枫桥铁铃关战斗史迹陈列馆重温入党誓词、接受党史学习教育。**三是"面"上广覆盖**。发挥行业统筹作用，指导全市园林景点、城市公园、公共绿地、健身步道等开放空间，通过党建示范岗、党建宣传栏、宣传小品等形式，因地制宜营造红色氛围与绿色生态相得益彰的理论滋养环境。

（二）聚焦业务所需，打造"党建+窗口形象"

苏州市园林和绿化管理局党组全面推动党员模范带头作用辐射到各岗位、最前端，以点带面提升与世界级遗产招牌相媲美的窗口形象，让市民游客处处感受到"宾至如归"的体验，真正以"小窗口"折射世界一流的"大形象"。**一是配强窗口力量**。选派机关干部挂职基层党支部书记，配强配齐基层窗口党支部班子，把优秀的骨干充实到各个服务窗口，在窗口一线锻炼党员干部。**二是完善窗口示范岗**。在园林检票、讲解、安保、经营、园艺、盆景、花卉、动物饲养等一线岗位广泛设立党员先锋岗、党员责任区，确保党员亮身份、党组织、亮承诺。**三是加强窗口教育**。开展"学习宣传贯彻党的二十大，踔厉奋发笃行不怠建新功"素质提升行动，持续培养园林专业人才队伍，全面激发窗口党组织和党员的内生动力。全系统共建立党员责任区 148 个、便民服务站点 34 个、党员志愿服务队 18 个，每年累计为市民提供园林绿化咨询、导游讲解等服务 2 万人次。

（三）聚焦群众所盼，打造"党建+窗口服务"

苏州市园林和绿化管理局党组坚持党建与业务互融共促，致力打造群众家门口的"赏心乐事"，真正以"小窗口"打通最后一米的"大服务"。**一是以行动支部驱动红色引擎**。优化一线党组织设置,在遗产品质提升、园林文化传播、园事花事提质、景观面貌提优等重点工程和项目中成立行动支部,激励引导支部和党员在急难险重任务中当先锋、作表率。**二是以书记项目推动中心工作**。围绕书记项目"争做造林绿化急先锋,绘就绿美苏州新蓝图",带动中心城区"见缝插绿"、绿色通道森林抚育、低效林改造等生态项目,走出一条党建引领生态发展的新路径,让市民群众尽享绿色生态红利。**三是以惠民实事强化供需对接**。多层次深化与街道社区的"共驻共建互联互动""双结对""在职党员进社区""驻村第一书记"等联动模式,开展园林保护、绿化养护等"集中服务""预约服务""上门服务",着力构建党员干部直接联系服务基层、群众的长效机制;聚焦市民、游客多样化需求,不断丰富园林研学、园林夜游、数字园林等游园体验,持续强化城市公园"静音工程"、"拆围透绿"、公园绿地开放共享、山地森林步道等生态游憩功能;聚焦市民群众"坐不下来""不愿坐"等问题,新增及改造休憩座椅 4 052 张,把暖心服务办到百姓"心坎上",感受"小窗口"的"大关怀"。

二、工作成效

随着园林"窗口党建"的深入推进,园林党员干部职工干事创业的精气神充分激发,主动服务意识进一步增强,专业优势进一步展现,彰显了高质量党建引领高质量发展的内在动力和生动实践。

(一)从"先行"到"先锋",干事创业精神进一步激发

园林"窗口党建"着重于引导党员干部"坚定理想信念、坚定奋斗

意志、坚定恒心韧劲,平常时候看得出来、关键时刻站得出来、危难关头豁得出来",逐渐从"先行"转变为主动"冲锋"在前。各基层党组织将"窗口党建"与建设世界一流窗口形象专项行动紧密结合,组建党员先锋队、青年突击队等,在园林现场管理、遗产保护、园林技艺等方面刻苦钻研、攻坚克难,取得景观环境提升、保安保洁隐身、讲解服务亮化等显著成效;"苏州古典园林"获"2023国际花园旅游奖","苏州古典园林文化遗产旅游案例"获评全国优秀案例,石湖生态园项目获国际风景园林师联合会(IFLA)亚非中东地区优秀奖,苏州市林业站荣获"全国绿化先进集体",苏州市植物园党支部获得苏州市市级机关"先进基层党组织"荣誉称号,充分展现出园林系统全体干部职工凝心聚力、勇争一流的精神风貌。

(二)从"贴身"到"贴心",服务群众意识进一步提升

推动园林"窗口党建",要求"窗口"党组织主动围着群众转、奔着问题去、沉到一线干,到群众身边解决实际问题,逐步实现了"贴身服务"到"贴心服务"的转变。主动落实枫桥景区、鹤园、唐寅故居遗址等园林景点向社会免费开放,累计开放名录园林92处,开放率达85.2%;积极实施服务设施整治、景观绿化提升、游览秩序优化、讲解与特色服饰提升、苏派盆景(花木)产业振兴等"五大行动",擦亮城市形象;全面推动"乐享园林""见缝插绿"实事项目,重点推进挖潜增绿,拓展城乡绿化空间,年均新增及改造城市绿地面积300万平方米;苏州市湿地站"行动支部"在国内首创以家庭为单位的沉浸体验式志愿者培养模式,形成"湿地+"全学科课例200多个,主动宣传超9 000人次,获江苏志愿服务金奖。苏州市园林和绿化管理局党组用一个

个生动实践展现了"窗口党建"引领下主动服务意识的不断增强。

（三）从"优异"到"卓越"，交流互鉴优势进一步发挥

"窗口党建"的着重点在于贯彻落实党的二十大报告"增强中华文明传播力影响力"的重要精神，努力推动"园林文化"走向世界，成为展现中华优秀传统文化的"世界窗口"。近年来，苏州市园林和绿化管理局党组始终以国际的眼光和视野看待遗产保护事业，积极参与世界遗产保护的国际事务，提升遗产保护的"苏州话语权"。加强园林交流，成功推动中国政府和联合国教科文组织签订成立全国地级市唯一的国际组织——联合国教科文组织亚太地区世界遗产培训与研究中心（苏州），代表中国政府面向亚太地区44个国家和地区开展遗产培训研究、国际合作、学术交流、信息推广和青少年教育工作，在推进遗产保护国际性交流合作中展现苏州胸怀。加强园林对话，海外规模最大的苏州园林"流芳园项目"在美国洛杉矶竣工，成为苏州园林走向世界的巅峰之作。在加拿大维多利亚国际花园旅游大会、中意世界文化遗产地结好论坛上分享经验，面向世界舞台讲好遗产保护的"苏州故事"。50余座苏式园林常态化联动，在全球30多个国家及地区"落地生根"，让苏州园林成为彰显中国文化、长驻海外的"国际文化使者"，进一步彰显苏州传统文化和城市魅力。

三、经验启示

苏州园林"窗口党建"之所以取得突出成效，最根本在于坚决贯彻落实习近平新时代中国特色社会主义思想，在于始终坚持以人民为中心

的发展思想。我们必须更加深刻领悟"两个确立"的决定性意义，增强"四个意识"、坚定"四个自信"、做到"两个维护"，坚持与时俱进，勇于创新发展，探索建立巩固拓展园林"窗口党建"成果的长效机制。切实把苏州园林景区"窗口党建"的经验总结推广好、学习运用好，不断从中汲取奋进中国式现代化园林新征程的强大动力。

（一）以政治建设为"魂"，始终锚定正确方向

党的政治建设是党的根本性建设，决定了党的建设的方向和效果。近年来，苏州市园林和绿化管理局党组从坚定党员干部的理想信念出发，把提高思想深度和理论水平作为党员干部的基本功，健全以理论学习中心组为示范、各基层党组织"三会一课"为基础、青年理论学习为重点的常态化学习机制，引导党员干部坚持用习近平新时代中国特色社会主义思想武装头脑，不断提高政治判断力、政治领悟力和政治执行力。实践证明，开展工作首先要从政治上看问题，只有善于把政治建设同本单位业务工作融会贯通，才能始终确保各项工作的正确方向。要将全面学习贯彻党的二十大精神作为头等大事，把经常性教育与集中培训结合起来，探索新载体、新途径、新方式，深入开展政治意识教育、对党忠诚教育、理想信念教育，把对"两个确立"决定性意义的深刻领悟，转化为坚决做到"两个维护"的高度自觉和实际行动，推动"窗口党建"在园林保护和传承发展中绽放异彩。

（二）以组织引领为"核"，不断筑牢战斗堡垒

党的二十大报告指出，增强党组织政治功能和组织功能，坚持大抓基层的鲜明导向，把基层党组织建设成为有效实现党的领导的坚强战斗

堡垒。近年来，苏州市园林和绿化管理局党组突出大抓基层的鲜明导向，以提升组织力为重点，选优配强基层党组织领导班子，充分发挥"窗口"党组织书记的带头作用，引导基层党员干部干在先、走在前，团结带领全体党员干部听党话、感党恩、跟党走。实践证明，强有力的基层组织，是推进园林"窗口党建"的坚强保障。所谓群众满不满意，关键看支部；支部强不强，还看"领头羊"。要建立健全"党委抓支部、支部管党员、党员带群众"工作机制，抓好支部、配强队伍，发挥先进支部"头雁"效应，推动党员干部在实践中磨炼工作本领、提高政治素养，真正把党的政治优势、组织优势、密切联系群众的优势，不断转化为推进园林党建工作的组织优势，形成凝心聚力、团结奋斗的良好局面。

（三）以为民服务为"本"，持续增进民生福祉

习近平总书记强调，让人民生活幸福是"国之大者"。苏州市园林和绿化管理局党组从市民群众日益增长的美好生活需要出发，将"园林之城""公园城市""国际湿地城市"建设作为园林党建的大舞台，成立党建联盟、组建行动支部、设立"党员示范岗"，推出颇具江南文化特色的园艺花艺、节庆民俗、遗产保护等园林专项活动，不断丰富游园体验服务；谋划提出"生态筑城、绿道连城、公园融城、乐享园林、苏式生活"五大行动，不断优化绿色开放空间优质均等布局，让市民群众"转角遇见美"。实践证明，坚持人民至上，始终植根于民，不断解决好事关人民群众美好生活的实际问题，是提升园林"窗口党建"最根本的路径。要更加自觉站稳人民立场，强化宗旨意识，尊重人民意愿，采取更多惠民生、暖民心举措，积极推动园林文化艺术融入百姓生活，着力增绿、添彩、提质、增效，把"处处皆景、城在园中"美好愿景变成现实。

（四）以真抓实干为"要"，一张蓝图绘到底

"窗口党建"工作贵在长期坚持，只有真抓才能攻坚克难，实干才能梦想成真，与时俱进才能永葆生机。多年来，苏州市园林和绿化管理局党组始终锚定"打造世界一流窗口形象"的奋斗目标，制定实施《打造园林世界一流窗口形象整治提升方案》，健全完善窗口形象管理的常态化机制，不断提升游览接待服务规范化、特色化、品质化水平，赢得了市民群众的广泛赞誉。实践证明，园林"窗口党建"是一个持续推进、不断深化的过程，需要全体党员干部职工接续奋斗不停歇，锲而不舍抓落实。要持续改进工作作风，把更多心思和工夫花在狠抓落实上，把宗旨意识、人民立场、群众路线贯彻到推动"窗口党建"的具体工作中，保持历史耐心，一件事情接着一件事情办，一年接着一年干，以良好的作风进一步赢得党心民心，凝聚起服务群众、为民造福的磅礴力量。

 **案例点评**

> 如何走好园林党建的实践之路？苏州市园林和绿化管理局党组始终坚持以人民为中心的发展思想，认真贯彻落实市委、市政府"让苏州园林成为城市的闪亮标识"的要求，立足园林功能定位和资源禀赋，强阵地、树形象、优服务，聚焦支部所能、业务所需、群众所盼，精心打造"党建＋窗口服务"，逐步创新了一条以"党建红"引领"园林绿"、以"园林绿"彰显"窗口美"的园林党建实践之路。

党建赋能 汇聚合力
构筑高质量农产品保供体系

苏州市农业农村局党组

【引言】习近平总书记指出:"全面建设社会主义现代化国家,实现中华民族伟大复兴,最艰巨最繁重的任务依然在农村,最广泛最深厚的基础依然在农村。"确保农产品稳定供应是维护国家安全的基础,能满足人们日益增长的对健康、多样化饮食的需求,也能带动农村产业发展、增加农民收入、促进乡村振兴。2023年,苏州市农业农村局把"构筑高质量农产品保供体系"作为2023年基层党建书记项目,旨在确保农产品稳产保供、推动农业高质量发展、发挥党建引领作用以及保障民生福祉。

【摘要】苏州市农业农村局党组以党建为引领,积极赋能。通过强化党组织的核心作用,整合各方资源,凝聚党员力量。加强与农户、企业的合作,推动农业科技创新,优化农产品生产布局。严格质量监管,保障农产品安全。党建赋能汇聚强大合力,成功构筑高质量农产品保供体系,为市民提供丰富、优质、放心的农产品。

【关键词】党建赋能;汇聚强力;高质量农产品保供

扫码看VR

2023年来，苏州市农业农村局党组以"菜篮子"市长负责制评价工作为抓手，持续推动党建业务深度融合，以高质量党建引领高质量发展，基层党组织战斗堡垒作用和党员先锋模范作用进一步凸显，全市重要农产品多渠道保供机制更为完善，地产农业生产秩序更加稳定，农产品产销储运体系建设更为完备，农产品稳价保供更为优化，重要农产品应急调控更加有效，全市"人民满意、品质优良、安全稳定"的高质量农产品保供体系在多部门联建联动中稳步推进，卓有成效。

一、案例背景

习近平总书记强调，保障粮食和重要农产品稳定安全供给始终是建设农业强国的头等大事。苏州是拥有 1 600 多万服务人口的城市，维持城市安全有序运转，粮食和重要农产品的有效供给至关重要。苏州市农业农村局党组感到苏州农产品保供体系距离高水平供给还有差距，比如，全市地产农产品综合产能有待提高，农产品供应还不够多元，农产品全产业链布局仍有短板，农产品产运销储全环节存在堵点难点。为能够尽快解决优化这一民生问题，经局党组书记审定，市农业农村局把"构筑高质量农产品保供体系"作为2023年基层党建书记项目，旨在借助书记项目这一平台，发挥党建引领作用，开展党建共建活动，激发基层组织活力，依托"党建＋"赋能模式，争取市级多部门协作支持，调动本部门内部协同能力。经过一段时间努力，苏州市农业产业体系建设更加坚韧稳定，高质量多元化的农产品保供体系更加健全。

二、主要做法

以党建赋能强化政治担当,一体推进各参与主体扛起稳产保供主体责任,落实落细各项工作举措。

(一)聚能借力再推动

局党组书记充分履行抓基层党建工作第一责任人职责,对书记项目牵头研究、深入调研、专门部署,通过召开相关部门协调会议,积极开展党建共建活动,汇聚党建力量,取得各方支持。以吴庆文市长召开全市"菜篮子"工程建设专题会议和督办关于"菜篮子"保供体系建设的人大建议为契机,实现高位推动。全力配合查颖冬副市长,召开专题会议研究"菜篮子"市长负责制评价工作并多次赴各地开展调研。

(二)工作机制再完善

通过开展多部门党建共建,建立健全稳产保供常态化"1+5+N"工作机制,即"菜篮子"办公室统筹协调抓总,农业农村、商务、发改、市场监管、农发集团协同牵头抓好措施落实,其他部门全力配合的工作机制。市级财政安排超6 000万元专项资金用于蔬菜基地改造提升、美丽生态牧场建设、农产品品牌打造和质量安全监管、农业保险支持等方面,为书记项目提供有力的惠农资金保障。

(三)创新举措再拓展

通过"党建+"工作法,建立跨部门会商协调机制,常态化调度推进工作，紧扣产能、价格调控目标，聚力服务保供稳价体系，定期召开形势会商会，分析研判稳产保供面临的新形势新要求，开展月度"菜篮子"产品供需平衡风险评估，持续做好重要节点、阶段产品稳价保供工作。

（四）党员动能再激发

激发行动支部活力，在压实粮食安全责任、强化支农政策落实和健全种粮农民效益保障机制等方面，号召局系统党员干部在农产品稳产保供中主动担当、带头作为。聚焦农产品稳产保供各环节，编制产业规划，出台绿色蔬菜保供基地建设、农贸市场改造、质量安全监管和价格调控等政策措施。

（五）考核体系再健全

全面压实"菜篮子"市长负责制考评，全域推进对下评价工作。建立书记项目动态督查考核机制，针对重要环节、重点企业、关键品种，强化监测预警，落实价格调控目标责任制。积极推动产销对接，培育农产品交易会、"绿色风"等一批品牌展会，组织开展"农超对接""农社对接""农企对接"等产销对接活动。建立重点保供企业名单，指导调度重点企业加大货源组织力度，保障市场供应。

三、工作成效

（一）载体建设更加高质

建成高标准蔬菜生产示范基地 58 个、高标准水产养殖示范基地 18

个、美丽生态牧场45个,基本实现高标准建设动态全覆盖。推动国资国企参与域内外保供基地建设,与盐城市签署农业领域合作框架协议,推动域外基地农产品直销直供,发挥农发集团参与农产品保供作用。

(二)流通体系更加稳健

优化农产品交易市场布局,形成"1+2+N"的"一核两副多极"的"三足鼎立、上下协同、横向联动、稳定安全"的农产品批发市场布局。建设智慧微菜场,约服务440余万人。加大产地冷鲜储藏设施建设,累计建成仓库、通风库、冷库等509个,占地6.3万平方米,总容积2万立方米,蔬菜、肉类、水产品等重要农产品最大贮藏规模达19.9万吨。

(三)培训指导更加有力

发挥部门内部协同作用,强化政策和科技赋能。开展"百人指导千人培训"农技提升行动,加强蔬菜生产机械化示范,建成省级蔬菜生产全程机械化示范园区(基地)52家。协同推进新型职业农民培育工程与科技兴农工程,建立市级以上高素质农民教育培训中心7家、实训基地31家,每年培训高素质农民1万人次以上。

(四)质量监管更加严格

实现线上线下相结合的农产品质量安全、绿色防控、病虫害防治、农药生产安全的宣传。严格落实食品安全"两个责任",深化建设"苏源e码通"平台,建成2个批发市场食品安全工作站,打造30家农贸市场标准快检室。严格执行鲜活农产品品种目录,"绿色通道"查验效率持续优化提升。夯实镇村网格化监管责任，涉农乡镇常规农药速测实现全覆盖，全市食用农产品质量实现承诺达标合格证常态化出具。

（五）食物供给更加多元

完善部门间长效联动协作机制，衔接全市商业网点布局规划，落实优化农贸市场空间布局。引导各地有序审批设施农业用地，保障作物种植、畜禽养殖等设施农用地需求。注重智能温室、植物工厂、农产品深加工等领域补短板，推进农业关键核心技术"揭榜挂帅"，累计实施260项农业科技创新重点项目。着力构建多元化大食物观，扩大供给总量，丰富品种类别。

四、经验启示

（一）突出顶层设计，实现聚能借力

以吴庆文市长召开全市"菜篮子"工程建设专题会议、专题督办关于"菜篮子"保供体系建设的人大建议为契机，全力配合查颖冬副市长召开专题会议研究"菜篮子"市长负责制评价工作并多次赴各地开展调研，通过顶层借力，不断推进保供体系建设，局党组2023年主办的"关于加强我市'菜篮子'保供体系建设的有关建议"被评为市人大年度代表议案建议实施办理优秀承办件。

（二）完善合作机制，汇聚多方合力

以市"菜篮子"工程建设领导小组12个成员单位为基础，构建由

市"菜篮子"工程建设领导小组办公室牵头,农业农村、商务、发改、市场监管、农发集团协同,其他单位配合抓好措施落实的"1+5+N"工作机制,进一步汇聚多方合力,实现信息互通、意见共商、资源共享,推动各项稳产保供举措落实落细。

(三)依托行动支部,激发党员活力

持续打造"聚力三农发展 服务乡村振兴"行动支部矩阵,不断优化15个行动支部服务方向,在涉及稳产保供的压实粮食安全责任、强化支农政策落实和健全种粮农民效益保障机制等方面,号召局系统党员干部在农产品稳产保供中主动担当、带头作为。以"行动支部"为载体,结合稳产保供重点工作,不断完善基层党组织服务发展的机制,形成7条"党建惠企"服务举措,在服务高质量农产品保供体系建设中充分凸显党员先锋模范作用。

 **案例点评**

> 如何构筑高质量农产品保供体系?苏州市农业农村局党组以吴庆文市长召开全市"菜篮子"工程建设专题会议、专题督办关于"菜篮子"保供体系建设的人大建议为契机,通过"党建+"工作法,构建了"1+5+N"工作机制,打造了"聚力三农发展 服务乡村振兴"行动支部矩阵,出台了绿色蔬菜保供基地建设、农贸市场改造、质量安全监管和价格调控等政策措施,建立了书记项目动态督查考核机制。

苏宣"小课堂" 青年"大舞台"

苏州市委宣传部

【引言】 2024年3月1日，习近平总书记指出："年轻干部是党和国家事业发展的生力军，是中国特色社会主义事业的接班人。"近年来，苏州市委宣传部坚持以习近平新时代中国特色社会主义思想为指导，以"苏宣先锋"党建品牌为依托，创新开设苏宣"小课堂"，让青年干部深刻理解党的宗旨和使命，确保青年干部具备高度的政治敏锐性和政治鉴别力，激发青年干部的责任感和使命感，强化纪律意识，有效提升青年干部的综合素质和业务能力，对于党和国家的长远发展具有不可替代的重要作用。

【摘要】 近年来，苏州市委宣传部创新推出苏宣"小课堂"，为青年搭建"大舞台"，鼓励青年积极参与。"小课堂"内容丰富多样，涵盖理论学习、业务交流等。以灵活形式、实用内容，提升青年的综合素质与能力。激发青年创新思维，促进工作交流与合作，为宣传工作注入新活力，展现出青年在宣传领域的担当与作为。

【关键词】 志愿服务；能力提升；党建引领

扫码看VR

一、主要做法

苏宣"小课堂"通过开设学习体验、基层调研、演讲演说、体育运动、志愿服务、党史学习教育等"六堂课",积极为年轻同志搭建学习交流的讲台、提升能力的平台和展示才华的舞台。

(一)在学习体验课中筑牢理想信念,提升艺术修养

把"学思想"作为首要任务,根据青年干部的特点和个性化需求,组织观看《永不消逝的电波》《信仰》等一批主旋律影片、文艺演出,让年轻同志在体验革命先辈的奋斗历程中感悟初心使命,在多种形式的学习体验中提高理论素养、坚定理想信念。同时,结合宣传思想文化工作的特色,探索开展文化体验课,发动青年干部参与相关主题文艺精品的创作及排练过程中,一方面,可以通过实地观摩和学习,不断提升青年干部的艺术修养;另一方面,也可以第一时间将青年人的一些好的想法和建议反馈给创作团队,把握好文艺创作的正确方向,提升文艺作品的质量。

(二)在基层调研课中贴近人民群众,树牢为民情怀

2023年是大调研开展之年,苏州市委宣传部积极动员青年干部参与到调研项目中,紧密结合加强意识形态领域管理、理论学习宣传研究,围绕古城、古镇、古村、古街保护,大运河、长江国家文化公园建设,传承弘扬江南文化,书香社会建设,文明城市常态长效建设等市委、市政府中心工作,推动以青年之力践行习近平总书记对苏州的嘱托期望,为苏州探索建设中华民族现代文明做出青年贡献。结合"千家万

户、千村万企"大走访，以支部为单位，领导干部带队、青年为骨干深入走访60余个基层村（社区）和企业，在听取基层意见、推动解决急难愁盼问题中树牢群众观念。通过基层调研课，让青年干部在研究熟悉处室业务的基础上进行实践和思考，从青年视角提出对策思路，培养青年干部学思践悟的能力。

（三）在演讲演说课中展示青春风采，锤炼全面本领

以提升演讲演说能力为重点，成立部机关青年全覆盖的"青宣训练营"，开展特色品牌活动"青年说"，目前已经成为"苏宣先锋"党建品牌的重要内容。每年在"五四"或"七一"等重要时间节点，结合不同的主题开展演讲比赛。2023年，部机关青年代表通过自编自导自制VCR+现场演讲的形式，紧扣"我眼中的宣传思想文化工作"，结合个人经历、业务工作和学习感悟，以饱满的热情、扎实的功底、真挚的情感、生动的语言，讲述青春奋斗故事，阐释对宣传思想文化工作的独到见解，抒发对党和国家的热爱之情，青年们踊跃参与、表现亮眼，取得了很好的效果。

（四）在体育运动课中增进同事友谊，凝聚奋进力量

紧紧依靠和发挥工会和青工委等群团组织的作用，在"苏宣先锋"龙舟队的基础上，又组织成立了羽毛球队。部机关龙舟队自成立以来，青年干部积极参与，形成了较稳定的队伍，大家利用下班时间组织训练，常常是汗流浃背，但是过程中充满欢声笑语。龙舟队每年参加全市机关单位的比赛，并取得过第三名、第四名等不错的成绩。机关工会还定期开展户外拓展，组织定向赛或登山等活动，通过积极向上的体育运

动，不仅锻炼了青年干部的身体，而且让更多的青年干部在活动中增进了解，增强了同事间的友谊，培养了团队精神。

（五）在志愿服务课中强化服务意识，弘扬奉献精神

志愿服务一直是宣传部机关的特色工作，每位青年党员都主动参与各类志愿服务，年平均服务时长达到36小时以上。通过志愿服务，让青年在服务群众、联系群众的过程中，更好地践行助人为乐的美德。2023年，部机关组织了应急救护志愿服务技能培训，提升志愿服务的专业本领。另外，在积极做好社会志愿服务的基础上，注意机关内部工作的协同配合。例如江南文化艺术节、江苏书展、文明城市创建等大型活动或会议过程中，积极动员部机关年轻同志参与进来，让青年干部更多地了解熟悉全面业务工作，提升个人综合能力的同时也为推动全局工作贡献力量。

（六）在党史教育课中感悟初心使命，涵养一身正气

多年来常态化开展党史学习教育工作，在党员干部学习培训、党性教育、三会一课、主题党日、"青宣训练营　新年第一课"等活动中融入党史学习教育、党风廉政等课程，所有部领导分别以不同的专题为党员们讲授党史宣传史、党风廉政和作风建设等党课，切实推动全体党员干部学好党史、用好党史，从党的历史中汲取智慧和力量，弘扬伟大建党精神，传承红色基因，赓续红色血脉，牢记初心使命。

二、经验启示

（一）机关党建工作要紧密联系青年干部的特点和需求，设置年轻

人喜闻乐见的课程或内容，才能更好吸引青年同志的参与热情，更好增强组织的凝聚力和干部队伍的战斗力。

（二）机关党建要与业务工作深入融合，要切实从文化、文艺、电影、志愿服务等独具宣传工作特点的工作内容出发，设置相应的融合课程，将业务与党建协调推进，同频共振。

（三）机关党建要强化问题导向，帮助青年扑下身子、沉到一线，领题民生保障、企业需要等"关键小事"，开展调研攻关，在基层一线研究新情况、解决新问题，激活服务发展的"强引擎"。

（四）机关党建工作要强化底线思维，弘扬清风正气。青年干部的培养，扣好人生第一粒扣子极其重要，所以在党建工作中要将党史学习教育和党风廉政教育融入其中，引导青年党员学党史、悟初心、守廉洁、促发展。

 案例点评

> 如何锤炼青年干部的能力素养？苏州市委宣传部结合青年干部的特点和需求，强化直面现实、强化问题导向、强化底线思维，以"苏宣先锋"党建品牌为依托，创新开设苏宣"小课堂"，通过开设学习体验、基层调研、演讲演说、体育运动、志愿服务、党史学习教育等"六堂课"，积极为年轻同志搭建学习交流的讲台、提升能力的平台和展示才华的舞台。

运用党建"四融"工作法 挖掘"合""新"效能
打造"融智护企"检察服务品牌

苏州市人民检察院党组

【引言】 习近平总书记强调:"法治是最好的营商环境。"苏州市人民检察院党组坚持以习近平新时代中国特色社会主义思想为指导,坚持常态化推进党建与业务深度融合,着眼企业深度需求,运用党建"四融"工作法,"合"力挖掘"融智护企"工作"新"效能,扎实办好人民群众可感受、得实惠的民生实事,努力为各类市场主体提供全方位、全周期的司法保护和治理路径,倾心尽力护航苏州经济社会高质量发展。截至2023年,在全国工商联"万家民营企业评营商环境调查"中,苏州连续五年成为"营商环境最佳口碑城市",连续四年成为全省民营企业心目中的"最优营商环境设区市"。

【摘要】 苏州市人民检察院党组运用"四融"工作法,挖掘"合""新"效能。通过融智,将政治与业务深度融合,提升党员政治素养和业务能力;融力,把党建与检察业务相结合,打造特色支部品牌;融心,践行司法为民,开展走访调研和帮扶共建;融创,推动解放思想与变革创新,助力检察工作发展。该工作法打造了"融智护企"检察服务品牌,为企业发展提供了有力的司法保障。

【关键词】 党建"四融";"融智护企";高质量发展

扫码看VR

一、案例背景

习近平总书记深刻指出："以良法促发展、保障善治""运用法治思维和法治方式解决经济社会发展面临的深层次问题"。营商环境是市场主体生存发展的市场经济生态系统，法治能够依法平等保护各类市场主体产权和合法权益，营造公平竞争和诚实守信的市场生态，确保投资者的投资信心和预期，为市场主体在市场经济活动中提供优质的体制机制保障。

苏州是全国民营经济最发达地区之一，民营经济贡献了50%以上的经济总量，60%以上的税收，80%以上的城镇劳动就业，85%以上的技术创新成果，90%以上的企业数量。苏州历来重视营商环境建设，截至2023年，在全国工商联"万家民营企业评营商环境调查"中，苏州蝉联"营商环境最佳口碑城市"，连续四年成为全省民营企业心目中的"最优营商环境设区市"。越是经济发达的地方，就越需要发挥法治促进经济发展的重大作用。

检察机关在参与法治化营商环境建设中，应以"产权保护"为切口，打造公平公正的法治环境；以"契约精神"为内核，打造诚实守信的人文环境；以"法治政府"为关键，打造高效便捷的政务环境；以"社会治理"为重心，打造宜居宜业的生态环境。为最大限度地统筹发挥好检察机关上述职能履行，增强检察服务保障企业健康发展的针对性和实效性，近年来，苏州市人民检察院党组坚持党建引领与服务保障并举，积极探索党建"合""新"工作法，打造"融智护企"检察服务品牌，在全国率先试点涉案企业合规改革，引导企业规范经营，降低企业刑事犯罪风险，为民营经济健康发展保驾护航，获时任最高检主要领导来苏调研并高度肯定。积极落实市委书记批示事项，联合市工商联、司法局积极探索企检服务中心建设，迅速在各版块推广并实体化运行。紧扣检察职能履行，办理的20余件案件入选省级以上典型案事例，其中3起案件入选全国检察机关民营企业司法保护典型案例，连续三次有案例入选系全国唯一。2023年市人民检察院获评苏州民营经济工作贡献突出单位。

二、主要做法

紧扣中国式司法现代化"传统与现代的结合"的要求，坚持"经济发展到哪里，检察服务保障就跟进到哪里"，倡导"四融"党建工作法，主动融入地方经济发展大局，积极探索检察党建与业务深度融合的"检察样板"。

（一）融通思想，树立检察护航企业敢干新理念

从讲政治的高度思考和推进工作，始终把学深悟透习近平新时代中国特色社会主义思想作为头等大事，深入开展党组中心组学习研讨，深入研究经济社会发展规律，系统思考中国特色涉案企业合规司法制度与企业合规制度、现代企业制度的内在关系，以"党组书记项目"为任务牵引，突出重点、明确方向，将思想引领转化为服务经济发展大局的检察自觉。落实法治责任担当，将深入开展涉案企业合规改革试点工作作为学习贯彻党的二十大精神、全面贯彻习近平法治思想、习近平经济思想的重要举措，召开党组会专题研究推进涉案企业合规改革工作，把准

经济检察重点工作方向。坚持"一盘棋"的思想，在把握总目标、总方向、总要求的前提下，对各项目标和任务细化，建立学习研讨、议事决策、分工负责等工作机制，成立"检察护航企业敢干"行动支部，划分三个重点方向，配强护企工作力量，制定明确的年、月、周时间表和作战图，在全面推进重点任务落实上"下好棋"。始终坚持把"以人民为中心"的理念融入检察履职，将先锋作用朝服务一线延伸，开展"打击整治养老诈骗"专项行动，以"检察蓝"守护"夕阳红"，联合开展打击治理电信网络诈骗犯罪"百日行动"，在案件办理、防范宣传等方面着重发力，以检察履职助力群众财产安全防护网"再完善"，全力守护百姓"钱袋子"。

（二）融合力量，探索协同护企多元合作新路径

坚持"共建、共融、共享、共治"的党建联盟理念，打破条块分割，积极探索护企工作多方面深度合作。发挥职能相近、业务相通的优势，强化公检法在涉企案件办理、合规推进、信息共享等方面的行政协作配合，出台的《关于涉案企业合规检法衔接的会议纪要》中5项创新举措被江苏省高级人民法院和人民检察院发布的《关于加强涉案企业合规工作协同协作的座谈会纪要》吸收。凝聚多部门护航经济发展智慧，联合市工商联编发《企业合规服务手册》《企业注册商标刑事合规标准指引》，为企业在公司治理、市场交易、安全环保等领域的合规建设提供指引；联合市应急管理局出台《关于进一步完善检察机关与应急管理部门协作配合机制的意见》，完善涉案企业合规与行政合规协同推进机制；联合苏州大学知识产权研究院、国家知识产权局专利局专利审查协作江苏中心签署《合作框架协议》，加大在知识产权鉴定、典型案例、

大数据核查等方面的协作；举办"知识产权检察保护"跨国交流会，与欧盟知识产权检察官代表团就知识产权犯罪案件中电子证据审查运用、商业秘密侵权认定、软件著作权侵权认定等问题开展互动交流，推动知识产权保护合力"再升级"，助力企业在完备的司法制度保护下健康发展。2023年底，联合市工商联、司法局积极探索全市企检服务中心建设，市委高度重视并将其作为年度重点工作之一。目前，市人民检察院企检服务中心已正式运营，十个版块也在同步推广中。

（三）融聚人心，构筑立体完善司法保护新格局

强化党组织的组织功能，配齐配强队伍力量，构建更完善、立体的司法保护格局服务经济发展新格局要求。发挥市人民检察院"一线指挥部"作用，构筑"一个平台＋一个办公室＋两个团队＋三个专项小组"护企工作格局，进一步织密司法保护网。搭建涉案企业合规专项工作平台，建立民营企业法律服务"绿色通道"；成立知识产权检察办公室和上下一体专业化办案团队，实行涉企案件"专办＋专研"，办理的1起侵犯商业秘密案入选全国检察机关知识产权保护十大典型案例和全国民营经济法治建设峰会保护民营企业产权、企业家权益典型案例；成立护航民企、知识产权、金融管理秩序工作小组，定期进行涉知产案件会商研究和检察保护宣传工作，全方位服务构建法治化营商环境。持续激发人才动能，坚持以用为要，在赋予重大案件、重要活动、重要任务中激励党员干警敢闯敢为，促进党员在一线中锻炼、人才在一线中成长。

（四）融汇创新，提升法治优化营商环境新质效

紧密联系中国特色社会主义进入新时代的新实际，将改革作为引领

检察工作创新发展的第一动力,持续运用于为民司法、"我为群众办实事"的具体实践中,以针对性更强、覆盖面更大、作用更直接、效果更明显的举措,办好惠企实事。创新开展"护航企业敢干"开放日、我为企业办实事新闻发布会、"检企亲清"大走访、"问需于企·法护企航"主题调研等活动100场,通过"走出去""请进来"联络企业236家,收集287条意见建议,精准地摸清涉企案件病灶,"心贴心"推出125项助企实事,真正把企业急难愁盼的事,当作检察机关自己的事。牵头开办三期苏州市涉案企业合规第三方机制专业人员素能培训班,为第三方监督评估机制实质化运行提供人才储备,着力解决三方监管工作过程中遇到的困惑,满足合规多元化的需求。联合行政主管部门共同走访涉案企业64家,建立涉案企业合规改革工作"回头看"机制,组织涉案企业合规专家评议组下沉50家企业进行走访调研、巡回检查,提炼改革问题和经验,以高度的思想共识助力涉案企业合规制度不断完善。运用大数据法律监督手段梳理知识产权维权案件,挖掘知识产权恶意诉讼线索,打造知识产权恶意诉讼大数据监督模型,发现的"黑代理"联合当事人利用非正常申请专利骗取高新技术企业认定,进而诈骗政府补贴的刑事犯罪线索,已经移交公安机关侦查,有效提升对企业关心的知识产权保护问题的能动履职能力。

三、工作成效

紧紧围绕"讲政治、顾大局、谋发展、重自强"的要求,立足经济检察中心任务,充分运用法治力量服务中国式现代化苏州新实践,以"合"的智慧激发出检察履职服务保障经济发展的"新"活力,在党建引领业务创优发展上彰显成效。

（一）坚持以"思想融合"带强队伍，司法现代化理念进一步更新

深入贯彻落实党的二十大精神，紧跟经济发展要求，为大局服务、为法治担当，综合运用"强化平等保护"的司法理念，双向监督保经济发展、保民生就业。2023年，共办理涉案企业合规案件48件，指导各基层检察院紧跟板块部署，探索数字经济、小微企业等特色化、个性化合规路径，经合规整改的企业申报专利29项，稳定、新增就业岗位7 787个，其中35家企业年均销售额超千万元，19家企业年度纳税超百万元，有力促进劳动就业和经济发展，实现了让企业"活下来""留得住"，更能"经营得好"。

（二）坚持以"资源融合"累积经验，依法护企工作呈现新深度新广度

充分发挥党组织桥梁作用，有效链接起党建要素和业务资源，不断延伸依法护企、共促经济发展的多部门合作触角。2023年，开展沪苏同城培训、公检法同堂培训、涉案企业合规第三方机制专业人员培训等联合授课培训6次，参训人员共计1 200余人，有力增强了社会法治指导力量，更好地帮助企业识别、防范法律风险；会签、制定各类依法保护民营经济发展的合作办法、意见等9项，以制度规范为企业家干事创业营造稳定、公平、透明、可预期的法治环境。涌现出多名全国经济犯罪检察人才库人才，王勇获评全国"人民满意的公务员"、朱林林获评"苏州时代新人"，多人获评苏州市政法系统优秀共产党员、青年岗位能

手等，把人才"第一资源"转化为推动检察工作高质量服务民营经济发展的强大动力。

（三）坚持以"发展融合"拓展能力，为检察护企履职实效注入新动能

科学运用党组织"布局""画图"的前瞻性，持续完善构建护企工作格局，引导党员干部在企业合规溯源治理、类案治理、规范行业等问题上大胆探索。2023年，有2件案件入选最高检典型案例，7件案件入选省级典型案例，1家基层检察院获评国家版权局有功单位，1名个人获评"全国知识产权保护工作成绩突出个人"。办理的一起内幕交易案在最高检通报中被点名肯定，系通报中唯一两次被肯定的检察机关。

（四）坚持以"效果融合"提质增效，在实践运用上迸发新活力

充分发挥法治为创新发展赋能添智、保驾护航的重要作用，积极回应企业法治诉求，创新形成了一批的"经济适用"型检察产品。在全国率先出台了《全市检察机关优化营商环境八条措施》《服务保障"企业敢干"工作方案》等，用务实举措助力各类市场主体高质量发展，其中"检八条"获评苏州市改革创新"特别奖"项目三等奖。出台《服务促进民营经济发展壮大工作指引》，用足用好宪法、法律所赋予的各项职能，守护好民营经济发展。苏州市人民检察院获评苏州民营经济工作贡献突出单位。

四、经验启示

（一）必须坚持联系实际推进党建与业务深度融合，才能实现双赢

如果脱离业务抓党建，党建工作如同空中楼阁、缺乏根基；如果脱离党建抓业务，业务工作如同无源之水、无本之木，缺乏活力。实践证明，只有坚持围绕中心、服务大局，紧密结合地方特色和业务特点，建立健全党建与业务融合机制，才能最大限度地发挥党组织堡垒作用，充分调动党员的积极性，实现"办案精品化、服务精准化、队伍精锐化"。

（二）必须坚持把强化党组织的政治功能放在首位，才能永葆生机

检察机关是国家法律监督机关，也是党和国家机关的重要组成部分；检察工作是政治性极强的业务工作，也是业务性极强的政治工作。实践证明，只有不断加强党组织的政治功能，通过凝心铸魂，旗帜鲜明讲政治、公正司法强服务，引领党员干部以高度的政治自觉、法治自觉、检察自觉贡献检察力量，才能"高质效办好每一个案件"，实现政治效果、法律效果、社会效果的有机统一。

（三）必须坚持把强化党组织的组织功能作为关键，才能凝聚合力

党的二十大报告深刻指出，要切实增强党组织的政治功能和组织功能。政治功能把方向，组织功能聚力量。实践证明，只有不断强化党组织的政治属性和服务功能，完善激励机制，把党员组织起来、把人才凝聚起来、把群众动员起来，把党支部建设成为凝心聚力的纽带、攻坚克难的战斗堡垒，让党员群众在一线中增长见识、磨炼才干，才能真正为党员干部"做强专业、做实基础、做出精品"提供坚实的保障。

 **案例点评**

> 检察机关如何参与法治化营商环境建设？苏州市人民检察院紧扣中国式司法现代化"传统与现代的结合"的要求，主动融入地方经济发展大局，坚持党建引领与服务保障并举，积极探索检察党建与业务深度融合的"检察样板"。苏州市人民检察院党组打造"融智护企"检察服务品牌，倡导"四融"党建工作法：融通思想，树立检察护航企业敢干新理念；融合力量，探索协同护企多元合作新路径；融聚人心，构筑立体完善司法保护新格局；融汇创新，提升法治优化营商环境新质效。

第五篇 事业单位党建

红色校史资源赋能"千年府学"培育时代新人

江苏省苏州中学校党委

【引言】 习近平总书记在学校思想政治理论课教师座谈会上指出:"在大中小学循序渐进、螺旋上升地开设思想政治理论课非常必要,是培养一代又一代社会主义建设者和接班人的重要保障","要把统筹推进大中小学思政课一体化建设作为一项重要工程,坚持问题导向和目标导向相结合,坚持守正和创新相统一,推动思政课建设内涵式发展"。红色资源是党在长期革命与建设的伟大实践中积累的宝贵精神财富,也是在各类学校开展红色教育的最佳资源。

【摘要】 近年来,江苏省苏州中学校认真学习贯彻习近平新时代中国特色社会主义思想,坚持社会主义办学方向,切实落实立德树人根本任务,充分挖掘学校红色资源,锤炼新时代"千年府学"的精气神,让红色校史资源赋能"千年府学"培育担当民族复兴大任的时代新人。校党委怀揣着"为党育人、为国育才"的崇高使命,深入挖掘、传承红色校史资源,担当作为、善作善成,迸发青春梦想的力量,持续培养德智体美劳全面发展的社会主义建设者和接班人。

【关键词】 苏州中学;红色资源;思想政治教育

扫码看VR

一、案例背景

江苏省苏州中学是一所拥有 989 年府学传统、120 年新学历史的学校。北宋景祐二年（公元 1035 年），范仲淹在这里置地兴学，建立了苏州历史上最早也是宋代历史上规模最大的官办学校——苏州府学。至清代，"天下第一清官"张伯行在府学中创办紫阳书院，办学一百九十余年培养造就人才无数——有钱大昕、王鸣盛、王昶、赵文虎等经学大师，有彭启丰、石蕴玉等六位状元。康熙、乾隆、同治三位皇帝赐匾褒扬"学道还淳""白鹿遗规""通经致用"。

近代以来，学校作为"五四精神"在苏州的宣传阵地、马克思主义的传播基地，成为早期共产党员成长的摇篮。秦邦宪、匡亚明、汪伯乐等先后从这里走向革命的道路。他们拳拳的报国心激励了一代学子。中华人民共和国成立后，苏州中学培养了包括钱伟长在内的 63 位院士和众多社会精英，为推动国家发展作出了不朽贡献。近一千年的时光，苏州中学的办学历史从未中断，校址未变、左庙右学的格局基本保存，官办教育功能一如既往，成为名副其实的"教育活化石"。

二、主要做法

（一）活化红色校史，增进"小我大我"强责任联结

1. 通过"我来代言"，形成身份向心力

"我来代言"系列活动，是将"小我"与"大我"进行意义联结，

形成家国一体的价值共识。在校党委领导下，原创校史剧《础石传奇》，由党员教师自编自导自演，表现烽火岁月苏中迁移沪校去与留的艰难抉择；全体党员参与编演"府学版"《我和我的祖国》，登上学习强国；为纪念"五四运动"100周年，与苏州广播电视总台联合制作《青春追梦人》节目，百名苏中学子，百首青春之歌，展现青年学生的时代担当；建党百年全校掀起"四史"学习热潮，开展党史学习动员和讲座，整理中国共产党人精神谱系、选编科学家校友的爱国箴言，举办红歌合唱比赛等活动。每一次参与，每一次演绎、编辑、呈现，都是将"我"与遥远时代的"他们"联结，形成"苏中人"家国一体的身份向心力。

2. 通过"我的宝藏"，形成意义驱动感

建党百年的光辉历程，中国的每个家庭，成长在时代里的每个人，都是时代和国家发展的参与者和见证者。家国一体，每个小家都有先辈们奋斗生活留下的红色印记。校党委独具匠心在全校开展搜寻"我家的红色宝藏"活动，各年级同学积极响应，寻访红色文物和背后的故事。此次活动共收集超过800份调查记录单，遴选100余件红宝展品，编排近30部红宝故事舞台剧。"宝藏"展出2个月，吸引外来参观近30批，累计达5 000人次。参展、参演的师生在感受中说得最多的是"没想到"。从一张邮票到一枚毛主席像章，从一张合影到旧屋的前后变迁，从一双军袜到一盏煤油灯，那些历史的信物，让"共产主义的信仰""中国梦的信念""中国人的信心"触手可及，也在无形中给予参与者持续奋斗的意义驱动感。

3. 通过"我在学习",形成奋斗加速度

"走得再远、走到再光辉的未来,也不能忘记走过的过去,不能忘记为什么出发。"校党委全面动员、深入开展党史学习教育和主题教育,举办讲座、开设展览、组织建党百年专题舞蹈发布日、创作原创歌曲《七月》,每年党的生日师生齐聚,用一台台原创的节目演出,感念筚路蓝缕、盛世华章。积极运用苏州"三大法宝",现场寻找张家港精神、昆山之路、园区经验的时代价值;组织党员赴西柏坡、雄安新区学习,领悟"赶考"精神;赴深圳开展"五育融合,面向未来"全面育人技能培训,感受青春之城的朝气,在华为总部向奋斗者致敬。丰富的学习活动营造党员教师持续学习、你追我赶的良好氛围,精神升华、思想洗礼、团体凝聚,更坚定了党员教师"为党育人、为国育才"的情怀和担当。

(二)践行奋斗精神,坚持"两在两同"高品质办学

在学校发展和提质过程中,党员、干部与群众想在一起、干在一起。风雨同舟、同甘共苦是我党的传统,也是学校传承千年的成功密码。学校党委班子强化千年苏中品牌,坚持"两在两同",一以贯之聚焦学校发展,全心全意依靠教职工办学,不断探索改革创新办法,不断强化攻坚克难底气,不断推进高品质示范高中建设,开创了学校发展新局面。

1. "谋百年树人的事",争做创新发展拓荒牛

十年树木,百年树人。校党委利用每周班子会议时间,安排中心组

学习，做到理论学习与工作研讨相结合。领导干部以高度的责任感和前瞻性，充分研究学校传统和实际，开展教育顶层设计。在改革中"躬身入局"，努力"破困局、战危局、开新局"。着力"小—初—中—大"拔尖创新人才贯通培养，探索"五育融合，价值引领"德育思路，国家级课题"学生创业社团"尊重学生兴趣优势，"创业从创社开始""做中学，玩中学"的生活教育理念深入人心；"书院制育人模式"重构学习生活空间，打破学科学段壁垒，打造融通学习的成长模式，导师制、学长制、"大鱼先导，小鱼从游""活泼泼地"教学样态跃然眼前。

2. "做躬身入局的人"，争当为民服务孺子牛

争创高质量的、人民满意的教育没有旁观者，每名教职工都是参与者、践行者。学校开展管理改革，实施"矩阵管理，分工合作，横向沟通，纵向扁平"的管理策略。在校党委领导下，校长室管理职能部门，年级部主战，教研组主建，各职能部门协同保障。管理重心下移，强化年级特色管理，年级部与教学处、学生处等教育合作，形成资源共享、沟通互助、齐抓共管的良好局面。

从考试、招生，到主题教育读书、调查、研究，再到课后延时服务，党员教师率先垂范，高质量完成江苏省高品质示范高中建设分项工作。

2022年春，苏州疫情严峻，全体高三教师无一缺席，所有后勤保障人员无一缺位，许多党员教师主动请缨，共同筑就安全稳定的"桃花源"。因为爱和责任，每一位教职工都发扬无私奉献精神，争做为民服务孺子牛。

（三）塑造千年品牌，实现"人民满意"全方位协同

在"全社会参与教育"的大背景下，为贯彻落实习近平总书记关于促进教育发展成果更多更公平惠及全体人民的重要论述精神，学校在党委领导下，进一步拓展"教育空间"，家—校—社协同参与，在11项不同学科省市课程基地基础上，从2019年起敞开校门，每年举办数十场公益课程及开放日活动，强化学校立德树人、传承文明、服务社会的使命，多渠道宣传学校教育主张，塑造值得信赖的"千年品牌"。

1. "我为苏中写日记"，通过微信宣传创新教育设计

苏中有着近千年的历史。和石碑的刻字、泛黄的校刊、前辈呕心沥血的校史巨著一样，苏中微信公众号"雷打不动"地在工作日每日推送，逾1800篇图文并茂的翔实记录，成为一部生动活泼的校史。

在校党委领导下，新媒体的良好运营，实实在在改变了教育生态。"创新"让常规活动有概念设计、"贴近"让教育行为更贴合心意、"引领"让更多事被理解、"传播"让更多人被看见。学校每一位老师带着感情投入"为千年苏中写日记"实践，精心设计活动、开展活动、呈现活动，也在无形中塑造了"千年苏中"的品牌形象，学校公众号被网友们称为"千岁青年"，沉稳、灵动、创新不停。

2. "我为中国办教育"，通过校园开放扩大品牌效应

打开校门，让全社会见证并参与学校教育，校社结合、校企结合、家校联合，在开放中促进反思，在协同中以更大更广的眼界格局办教育。学校将教育空间拓展到博物馆、园林、城墙及城市的各个角落。与

苏州碑刻博物馆共建"江南廉韵，府学德彰"课程基地，与双塔街道展开深度合作，共同构建江南文化学习社群。范仲淹纪念馆所在的天平山、苏州改革开放的缩影金鸡湖、苏州最古老的园林沧浪亭、中国唯一的水陆并列城门盘门、世界级体育场苏州奥体中心、费孝通《乡土中国》社会研究发祥地吴江震泽，这些苏州城市印记、文化地标、荣誉载体，都成为苏州中学党员、学生学习的"大课堂"。在著名校友——中国工程院陆军院士大力支持下，量子科技长三角产业创新中心成为我校科技实践活动教育基地。配合苏州名人馆举办叶圣陶、潘镜芙、钱毓元等校友的主题展览。深度互访校办企业瑞红公司，从校办厂车间开始，一路深耕光刻胶领域，瑞红人在学校找到了他们"把国家的需要当成自己的需要，为国家创造利益、为国家高精尖领域努力拼搏"的家国情怀之根。

校党委还利用学校各种优质教育资源和成果，组织苏州中学《绣色》舞蹈发布会、《景观·观景》等教师新书发布会、江苏省机器人工程挑战赛观摩活动、"再回母校上节课，校友亲子嘉年华"等校园开放活动，欢迎广大市民走进苏州中学，为苏州市民奉上公益的文化盛宴。

三、工作成效

过去的五年，学校在党委领导下，坚持以习近平新时代中国特色社会主义思想为指导，深入学习贯彻习近平总书记关于教育的重要论述精神，聚焦立德树人根本任务，立足高原向着高峰，不断追求更高站位，汇集多方资源，在坚守"文化自信"中加强内涵建设，多元举措融合提升学校办学品位，不断追求稳健姿态和磅礴大气，构筑人才培养高地。

高考成绩实现高位提升，清北录取人数逐步增加，C9 院校和 985 高校录取数、高分段学生占比在全省领先，大群体组团进高校现象受到高度关注。奥赛成绩连续攀升，已经走在全省前列。学生强化基础学科学习，报效祖国、科技强国的信念显著增强。

（一）校史文化深入人心形成"红色动力"

历史是最好的教科书，也是最好的老师。深厚的校史文化蕴藏着丰富的育人资源。赓续范仲淹"忧乐"思想、周敦颐"爱莲"品格、顾炎武"匹夫"精神，校党委在校史和国史、党史结合中，积极发挥校史名人影响力，大力宣传新民主主义革命时期学校涌现的汪伯乐、秦邦宪、胡绳等一大批革命俊杰，推出红史展览到集团学校，编撰《赓续红色血脉》红史读本，以全媒体方式宣传辐射，被市委党史工办确定为"红色文化打卡点"。作为党史学习的创新案例，分别向市委、省委、党史学习教育中央指导组作了汇报，活动视频被中国教育新闻网采用。府学版《我和我的祖国》登上学习强国，《青春追梦人》节目获得了江苏省对象性社教节目一等奖，《我家的红色宝藏》纪录片被中国教育新闻网转发，庆祝建党百年青春华尔兹《红与黑》视频点击量达 150 万。

近年来，学校先后获评"江苏省先进基层党组织""江苏省一校一品党建文化品牌项目""江苏省文明校园""江苏省平安校园""江苏省教育科研先进集体""首批江苏省中小学心理健康教育特色学校""江苏省模范职工学校""江苏省优秀基层团组织""江苏省艺术教育特色学校""江苏省书香校园示范校""江苏省师德师风建设宣传基地校"等荣誉，为校史文化建设带来了持续的红色动力。

（二）奋斗精神见于行动形成"爱的合力"

师生对美好教育成果的向往，就是苏中不懈的奋斗目标。校园里的点点滴滴成为温暖苏城的热力。疫情防控期间，跟踪记录老师无微不至地关心爱护学生的过程，拍摄报道后勤职工打地铺、睡帐篷的情景等等。校党委还主动创造教育契机，线上线下直播，开展学生"全校大班会"，一字一句的价值引领，让"奋斗者被看见"造就了苏中上下"有温度、有深度"的文化形象和"爱的合力"，帮助学校平稳安全高质量完成学校教育和办学进程。

（三）宣传特色引领发展形成"教育影响力"

加强宣传工作既是提升苏中美誉度、知名度的内在要求，也是增强师生对学校的情感认同、理念认同的重要渠道。截至2024年1月，苏州中学微信公众号已经连续70个月蝉联苏州教育系统"微信风云榜"中学榜单第一名。从2016年开始，几乎从零打造，苏州中学微信公众号宣传团队用8年时间，近三千个日夜，周一到周五雷打不动推送高质量原创文章，粉丝从4 000到16万，累计写下逾320万字，拥有超1 280万阅读量（一个微信用户单篇只产生一次阅读数据），业已成为全国中学校最具影响力的公众号之一。

四、经验启示

（一）突出价值导向，扁平化高效管理

江苏省苏州中学校党委针对学校传统管理模式难以适应新时代快节

奏、高效能、出实效的状况，勇于探索、敢于创新、与时俱进，积极改变原有管理模式，成立年级部，"党委管总，校长室分管职能部门、年级部主战、教研组主建"，实施"扁平化矩阵式"的管理模式。

为了发挥基层党组织战斗堡垒作用和党员先锋模范作用，校党委将"支部建在连队上"。党员教师、党员干部按照任课编入年级党支部，在实施扁平化高效管理的年级中，支部成为重要的堡垒，切实发挥了党员的先锋作用。党员教师"亮身份、亮承诺、亮业绩"，在年级德育工作、教学研究、志愿服务、扶贫帮困、家庭教育指导等方面，成为年级部的先锋旗帜。

"扁平化矩阵式"管理策略，压缩了学校组织结构层级，简化了程序，快速响应了师生和教育教学的需求；管理重心下移，扁平而高效，大力保障了高质量教育的实施。

（二）重视体验生成，情境化自主成长

江苏省苏州中学校党委从校史文化入手，瞻礼先贤遗风，开展"行走"主题系列活动，精心设计活动形式，引领广大师生在感受现代化发展成果中强化"永远跟党走"的信念，在领略乡村发展需要中强化乡村振兴的责任，在欣赏文化积淀中强化爱国爱党的意识。在活动过程中，校党委始终注意文化营造，重视每位教师、每位学生的沉浸体验，思想和情感在情景化引领中水到渠成。

（三）主张学术立校，项目化终身学习

江苏省苏州中学校党委以尊重学术为传统，赓续先生之风，熔铸师德师魂，以"四有好教师"建设为抓手，努力建设"具备对话世界能力

的学术型学校"。全校推动"学习无限、发展无限"的理念,与学术管理的组织、制度和工具融合在一起,形成由理念到实践的"完整闭环",学术、知识、价值的力量已经体现在学校治理体系中。

成立由苏教名家、特级教师和正高级教师领衔的多学科党员教师名师工作坊5个,由青年拔尖人才、市名师和大市学科带头人等主持的教师发展共同体12个,由9位博士领衔的"博士后工作站"以及由姑苏教育人才组成的"姑苏教育人才中心"。增强教学领导合力,深入课堂教学,带动全体成员开展内涵建设、教育反思,扎实提升专业素养和教育德行。

 **案例点评**

> 2035年是我国基本实现社会主义现代化的时间节点,也是苏州中学千年诞辰之际,一千年的时光,苏州中学办学历史从未中断。苏州中学从学生和教职工两个方面开展红色教育和党建工作,以情景体验、学术立校和扁平化管理凝聚教育资源,提升教育效能,红色精神深入人心,教育影响撒播社会。苏州中学正在步履不停中见证着中国的拼搏腾飞,也见证着一所千年学校的长足跨越。

弘扬教育家精神 共绘党建"同心圆"
培育新时代"四有"好老师

苏州市实验小学校教育集团党委

【引言】习近平指出:"教育兴则国家兴,教育强则国家强。世界强国无一不是教育强国,教育始终是强国兴起的关键因素。"而"教师是立教之本、兴教之源","是打造这支中华民族'梦之队'的筑梦人"。苏州市实验小学校教育集团以教育家精神为引领,以"四有"好老师标准为基准,将培育"四有"好老师和强有力的学校基层党建相结合,共绘党建"同心圆",强化了教师的理想信念和职业道德,激励教师以更高的标准要求自己,带动全体教师敬业奉献、教书育人,从而整体提升教师队伍的思想政治素质和业务能力。

【摘要】苏州市实验小学校教育集团党委大力弘扬教育家精神,发挥党建引领作用。通过开展丰富的教育活动,强化师德师风建设。搭建专业成长平台,提升教师素养。以党员教师为先锋,带动全体教师践行"四有"标准。共绘党建"同心圆",打造了一支高素质的教师队伍,为培育新时代优秀学子奠定坚实基础。

【关键词】基层党建;"四有"好老师;教育现代化

扫码看VR

习近平总书记在 2014 年同北京师范大学师生代表座谈时提出要做"四有"好老师，要有理想信念、道德情操、扎实学识、仁爱之心。在 2023 年教师节到来之际，习近平总书记希望全国广大教师大力弘扬教育家精神，牢记为党育人、为国育才的初心使命。这些重要论述充分体现了新时代党对教师角色的新认识和新要求，为新时代教师队伍建设提供了重要遵循，为教育系统深化改革和创新实践提供了方向指引。以教育家精神为引领，以"四有"好老师标准为基准，已成为推进教师思想政治建设、促进教师队伍成长、提升教育质量和效能的重要抓手。

党的基层组织是党在社会基层组织中的战斗堡垒，是党的全部工作和战斗力的基础。发挥学校基层党组织政治引领作用和优势，不断汇聚"四有"好老师建设的智慧和力量，对共同打造推动教育改革的强劲引擎意义重大。培育"四有"好老师和强有力的学校基层党建相结合，共绘党建"同心圆"，能够在推进教育改革和履行职责方面发挥出倍增效应，引领教师深入融合党的理论并贯穿于教育教学全过程，为教育事业发展注入新的活力，确保新时代党的教育方针在前沿战线得以切实执行和落地。

一、案例背景

教育是"国之大计、党之大计"，办好教育事业关键在党。在上级党委的正确指导下，苏州市实验小学校教育集团（以下简称"集团"）党委认真学习习近平新时代中国特色社会主义思想，深入贯彻习近平总书记关于教育的重要论述的核心要义，自觉将习近平总书记重要论述融入集团教师队伍建设实践，确立了新时代教师成长目标，提炼出了"学高身正、树人达己"行动方针，形成了党建与师训相融合的教师培养体系。

教师队伍建设是推进教育现代化的关键。集团党委积极回应全面深化新时代教师队伍建设改革的号召，全力推进"双带头人"培育计划，落实"园丁先锋"党建文化，构建了一套党员与教育教学骨干并行培养的机制，全面提升教师队伍的政治素养和专业技能，真正做到"学思悟贯通　知信行合一"。在"双培养机制"的指导下，既强化了党员教师先锋模范作用的发挥和教育教学骨干的专业引领，又形成了党建工作与教育教学深度融合的良好局面，为学校教育事业的发展和创新注入了强大动力。

2020年9月，学校有幸成为苏州市首批"四有"好老师市级重点培育团队之一。本着"学高身正、树人达己"的方针，着力打造一支德才兼备的教师团队。其核心是以学校"学者型教师"和"学术型教师"为榜样，培养一批业务精湛、德能双强的教师，形成一支具有强烈团队精神和高度责任感的专业队伍。该队伍秉持凝神、聚力、合作、共赢的团队精神，采用创新的研修方式和协同机制，倡导以问题解决为导向的"学—研—行"融合的校本专业发展模式，有效推动了教与学方式的变革。这种模式不仅促进了教师个体的专业成长，也实现了共同体教师的整体质量提升，为构建核心胜任力突出的优秀教师团队奠定了坚实基础。

二、主要做法

（一）严守师德底线，塑造高尚师德风尚

师德师风是评价教师队伍素质的第一标准，是高质量教育的根本支

柱。集团党委将"学高"定为衡量教师专业素养的至高标准，致力于培育能够持续自我完善并具有高尚师德、优秀师能的教师，并在此基础上打造出一支具有一流教育教学效能的卓越教师团队。

教师的专业成长是一个终身的过程。集团党委推广跨学科合作和综合育人的模式，探索更加全面的育人理念，以适应新时代教育的新要求。举办多样化培训和学术研讨，旨在点燃教师参与学术研究的热忱，激发教师的学术创新力和研究潜能，鼓励教师在知识探索和教育挑战中展现创新精神和勇气。

同时，集团党委将"身正"定为师德素养的核心标准，通过开展师德建设系列活动，建立健全评价机制，维护师德标准的神圣性、至高无上性，确保每位教师都能身体力行，用自身的行为和高尚品质影响学生，成为学生的典范，营造一个积极向上、正能量充沛的学习环境。学校既追求教师在学术上的卓越成就，同时更加关注他们在德行上的示范效应，努力培养一支在专业技能和道德修养上都能引领时代潮流、照亮学生未来道路的教育精英团队。

教师应本着赤诚之心、奉献之心和仁爱之心，严格遵守师德规范，坚守师德底线。师德是深化教育改革、推动教育公平、实现教育现代化的政治保证。集团党委秉持师德的根本性，确保师德成为教师行为的准则和教育实践的核心，引领教师队伍政治素养和专业素养提升，从而为培养学生成为社会主义合格建设者和可靠接班人打下坚实基础。

（二）遴选"四有"好老师，培育专精师资领头羊

学校自觉贯彻教育部文件精神，对标苏州市要求，遴选了一批涵盖多元学科与多样年龄层次的 28 位骨干教师，组成了"四有"好老师团

队。这个团队是学校教育教学的坚强柱石，代表了对教师队伍建设的更高追求。集团党委恪守并发扬"学者型教师"与"学术型教师"建设的优良传统，倡导"深厚学识与高尚品行并重、培育学生与自我提升共进"的崇高目标，积极打造一支既具备深厚学识，又展现高尚师德的专业教师团队，进而推动每位教师在职业生涯的航道上，实现自我超越与价值的彰显。在这一过程中，集团党委不断深化教师专业培养与学术研究，激励他们在教育科研领域不断攀登新高峰，在传授知识的同时更能引领学生树立正确的世界观、价值观和人生观，培育学生适应未来社会所需的关键能力，真正塑造出一批能够引领时代潮流、点亮学生成长之路的师资领军人物。

（三）"学高身正、树人达己"，构建成长共同体

"学高身正、树人达己"是指导构建教师与学生互相促进、共同成长的教育环境的重要理念。集团党委通过高效的师生互动、全面的知识传授、真挚的情感交流以及良好的习惯养成，促进教师和学生一同进步，实现教师生命价值和学生成长成才的和谐统一。

在培养团队精神方面，集团党委强调"集中注意力、汇聚力量、协同合作、共享成功"的价值导向，营造团结互助、协作高效的团队氛围。学校研修计划和成长资源包涵盖了教师师德修养、现代学习科学理论、学生深度学习、信息技术辅助教学改革、课程开发、教学研究能力提升等方面，既包含基础的通识课程，也包含针对深层次教学改革的高级课程。通识课程通过讲座、阅读讨论等多种方式，为教师提供了坚实的专业基础。高级课程则聚焦于以学习者为中心的教学设计，聚焦教师的实践操作能力和创新思维的培养。

学校以跨学科融合为新的突破点，构建业务精湛的发展共同体，使教师团队展现出独特的跨学科、跨领域合作的特质。在此模式下，教师们围绕特定主题进行课堂教学实践，探索新的教学、学习模式，如项目式学习（PBL）等，以期在跨学科融合的过程中更深入分析学生的学习行为，反思自身的教学行为。

学校还推进教师以小组形式分层分类合作，形成学习共同体。比如"n＋n"的组队模式，由三至四名年轻教师与两至三名资深骨干教师组成小组，频繁地进行教学研讨和听课，通过沙龙交流等活动实现教师间的相互成长。此外，基于团队规划，学校实施了为期三年的个人发展规划，引导每位教师在教育、教学和科研等方面设定中长期目标及年度小目标，拓宽教师的研修之路。在团队的支持下，教师能够共同反思、实践，并在团队自主探索过程中整合和创造新知识。

（四）强化党组织的核心领导力，党建与强师优教同频共振

集团党委始终坚持以习近平新时代中国特色社会主义思想为行动指南，深入贯彻落实党的教育方针，坚守教育初心，肩负立德树人使命，将思想政治工作与教育教学、师资建设深度融合，为师生提供了坚强的政治保障和精神动力，确保了党的创新理论深入人心。学校党的建设成为学校工作的灵魂，与学校发展同频共振，不断优化教育教学生态，全面提升了教育质量。

学校扎实推进党的政治建设，发挥政治统领作用，确保学校各项工作都在党的领导下顺利进行。通过构建覆盖全体师生、涵盖教育全过程、覆盖教育全方位的管理体系，确保党统领下的思想政治工作与教育教学实践无缝对接，有效激发党员教师的先进性，引领学校各项事业创

新发展，为实现中华民族的伟大复兴贡献教育力量。

学校通过系列政治思想教育活动，加强师生的理想信念教育，培养担当民族复兴大任的时代新人。在师资队伍建设上，学校以培养具有"教育家精神"的"四有"好老师为目标，全方位优化教师成长生态。通过解读和弘扬"教育家精神"，引导教师树立崇高的职业理念和道德情操，促进其专业发展。学校建立以教师核心胜任力为核心的培训和评价体系，推行校本专业发展模式，通过师德师风教育、业务能力提升等活动，促进教师全面发展，为学生树立正确的价值导向和榜样力量。

三、工作成效

在上级的正确领导和大力关心下，学校党委紧扣新时代"四有"好老师战略目标，按照"学高身正、树人达己"行动方针，把弘扬教育家精神有机融入办学、治校和育人全过程，深耕于教育教学研究，取得丰硕成果。学校屡获全国文明校园、省文明校园、省智慧校园、省科研先进单位等50余项荣誉，被授予教育部"国培计划"培训基地、全国优秀校长培训基地、省骨干教师培训示范基地学校等称号，作为省市前瞻性项目、品格提升工程项目学校，多次获得国家、省、市教学成果奖。与此同时，"四有"好老师团队成员获得省级荣誉4次、市级荣誉20次、区级荣誉5次；累计发表了27篇学术论文，其中4篇发表于核心期刊。团队成员教学竞赛成绩斐然，获得省级奖项6个、市级奖项52个、区级奖项7个。在科研课题承担上，团队成员承担了3项省级和5项市级重点课题，并获评了2项省级奖项和2个精品项目。团队中有2人被评为苏州市青年拔尖人才，5人成为大市学科带头人，另有2人获得苏州市优秀教育工作者称号。尤其值得一提的是，由团队主要成员完成的"绿野村：劳动教育常态化实践20年"项目，荣获江苏省教学成果特等奖与市级教学成果特等奖。学校在教师发展方面的卓越表现，赢得了江苏省首批教师发展示范基地的称号，且家长学生综合满意率连续多年保持在99％以上。

四、经验启示

（一）坚持党的领导，统领学校教育事业发展

弘扬教育家精神，共绘党建"同心圆"，培育"学高身正、树人达己"新时代"四有"好老师，必须全面坚持党的领导，统领学校教育事业发展。要站在历史的新起点，深刻认识坚持党的领导的极端重要性，增强坚持党的领导的政治自觉、思想自觉和行动自觉。要将党的领导贯穿到学校发展的全过程，深化党组织领导的校长负责制实践路径的探索，切实履行好党组织把方向、管大局、做决策、抓班子、带队伍、保落实的领导职责。

（二）做强做优基层党建，擦亮党建特色品牌

弘扬教育家精神，共绘党建"同心圆"，培育"学高身正、树人达己"新时代"四有"好老师，必须做强做优基层党建，擦亮党建特色品牌。要优化学校党建工作的方法与路径，强化系统思维，做好整体设计，高质量开展好学校党建。要压紧压实"一岗双责"主体责任，促进业务工作和党建工作深度融合。要深化党建品牌成果，进行高标、高

度、高位的梳理，通过整合、凝练、提升增强党建特色品牌的辐射力。要运用数字化技术，构建党建云平台、云课堂，强化党建云监督，提高党建智能化水平。要围绕中心、服务大局，开展党建课题及项目研究与实践，增强党建工作的前瞻性、创新性和实效性。

（三）加强党员队伍建设，充分发挥优秀党员教师的辐射力、影响力

弘扬教育家精神，共绘党建"同心圆"，培育"学高身正、树人达己"新时代"四有"好老师，必须加强党员队伍建设，充分发挥优秀党员教师的辐射力、影响力。要认真落实党员发展计划，严把发展党员入口关，注重从优秀年轻教师中发展党员，不断优化党员队伍的结构，建立优秀党员教师的成长梯队。要开展好学校党组织的学习活动，做好学习指导、政策培训、文件解读，落实好学习制度，增强党员教师理论学习与研究的自觉性、系统性、针对性，促进其将所学所获运用到学校的教育教学实践中，发挥骨干带头作用。要大力培养党员先锋，推进党员支援服务常态化开展，激励党员在急难险重任务中当先锋、做表率。要以"教育家精神"为灵魂，以培养"四有"好老师为目标，全方位优化促进教师成长的学校生态，以点带面促进教师团队整体素养的提升。

 **案例点评**

　　如何构建党建与师训相融合的教师培养体系？苏州市实验小学校教育集团党委积极回应全面深化新时代教师队伍建设改革的号召，全力推进"双带头人"培育计划，落实"园丁先锋"党建文化，构建了一套党员与教育教学骨干并行培养的"双培养机制"，通过党建与强师优教同频共振、塑造高尚师德风尚、遴选"四有"好老师、构建师生成长共同体等做法，全面提升教师队伍的政治素养和专业技能，形成一支具有强烈团队精神和高度责任感的专业队伍。该队伍秉持凝神、聚力、合作、共赢的团队精神，采用创新的研修方式和协同机制，倡导以问题解决为导向的"学—研—行"融合的校本专业发展模式，有效推动了教与学方式的变革。

党建引领　人才强院

苏州市立医院党委

【引言】　党的十八大以来，以习近平同志为核心的党中央把健康放在优先发展的战略地位，确立了新时代党的卫生与健康工作方针，提出"实施健康中国战略"。公立医院是我国医疗服务体系的主体。强化公立医院的党建工作能引导公立医院始终坚持公益性，把人民健康放在首位，不偏离为人民服务的宗旨；能激励党员医护人员发挥先锋模范作用，带动全体医护人员提高专业素养和服务意识；党组织能在医院管理中发挥协调、监督等作用，推动医院各项改革举措的顺利实施；有助于打造一支有凝聚力、战斗力的医疗团队。

【摘要】　苏州市立医院党委以"党建引领，人才强院"为宗旨加强党组织建设，发挥党员先锋模范作用。通过搭建人才发展平台，吸引高层次医疗人才。注重人才培养，提供进修学习机会。完善激励机制，激发人才创新活力。党建与人才工作深度融合，提升医疗水平，为民众提供更优质的医疗服务。

【关键词】　党建引领；人才强院；高质量发展

扫码看VR

一、案例背景

二十大报告指出要推进健康中国建设,把保障人民健康放在优先发展的战略位置。习近平总书记多次强调"把保障人民健康放在优先发展的战略位置",旗帜鲜明提出"健康是1"的重要论述,深刻阐释了健康在经济社会发展全局中的基础性地位和战略性、支撑性作用。公立医院是我国医疗服务体系的主体。近年来,我国全力推动公立医院改革与高质量发展,通过提高基层的医疗卫生服务能力、建设远程医疗,包括建设互联网医院、提供线上诊疗服务等多种途径,让群众在家门口就能够获得适宜的优质的医疗卫生服务,并推进医学科技创新,促进成果转化,提升群众看病就医的获得感。

医疗卫生人才是推动公立医院高质量发展的核心要素,也是满足人民群众健康需求的重要保障。"人才是第一资源",不断推进人才工程的实施,培养高质量的人才队伍,是医院高质量发展的必要举措。我院作为公立医院,全面加强党建引领,坚持党管人才,以人才党建工作为党管人才的重要手段,不断激发人才的活力和创新力,促进人才在医疗服务、科技创新、文化建设等方面发挥主观能动性,发挥干事创业的工作激情,进一步提升了医院的核心竞争力。

二、主要做法

苏州市立医院贯彻落实党委领导下的院长负责制,压紧压实全面从严治党主体责任,积极探索党建工作与人才工作的结合点,不断创新人才党建工作路径,从完善顶层设计、夯实政治素养、引进培育和政治吸纳、人才服务保障等四个维度,加强对医疗卫生人才的培养,为全面推进人才强院战略提供坚强的政治保证、组织保证和重要的人才支撑。

(一) 立足制度建设,强化支部设置

制定院领导联系点制度,每个院领导与三四个党支部挂钩,院领导既是党支部成员又是支部联系点领导,参加支部的三会一课、主题党日等组织生活;党支部书记一岗双责,39名在职党支部书记中,内设机构负责人为34名,占比87.17%。180余名获得各类人才称号的专家骨干中,党员占比61.25%。各支部书记上了解医院党管人才的相关政策,下和科室职工紧密联系互动,形成院领导、支部书记(科室负责人)、职工(人才)闭环体系,有助于院领导班子掌握医院、科室人才梯队建设和人才培养的情况,合理修订人才相关制度。

党委会专题研究,坚持制度建设。医院先后审议《苏州市立医院领导班子成员联系高层次人才暂行办法》《苏州市立医院人才引进管理实施办法(试行)》《苏州市立医院专业技术职务聘任管理办法(暂行)》等一系列文件,在人才(人才团队)的引进、培养、使用、评价、流动、激励等方面进行机制保障。党委会审议人才专项政策,常态化听取人才工作汇报,推进院领导和人才的联系点制度。

(二) 打造书记项目,加强政治素养

选人用人坚持把政治标准放在首位,加强人才的思想政治引领。坚持"书记抓,抓书记",强化党支部书记抓党建的责任意识。充分发挥党的思想政治优势、组织优势和密切联系群众优势,加强对人才的政治

引领和思想教育，提高其政治理论修养，把学习贯彻习近平新时代中国特色社会主义思想作为首要任务，深刻领悟"两个确立"的决定性意义，增强"四个意识"、坚定"四个自信"、做到"两个维护"，实现人才"增人数"与"得人心"的有机统一。通过"三会一课"、各类培训、谈心谈话，了解人才的思想建设；通过组织"我为群众办实事"等社会公益服务，强化奉献的情怀，逐渐建立人才既能出国培训也能下乡帮扶，既能做专家学者也能做公益志愿者的机制，推动人才资源下沉。

2023年，医院以院党委书记张洪为总负责人，院领导齐抓共管，带领医院39个在职党支部打造"定制人才专班 成就更多人才"党建项目，各职能部门、支部、科室相互配合，分设人才战略组、精准引才组、育才平台组、聚才发展组、宣传推介组、院校融合组、科学用才组、基层人才组等八个组，各司其职做好人才的日常管理与服务工作，搭建人才发展平台和落实配套政策，增强了人才成长的责任感、使命感和紧迫感，将人才培养与党建工作相融合，实现党建促业务，业务强党建的"双轮驱动"，推动医院高质量的发展。

（三）开展双培双促，重视引进和培养

双培双促工作是指把青年人才中的先进分子培养成党员，促进青年人才创一流工作业绩，把青年党员培养成业务骨干，促进党员充分发挥先锋模范作用。双培双促工作的宗旨是加强党的后备力量建设，培养开发青年人才资源。中共中央在《关于加强公立医院党的建设工作的意见》中明确把政治标准放在首位，抓好发展党员工作，注重发展医疗专家、学科带头人、优秀青年医务人员入党。

1. 精准引才，注入人才活水

2020年12月，由苏州市人民政府和南京医科大学共同建设南京医科大学姑苏学院，以三个创新中心为抓手，协同附属苏州医院实现高端医药卫生人才聚集，形成肿瘤、心血管、生殖医学等重点方向的领先优势和影响力。通过南京医科大学、南京医科大学姑苏学院、苏州市立医院等微信公众号及官网，发布《南京医科大学姑苏学院高层次人才招聘公告》《博士研究生长期招聘公告》，实行人才引进，尤其对高层次人才实行全年长期招聘。

强化研究型医院、重点学科（实验室）等高能级人才载体建设，搭建高水平人才培养合作基地，做实柔性引才。以会为媒、打造知名高端学术品牌；以赛引才、对接生物医药产业承接医学科创赛事路演；以才引才、联络服务学术大咖和乡贤，争取学术和研究生导师资源，提供产学研和成果转化平台。针对高层次人才，医院创新培育模式，采取"一人一策"支持模式，在科研经费、人员配备、科研时间等方面全方位提供相关保障措施。

截至目前，医院引进人才58名，其中中共党员占比44.82%，发挥了党员的先锋模范作用。

2. 用心育才，厚植人才沃土

培育人才是医院长远发展的大计，医院不断创新人才培育机制，激活现有职工提升专业技术能力。近年来医院共派出190位各专业临床骨干赴海外研修，其中党员占比54.95%。鼓励在职员工积极报考在职博士、硕士，在读期间保留优厚薪酬待遇，并在取得相应的学历、学位后给予奖励。

2023 年我院招收新职工 400 名，其中中共党员 81 名，设立青年骨干科学研究培育专项基金，对新入院博士给予 5 万元科研启动资助，着力培养优秀青年科技人才的创新活力和发展潜力。推出"南医名城创新博士后"项目，招收师资博士后、临床规培全职博士后、临床规培在职博士后。鼓励临床医学、公共卫生与预防医学、基础医学、药学、口腔医学、生物学等领域博士毕业生参与。通过与合作导师深度合作，或通过 3 年的国家住院医师规范化培训、教学和科研的全面训练，挖掘和培养医院内部的潜在科研人才。

（四）优化人才生态，建立保障机制

"聚天下英才而用之"，聚之，更要留之。要留住人才必须"刚柔并济"。

"刚"是创造吸引人才的良好环境，在人才引进的刚性政策上下功夫，如激励的薪酬制度、创新的晋升制度、舒适的生活环境等。通过建立完善的引进人才住房保障体系，积极创造良好的人才居住环境，吸引各类人才特别是国内外高层次人才来我院创业就业，让人才引得进、留得住、用得好，为医院发展提供强有力的人才支撑和智力保障。医院研究出台制定有关引进人才如 A 类、B 类、C 类、D 类以及新进人员享受租房待遇的相关规定。对于高层次人才，如 A 类、B 类高层次引进人才可免费入住医院自有人才公寓。对于有家庭的高层次引进人才可享受人才家庭优租房。

"柔"是增强人才留下的感情连接，用心用情留住人才。把好"政治关心、工作关心、生活关心"关，通过党支部了解人才的思想建设，畅通人才诉求通道,实现党建工作与人才发展深度融合。**一是在政治上关心**。对于政治素质好、业务能力强、综合能力强、发展潜力大的人才,优先吸纳入党,大胆提拔使用,主动压担子。**二是在工作上关心**。在工作中按照人岗相适、人尽其才原则,拓宽党组织服务人才的渠道,为业务骨干搭起横向流动的"桥梁",建起纵向发展的"阶梯",打破制约职工职级晋升的"天花板"。**三是在生活上关心**。院领导带头听取人才意见建议,医院党支部密切关注人才生活实际,通过问卷调查、走访、谈心等形式了解人才生活难处,切实帮助其解决生活困难,提高医院人才工作热情。

三、工作成效

在习近平新时代中国特色社会主义思想的指引下,医院人才党建工作已开始新征程。目前全院共有在职职工5 416人,其中在职党员1 458人。高级职称1 213人,党员占比41.71%;教授、副教授64人,党员占比57.81%;获得各类人才称号的专家180余人,党员占比61.25%;中层领导干部中62.86%是党员。人才党建工作已显成效,党员发挥先锋模范作用,带领身边的群众为医院高质量发展注入内生动力。

(一)提升了医疗质量

2023年,全院门急诊接诊总人次422万,出院患者16万人,手术8万例。全科医学成功获批江苏省医学重点学科,妇产科学获批江苏省医学重点学科建设单位。新增3个苏州市重点专科,1个苏州市重点专科建设单位。新增1个苏州市医学重点实验室(苏州市骨科医学工程重点实验室），挂牌苏州市大数据医疗创新应用实验室。医学科技创新中心Ⅰ期平台改建完成。

（二）提升了创新科研能力

苏州市立医院以人才为引领，形成以项目成果管理、临床研究管理、临床试验管理三大板块为核心，集"基础研究平台、临床研究中心、临床试验中心、成果转化平台、基金项目管理、科研激励政策、科技人才培养渠道、科技管理新模式"八位一体、多角度切入的发展路径。2023年获国家自然科学基金15项，获国家自然重点研发计划、科技部重点专项4项，实现了国家级重点项目"零"的突破。

（三）坚持了医院公益属性

截至2023年10月，副主任以上专家下社区门诊累计1 478人次，继续开展远程医疗会诊，影像中心、临检中心及心电诊断中心三大中心继续开展对姑苏区社区的帮扶工作。落实对口支援任务。派出医务人员共4人次前往西藏林周、陕西榆林等受援医院，助力受援医院培养医疗人才、提高医疗技术水平。

（四）融合了党建和业务

医院打造"红心互联　四叶先锋"党建品牌，指导、带领各党支部打造"一支部一品牌一亮点"的特色党支部。医院党委书记连续三年带领相关支部开展书记项目，医院39个在职党支部也相继开展了书记项目，围绕本支部特色开展志愿服务，做好群众健康卫士。临床党支部根据自身专业特点，各支部间相互协作，增设联合门诊、多学科会诊

（MDT），专家人才主动服务，优化就医流程，提高患者满意度。各支部与社区党组织双结对，开展各类公益服务120余次，服务百姓超过1万人。

（五）凝聚了发展精气神

医院党委充分发挥党员先锋模范和先进典型激励作用，深入开展习近平新时代中国特色社会主义思想的宣传教育，建立常态化政治理论学习制度。在党建引领下，文化聚力，全院职工上下同心，坚定理想信念，汇聚发展力量。

四、经验启示

（一）健全人才党建工作机制

人才的许多需求和困难主要集中在刚来医院的前两年。如初到医院由于对苏州不了解，一时无法及时选到合适的住处，居住是一个普遍存在的问题。目前医院许多保障措施主要集中在人才引进后科研、发展平台方面，针对如住房、租购房待遇等问题尚未有相关系统政策落实。医院要不断完善制度建设，制定差异化的保障措施满足各类人才的需求。

（二）加强分类培养和政治吸纳

中共党员的吸纳和人才的培养引育都是一个长期的过程。人才不是一蹴而就、拿来即用的，要突出组织培养的作用，并从体制机制的高度，正确处理动态考察与持续培养的关系。要进一步探索人才党建工作的发挥机制，通过调查研究、座谈访谈、谈心谈话了解人才的各方面需求，通过党支部的组织生活模式，增强人才对医院的归属感和认同感；发挥党员专家的引领作用，吸收更多的业务骨干成为党员。

（三）加强青年医务工作者的政治理论学习

医院的竞争，归根到底是人才的竞争。决定医院的技术水平、医疗质量的好坏关键是人才，代表着医院新生力量的青年一代，在医院发展中起着至关重要的作用。要更加重视青年医务工作者的培养。通过三会一课等制度，积极引导青年骨干主动向党组织靠拢，自觉树立正确的世界观、人生观、价值观，重视培养科学精神、钻研精神，培养青年医师成才。

 案例点评

> 党建工作与人才工作的结合点在哪里？苏州市立医院党委全面加强党建引领，坚持党管人才，以人才党建工作为党管人才的重要手段，从完善顶层设计、夯实政治素养、引进培育和政治吸纳、人才服务保障等四个维度，加强对医疗卫生人才的培养，促进人才在医疗服务、科技创新、文化建设等方面发挥主观能动性，发挥干事创业的工作激情，为全面推进人才强院战略提供坚强的政治保证、组织保证和重要的人才支撑。

党建引领凝合力　增势蓄能促发展
"红藤"党建推动医院高质量发展走在前列

苏州市中医医院党委

【引言】　2018年6月，中共中央办公厅印发《关于加强公立医院党的建设工作的意见》，明确公立医院实行党委领导下的院长负责制，强调切实加强公立医院领导班子、干部队伍和人才队伍建设，着力提升公立医院基层党建工作水平等，推动实施健康中国战略。党的二十大报告明确提出"坚持和加强党的全面领导"，并对加强党的政治建设提出了一系列要求。公立医院党组织应充分发挥领导核心作用，把牢政治引领"方向盘"。

【摘要】　近年来，苏州市中医医院党委坚持以习近平新时代中国特色社会主义思想和党的二十大精神为指导，认真落实新时代党的建设总要求，全面贯彻上级各项决策部署，稳步推进国家医学中心、国家区域医疗中心建设工作，筑牢质量竞争新优势，提升服务能力新高度。

【关键词】　基层党组织；医院党建；"红藤"党建

扫码看VR

一、案例背景

随着我国医疗事业的快速发展和改革开放的推进,医院承担着日益沉重的社会责任,医院党委在公立医院中起到了引领、组织和协调作用,党建工作对于加强医院管理、提高服务质量、推动科学发展具有重要意义。

苏州市中医医院党委隶于苏州市卫健委党组,下设14个党支部,其中10个在职党员支部,3个退休党员支部,1个离休党员支部,共计党员502名,其中在职党员400名,离退休党员102名。

二、主要做法

(一)加强基层党组织建设,打造"红藤"党建品牌

苏州市中医医院党委不断加强基层党组织建设,确保党的领导坚强有力。扎实推进主题教育,成立院党委主题教育领导小组,制定印发《工作方案》和《工作手册》,推进落实主题教育各项工作。制定领导干部学习计划,举办读书班,县处级领导干部开展集中自学和集中交流研讨,每月定期组织开展党委理论中心组学习,重点学习党的二十大精神、习近平新时代中国特色社会主义思想的世界观、方法论,习近平总书记视察江苏重要讲话精神以及习近平总书记对中医药工作作出的一系列重要论述。加强支部建设,制定《基层党支部党建工作考核管理办法》;在新冠疫情期间,发挥党组织战斗堡垒和党员先锋模范作用,确

保完成各项抗疫任务。医院党委加强党建阵地建设，在院内设置党建学习园区、支部党员驿站等，营造浓厚党建氛围。

（二）创新党建合作新模式，凝聚中医药发展合力

苏州市中医医院党委与苏州大学马克思主义学院创新建立"医院＋高校"党建合作新模式。2023年6月，医院党委牵头组建"苏州市中医药系统党建创新联合体"，成员单位包括全市9家二级以上公立中医医院、中西医结合医院，由苏州大学马克思主义学院共同参与党建创新联合体的建设工作。通过党建创新联合体，进一步拓宽中医（中西医结合）医疗机构党建"朋友圈"，发挥"党建＋"实质作用，让党建创新联合体成为"传承发展、服务担当"的强力引擎，以党建创新联合体建设带动全市中医药系统各医疗机构党建工作组团式发展，助推全市中医药事业高质量发展。党建创新联合体围绕"六联"工作模式，即政治理论联学、优势资源联用、实践活动联办、中心工作联动、党建质量联抓、项目成果联享，形成各有侧重、分工明确、主题鲜明、运行规范的常态化党建活动机制，推动联建单位"共融、共建、共赢"。以党建共建为平台，主动发挥中医药特色优势，与高校、社区、残联及企事业等单位加强联动、互学互促，开展联合义诊、科普宣传等健康服务，提升百姓满意度；依托联合体平台优势，创建高品质医疗服务品牌、培育高质量"双优"人才、打造精品化党建项目。

（三）抢抓医院发展机遇，夯实干部人才队伍

苏州市中医医院党委抢抓长三角一体化及"双中心"建设契机，积极作为。导入卓越绩效管理准则，并贯彻到医院全业务、全流程、全环

节中，同时，积极发挥国家公立医院绩效考核"指挥棒"作用，推进医院各项工作开展。

苏州市中医医院始终坚持党管干部、党管人才的原则。一是建立管理干部梯队。2023年，组织开展医院机构升格后的新一轮干部聘任，调整内设党政管理机构29名和临床医技机构78名中层干部，选派院内5名年轻干部赴卫健委挂职锻炼，一批青年骨干走上管理岗位，着力打造具有高水平、高学历、强担当的干部队伍。二是加大中医药人才引培力度。近五年共招录硕士以上学历人员103名；积极申报各类人才项目，目前拥有全国优秀中医临床人才3名，江苏省中医药领军人才2名，省"333"工程培养对象16名，姑苏卫生人才29名。三是启动青年医务骨干思政导师制暨"红藤种子计划"，聘请高校专家教授、院内省名老中医、院内外管理专家17名担任导师，优选49名一期学员，着力培养打造一批思想政治过硬、业务技术精湛、又红又专的青年人才队伍。四是制定并实施医院"211"储备人才工程，在院内选拔和培养20名科技人才、10名管理人才、10名青年人才，推进"人才强院"战略。五是建立医院领导班子成员联系服务人才工作制度，通过召开人才座谈会，听取人才在院工作情况和意见建议，提升人才服务工作。六是提升青年引领作用。定期开展青年干部管理培训，成立党团共建联合体，院团委获省"五四红旗团委"称号。

（四）加强服务能力建设，充分发挥中医药特色优势

苏州市中医医院党委始终以党建为引领，坚持把为民服务作为主题教育的着力点和侧重点，解决群众急难愁盼。提升信息化建设，搭建病案复印一体化服务平台；完善医院功能布局，加强"医院＋医联体＋挂

钩社区"体系建设，开设心脏康复中心，启动研究型病房建设；增派医务人员应对呼吸道疾病就诊高峰。疫情防控期间，医院研究制定吴门医派"防治康"全周期系列方案并在全市范围推广使用；开设中医药特色疫病预防、康养门诊及疫病云诊室。为患者提供中医特色护理服务，共计开展中医护理适宜技术42项；推出特色中药服务举措，扩大个体化丸剂服务范围，丸剂、水飞传统技艺入围苏州市非物质文化遗产保护项目；新制剂"益气逐瘀利水方合剂（口服液）"成功在江苏省药品监督管理局备案。优化门诊服务，共计开设专科门诊78个，在门诊大厅设置预约服务中心，为患者提供预约一站式服务。

三、工作成效

（一）高质量发展初见成效

苏州市中医医院荣获2021年苏州市市长质量奖，是全市卫生系统首家；在2022年度国家三级公立中医院绩效考核中排名第34名，省内排名第2名，医院连续5年被考评为A等级。2022年，医院成为江苏省老年友善医疗机构优秀单位；2023年，医院获评省级"敬老文明号"，并成为公立医院高质量发展省级试点单位。

医院运营稳中向好。2023年，完成医疗收入12.51亿元，同比增长19.01%；门急诊诊疗人次190.27万人次，同比增长25.32%；出院病人数4.5万人次，同比增加45.30%；手术20 212台，同比增加20.89%；门诊均次费用374.42元，同比下降1.73%；平均住院费用1.18万元，同比下降22.32%。院内制剂销售金额2 260.41万元，同比增长 40.27%。

(二) 科研教学成绩斐然

苏州市中医医院通过不断加强人才队伍建设,引进和培育高层次人才,推动科研工作不断取得突破。近五年,科研成果丰硕喜人,医院共获得国家自然科学基金项目 15 项,省科技厅项目 12 项,省科技厅科技进步二等奖 1 项,省卫健委新技术奖一等奖 1 项,发表 SCI 论文 136 篇。先后与安徽中医药大学、澳门科技大学签订研究生培养协议,2020 年住培教学成绩全省第二,2021 年省级住培基地督查总分全省第二;师承工作成效显著,开展"国家—省—院内"梯队师承管理,我院共有国家师承导师 9 名,省级师承导师 3 名,国家师承工作室 3 个,省级师承工作室 2 个。

(三) 文化影响力持续扩大

苏州市中医医院作为吴门医派主力军、主阵地,持续加强中医药宣传力度,使吴门医派中医药影响力越来越大。一是深化"吴医大讲堂"科普品牌,开设线下门诊健康讲堂和线上"吴医云讲堂",推进"岐黄校园行 幽幽百草情"项目等,助力中医药科普进企业、进社区、进校园等活动,2023 年,共开展各类义诊及科普讲座 206 场,惠及市民数万人次;依托苏州中医药博物馆、院史陈列馆等载体,开展主题宣教活动,对外展示办院历史、发展成果和吴医文化。二是利用医院微信公众号、官网等新媒体宣传平台,及时发布院内重点工作、重大事项、创新服务、先进典型等信息,医院微信服务号关注人数超 32 万。三是加强与各级主流媒体交流合作,安排专家参加苏州市广电《天天健康》《大医生在线》《乐活保健科》《苏·医talk》等节目，拍摄中医药文化宣传视频，清明节气及中医药博物馆宣传视频获人民日报、新华社等国家级媒体平台转载。四是推动吴医文化走出国门。医院先后在意大利、德国、法国等6个国家举办"天下吴医——中国传统医药吴门医派欧洲巡展"，并参加2021年"澳门江苏周"中医药交流活动；选派2名医务人员参加省第16期援马耳他医疗队"援外医疗"工作，并通过网络开展线上疫情防控和医疗问诊，受到当地群众广泛认可和高度评价。五是联合各级媒体宣传中医药在新冠病毒防治中发挥的优势作用，挖掘在抗疫过程中的先进人物、先进事迹，广泛进行各类先进典型的宣传，提升医院及卫生行业形象，共发布报道32篇，其中《中国中医药报》《中国中医》等国家级媒体平台报道8篇。

四、经验启示

党的十八大以来，党中央把保障人民健康放在优先发展的战略位置。2018年，国家卫生健康委、国家中医药管理局发布《关于坚持以人民健康为中心推动医疗服务高质量发展的意见》。2021年5月，国务院办公厅印发《关于推动公立医院高质量发展的意见》。2021年12月，国家卫生健康委印发《公立医院高质量发展促进行动（2021—2025年）》，明确公立医院高质量发展的8项具体行动。通过研读关于健康中国建设和党的建设的重要论述，总结苏州市中医医院开展党建工作的实践经验，可以发现，公立医院党的建设与改革发展从来不是割裂的。在我国医疗卫生事业发展进程中，着力强化党的领导、党的建设、党性与人民性的统一，使我国公立医院高质量发展呈现出新的内涵特征。

（一）关注公立医院的政治方向和保证，着重强调办好党领导下的公立医院

办好公立医院，坚持和加强党的全面领导是根本保证。公立医院的高质量发展是沿着党的卫生健康政策方针和高等教育办院方向的发展，要全面加强党的领导，不断提高党的建设水平，充分发挥院党委把方向、管大局、做决策、促改革、保落实的领导核心作用，把党的领导的特色和优势转化为大力提高医疗服务质量和能力的具体举措。

（二）关注公立医院的根本目标和任务，着重强调为国发展、为民治病

人民至上、生命至上应该是全党全社会必须牢牢树立的一个理念。因此，公立医院高质量发展要牢牢把握根本属性，始终密切联系群众，坚持以人民健康为中心的理念，秉承"人民至上、生命至上"的原则，坚持"关爱生命、呵护健康、奉献社会"的办院方针，不断增强全心全意为人民健康服务的宗旨意识，不断满足广大人民群众的健康需求。

（三）关注公立医院的发展内涵和特色，着重强调全面深化医改

规模扩张并不意味着质量和效益增长，走具有特色的内涵式发展道路是我国公立医院发展的必由之路。因此，公立医院高质量发展是结构优化、特色凸显、实力增强的发展，要牢牢抓住高质量发展这个核心点，全面激发医院发展活力，全面增强医院治理能力，不断增强核心竞争力。

 案例点评

红藤，又名"千年健"，是一味传统中草药，具有通经活络、理气行血、祛风散瘀、消痈解毒等功效。苏州市中医医院党委的"红藤"党建品牌，是基层党建工作与自身业务相结合的一个创举，中医医院党委不仅在业务上日益精进，而且在文化交流和中医业务交流方面也走出中国面向世界，展现了党的领导下我国中医药事业的蓬勃发展和旺盛生命力。

党建"纳"心汇合力 "米"聚赋能创一流

苏州大学纳米科学技术学院党委

【引言】 纳米技术是国家战略性新兴产业之一,是推动未来科学技术进步的重要引擎。2006年底,苏州工业园区将纳米技术产业提升至"1号产业",2008年,苏州大学引进中国科学院院士、发展中国家科学院院士李述汤教授领衔组建了功能纳米与软物质研究院,并于2010年成立了全国首家培养纳米科技专业人才的纳米科学技术学院,形成了本硕博一体化的人才培养体系。十多年来,学院秉持"学术奋搏,科技报国"的创院精神,先后入选首批国家试点学院、首批国家"2011计划"协同创新中心、国家"双一流"建设学科;荣获全国教育系统先进集体、全国专业技术人才先进集体、全国高校黄大年式教师团队等荣誉称号,学院典型人物和先进事迹多次被央视《新闻联播》等中央媒体报道;"纳米科学与技术"学科跻身2023软科"世界一流学科排名"前五强;学院党委荣获江苏高校党建工作创新奖一等奖。

【摘要】 苏州大学纳米科学技术学院党委以党建为引领,强化思想建设,凝聚师生共识;促进学科交叉融合,汇聚高端人才;推动产学研协同,创新成果丰硕;践行社会责任,服务地方发展,将党建工作深度融入学院发展,为创建一流学科提供了坚实保障。

【关键词】 党建引领;纳米技术;强链补链延链

扫码看VR

一、案例背景

（一）苏州大学纳米科学技术学院党委是教育、科技、人才一体化发展的先行者

党的二十大报告提出"教育、科技、人才是全面建设社会主义现代化国家的基础性、战略性支撑"，首次将教育、科技、人才统筹安排、一体部署。作为国家试点学院、国家协同创新中心、国家"双一流"学科建设承建单位，学院党委肩负着"回归大学本位、争创世界一流"的重要使命，成功走出了引进一位大师、组建一支团队、孵化一批成果、形成一个学科、引领一个产业的立体式发展模式。目前，学院汇聚了包括2位院士在内的国家级人才43位，"国家级人才浓度"为42.16%；毕业生中走出了14位国家级人才、8位全球高被引科学家；突破了真空蒸镀等"卡脖子"技术，取得纳米抗肿瘤制剂等颠覆性技术，参与学校与苏州实验室共建"教育科技人才一体化先行示范区"，合作打造具有国际竞争力的纳米科技产业发展生态。

（二）苏州大学纳米科学技术学院党委走在"强链补链延链"的最前沿

2023年7月，习近平总书记在江苏考察时强调，"在强链补链延链上展现新作为"，"要把坚守实体经济、构建现代化产业体系作为强省之要"。学院党委坚持"顶天立地"科技战略，一方面加强基础研究，努力向上捅破天，围绕"卡脖子"问题开展有组织科研攻关，相关成果入选"中国科学十大进展""中国光学十大进展",助力国家高水平科技自立自强;另一方面推动成果转化,努力向下深扎根,破解行业关键瓶颈技术,孵化8家高科技企业,为区域内200多家企业提供技术支撑,在苏州高校率先获得华为难题揭榜"火花奖"等。学院党委坚持"将党支部建在产业链"上,深化与大院大所党建合作,通过与政府结对、与行业结盟、与企业结友,与南京大学、中国科学院苏州纳米技术与纳米仿生研究所、协鑫集团等单位合作申报全国重点实验室、创新联合体,推动科技创新要素自由流动,打通科技创新供需两端。

(三)苏州大学纳米科学技术学院党委不断推动我国纳米科技产业高质量发展

当前,以苏州工业园区为核心的苏州市纳米新材料集群入选了工信部首批先进制造集群,苏州纳米新材料产业创新集群总体规模约占全国的30%,稳居全国第一,预计到2025年产值将突破1000亿元。纳米产业的迅速发展和广阔前景迫切需要高质量教育、高水平科研、高素质人才来支撑,纳米科学技术学院正处在大有可为、大有作为的"黄金时代",肩负着助力我国纳米科技产业崛起的重任,学院党委将抢抓国家战略科技力量重组调整的机遇,依托一流产业打造一流学科,全面推进纳米科技创新要素加速汇聚融合,着力破解纳米产业"教育之盼""科技之题""人才之渴",力争成为纳米科技领域不可忽视的战略科技力量。

二、主要做法

苏州大学纳米科学技术学院党委深入学习贯彻习近平新时代中国特色社会主义思想和党的二十大精神,勇担"双一流"建设重任,打造"纳心铸魂·米聚赋能"党建品牌,通过"聚合"队伍、"靶向"培育、"活化"成果,促进党建工作与业务工作深度融合。

(一)坚持党管人才,"聚合"高端队伍

强化思想引领。学院党委实施"纳心铸魂"工程,打造"黄大年茶思室",弘扬新时代科学家精神,充分挖掘蕴含于校史、院史中的感人故事,凝练出"学术奋搏,科技报国"创院精神作为学院师生共同价值追求。打造"博纳讲坛",定期邀请老一辈科学家、资深人文学者、教育名家分享奋斗故事和育人经验,引导教师既当"经师",也当"人师"。注重以文化人,组织教师深度了解千年姑苏文化、百年苏大历程和苏州纳米产业发展态势,为人才植入一颗"苏大心""苏州心"。

强化政治吸纳。学院党委落实高知识群体发展党员"双轨"机制,实施学术发展与政治进步"双规划",为新进教师配备学术和思想"双导师",协助人才做好职业发展规划,定期与高知识群体开展见面交流会,将更多的高知识群体吸纳进党组织。

引导教师成长。坚持"人才资源是第一资源"建院方略,按照"大师+团队"原则推进新进教师尽快入队伍、入体系,定期举办青年教师沙龙,通过搭梯子、压担子、铺路子,有计划推进青年人才培养。落实学术带头人联系青年教师制度,实施青年教师支持计划、青年教师交流

计划和青年科学家海外交流合作项目，为青年人才脱颖而出营造良好发展生态。

涵养党外人士。严格落实"把一部分优秀人才留在党外"的政策规定，统筹兼顾中共党员、民主党派成员和无党派人士的发展，学院现有9位民主党派成员和6位无党派人士，占教职工总数的14.7%。学院党外人士中先后走出了中国科学院院士、中国侨界杰出人物、全国政协委员等旗帜性人物。

（二）坚持立德树人，"靶向"培育俊才

用价值体系"育"，实施铸魂工程。面向本科生、研究生分别实施"铸魂逐梦""铸魂·卓越"工程，通过思想领航、学业导航、关爱护航等措施，分年级分阶段精准助力学生成长；实施"成长陪伴计划"，实行全员本科生导师制，构建"三全育人""五育并举"格局，点燃学生逐梦未来的内驱力；打造"新生第一课""大师讲坛""师生面对面"等品牌项目，编撰《方声：纳米"大家说"》，以身边人身边事激发学生的爱国心、报国情、强国志。

用知识体系"教"，实施转化工程。建立前沿科研资源进课堂的机制，鼓励教师及时将最新的研究成果与科研信息转化为课堂教学内容；完善学院教育教学绩效管理办法，加强立德树人绩效考核比例和权重；建立本科生直接参与科研机制，鼓励学生尽早参与学业导师的科研项目；持续完善"三融合"人才培养模式，支持学生参加各类创新创业大赛，通过科教融汇、产教融合提升学生创新创业能力。

用创新体系"做"，实施培养工程。深化本硕博一体化人才培养试点改革，打造全链条、贯通式人才培养体系；实施"学业导航计划"，

根据学术型、应用型、国际型学业发展规划，分别提供个性化培养方案；推行中英文双语教学，提升学生国际学术交往能力。建立海外进修资助机制，支持优秀学生赴海外研修，拓展学生国际视野；邀请纳米领域龙头公司科学家担任产业教授、兼职教授，将产业一线知识带进课堂；建立"学生画像系统"，通过大数据为学生成长提供精准评价服务；积极争取社会资源，主动关心帮助"四困生"成长，建立"一生一档"，践行"成长路上一个都不能少"承诺。

（三）引领创新导向，"活化"创新成果

胸怀"国之大者"，打造战略科技力量。提出并倡导"国之所需，我之所向"科研导向，整合区域创新资源合作申报全国重点实验室、创新联合体，政产学研用协同发力，力争跻身国家战略科技力量。发挥自身国际化优势，与澳门科技大学合作共建了学校首个"苏州材料科学和生物医药离岸创新中心"，促进本土创新与离岸创新协同发展，吸引更多国际纳米材料创新资源流向苏州。

深化产教融合，打造政产学研共同体。依托苏州市大院大所党建联盟、纳米科技协同创新中心等平台，党建产业双轮驱动，推进与政府、企业、院所等相关部门的合作，承办或参与江苏教育界与产业界对话对接系列活动、纳米新材料产业创新集群高质量发展大会、产业创新集群党建工作推进会等跨界合作品牌活动，打造纳米科技创新与产业发展共同体。

深化评价改革，以机制创新激发活力。深入推进破"五唯"，实施教师分类评价体系，建立从思想政治、教学、科研、服务四个方面对教师绩效考核的体系，旨在促进教师分类发展，支持教师选择教学为主型或科研为主型的发展路径，支持教师完成教学、科研基本工作量的基础上开展创业活动，将更多科技成果从书架"搬上"货架。

三、工作成效

（一）党的建设成果显著

学院党委荣获江苏省高校党建工作创新奖一等奖、江苏省侨联新侨创新创业基地、江苏省高校统战工作实践创新成果奖、苏州大学先进基层党组织；教工一支部、研究生纳米生物支部共同被推荐申报"全国样板党支部"；1人荣获"中国侨界杰出人物""中国侨界贡献奖一等奖""江苏省侨界杰出人物"；1人被中央统战部直接认定为无党派人士知识分子；学院荣获"中国侨界贡献奖（创新团队）"；在2023年苏州产业链党建工作推进会上作党建成果经验交流发言。

（二）人才队伍卓有成效

学院党委引育中国科学院院士2人、欧洲科学院外籍院士1人、俄罗斯工程院外籍院士1人，入选国家级重点人才计划19人次、国家级重点青年人才计划44人次、全球高被引科学家16人，各有1人当选全国人大代表和全国政协委员；发展含国家级人才计划教工党员15人；民主党派人员中1人当选苏州市副市长，1人当选苏州市政协委员；多名教授荣获中国青年科技奖、中国青年领袖、全国青年岗位能手、江苏省十佳研究生导师、江苏省十大青年科技之星等荣誉。

(三) 匠心育人硕果累累

学院党委"三融合"人才培养成果荣获国家级教学成果二等奖；《自然》(Nature) 杂志以"中国高等教育的创新先锋"为题对学院进行了专题报道；累计培养毕业生 2 000 余人，70 余人在各高校/研究所担任教授/副教授，平均每 300 名毕业生中有 1 名高被引科学家；在"挑战杯""互联网＋"等各类国家级创新创业竞赛和项目中获奖 30 余项，创造了"十年五届十国奖"的佳绩；2023 年本科生升学率近 70%，近半毕业生赴哈佛大学、剑桥大学、斯坦福大学、清华大学、北京大学等国内外一流名校深造。

(四) 科研创新自强不息

学院党委在双碳、大健康等国计民生领域取得一系列重大原创性成果，累计获得各类项目 984 项，总经费逾 11.88 亿元；承担国家级重大重点项目 62 项，辐射带动学院教授孵化 8 家高新技术企业，累计社会融资近 6 亿元；自主设计制造了我国首条 G2.5 OLED 真空蒸镀生产线，填补了国产化空白；百迈生物荣获首届全国颠覆性技术创新大赛总决赛最高奖；依托国家级苏州纳米科技协同创新中心，辐射带动区域产值近千亿，助力苏州工业园区跻身全球五大纳米技术产业集聚区之一。

四、经验启示

经过多年探索与实践，学院党委努力擦亮党建品牌，完善"纳心＋赋能"党建工作机制。未来将按照新时代党的建设总要求，全面实施

"党建业务同向精进""党建人才同舟而行""党建育人同心聚力""党建科研同频共振"四大工程,为建设国内一流国际知名的新型研究型学院、早日跻身国家战略科技力量提供坚实的政治保障。

(一)党建业务"同向精进",着力提升党建引领力

全面贯彻党的教育方针,坚持把党的领导贯穿学院中心工作的全过程各方面,做到党建工作和中心工作目标同向、部署同步、工作同力;有序推进"米立方"一站式学生社区建设,积极探索网络思政新模式,全面加强保密、安全和意识形态工作,牢牢把握思想政治工作生命线;统筹做好党员队伍和党外人士队伍建设,发挥海外人才优势,将学院建设成为全球纳米材料科研人员交流的汇聚之地。

(二)党建人才"同舟而行",着力提升人才竞争力

深化人才思想政治引领,画好"同心圆",完善党委服务专家人才制度,帮助解决"柴米油盐"小事,让人才安心做"阳春白雪"大事;加强党对人才工作的全面领导,健全人才遴选、培养、评价、考核机制,探索建立"全球纳米人才地图",建设纳米材料领域的人才库;积极响应中央关于新型举国创新体制战略布局,发挥地处苏州经济、产业、资本优势,力争在科技与资本融合方面实现突破。

(三)党建育人"同心聚力",着力提升育人保障力

构建落实立德树人根本任务新生态新格局,加强思政队伍、思政教材、思政资源的建设与整合,强化五育并举,在润物细无声中培养"有灵魂的卓越人才";深化科教融汇、产教融合,建立寓教于研、寓教于

产的双创教育体系，完善校企导师互聘办法，为学生提供施展抱负的平台；推进数字化、智慧化教学，实现教育信息化和教育教学改革深度融合；加强国际合作交流，拓展国际化新空间，提升国际化人才培养水平。

（四）党建科研"同频共振"，着力提升科技创新力

实施"思想联心、活动联办、人才联育、资源联享、发展联进"五联模式，着力构建产业链"策源堡垒"；聚焦国家战略需求，力争在"卡脖子"技术、行业关键核心技术和国家级平台建设方面实现新突破；加速创新链、产业链、资金链、人才链"四链融合"，着力打通科技成果转化"最后一公里"壁垒，加快推进科技成果切实转化为现实生产力，服务苏州乃至我国纳米产业高质量发展。

 案例点评

> 如何实现团队协作与思想统一？如何完成整合资源、追求卓越的高远目标？苏州大学纳米科学技术学院党委的党建工作独具特色。"纳"心汇合力展现了其凝聚人心、汇聚力量的坚定决心，注重团队协作与思想统一。"米"聚赋能创一流则凸显了整合资源、追求卓越的高远目标。此案例将党建工作与学院的发展紧密结合，充分发挥了党组织的引领作用，为科研创新和人才培养注入强大动力。其创新的理念和务实的举措值得借鉴与推广，有望成为其他学院党建工作的优秀范例。

第六篇 国有企业党建

构筑"一品牌五示范" 党建赋能发展新机制

苏州交通投资集团有限责任公司党委

【引言】 党建做实了就是生产力,做强了就是竞争力,做细了就是凝聚力。苏州交通投资集团有限责任公司党委牢牢把握"围绕中心抓党建、抓好党建促发展"的工作思路,在项目建设、改革发展、产业优化、服务为民等具体实践中,探索形成"一品牌五示范"党建赋能新机制,着力围绕急难险重任务筑牢党建堡垒,着力在攻坚克难前沿发挥党建作用,形成以高质量党建推动集团高质量发展的生动局面。

【摘要】 苏州交通投资集团有限责任公司党委积极构筑"一品牌五示范"党建赋能发展新机制。通过打造"交投融通·舒畅先锋"党建品牌,发挥头雁引领作用;创建党员示范项目,激发党员先锋模范作用;建设先锋阵地,提升服务水平;开展志愿服务,展现国企担当。该机制有效提升了企业的发展效能和社会影响力。

【关键词】 "一品牌五示范";党建赋能;高质量发展

扫码看VR

一、案例背景

苏州交通投资集团有限责任公司（以下简称"交投集团"）因改革之需而升格更名，形成了高速公路运营管理、基础设施投资建设、铁路投资建设运营、综合交通产业开发四大板块，职工总数从改革前的百余人增长至近4 000人，管辖党组织数从7个增长至42个，党员也从几十人增加到七百余人。如何能够在最短的时间内推进集团化管控，凝聚起"一盘棋"的战略思维？如何能够扎实贯彻"两个一以贯之"，着力落实新时代党的建设总要求？特别是随着改革发展逐步进入深水区，项目建设面临资源要素瓶颈和技术难关，如何破题攻坚、加快推进，实现集团高质量发展目标，都成为摆在交投集团党委面前亟待解决的重大课题。

二、主要做法

"一品牌五示范"中，一品牌是指党建品牌建设，五示范指包括行动支部、先锋阵地、书记项目、党员示范项目、党员先锋示范岗在内的五个示范项目建设。为了扎实推动项目建设，交投集团党委坚持系统化布局，通过党建品牌引领方向、行动支部建强组织、先锋阵地筑牢堡垒、书记项目头雁引领、党员先锋示范岗亮出身份、党员示范项目带动攻坚，着力构建从方向引领到组织保障再到阵地支撑的全方位工作机制，实现了从书记带头到党员示范到党群并进的一体式工作局面。坚持常态化推动，坚持一年一推动、一年一评选、一年一提升，年初立项、年尾评审，表彰优秀示范项目，发挥先进示范效用，不断夯实基层党建基础，不断提升基层党建的软实力。坚持标准化管理，明确品牌和项目的建设标准，使各个基层党组织党建工作"做什么""怎么做""做成什么样"定有标尺、干有方向、评有依据。截至 2023 年底，已评选表彰优秀党建品牌 9 个，先锋阵地 8 个，书记项目 9 个，党员示范项目 9 个，党员先锋示范岗 100 人。具体做法如下：

（一）品牌建设百花齐放

肩负整合发展重大使命，交投集团党委提炼形成"交投融通·舒畅先锋"党建总品牌。明确"有形象化的标识、有个性化的内涵、有制度化的推进、有显性化的成效、有可视化的阵地"的品牌建设要求，鼓励各直属企业结合主责主业打造各具特色的子品牌，进而形成"党委搭台、各级党组织唱戏，特色鲜明、百花齐放"的"1＋10＋N"党建品牌矩阵和"一支部一品牌，一品牌一引领"的党建新局面。

（二）书记项目头雁引领

立足基层党建的突出问题和薄弱环节，着力打造一批接地气、有潜质、可推广的基层党建书记项目，有力地推动基层党建工作水平整体提升。其中，交投集团党委深刻领会人才是第一资源的重大判断，将人才"一号工程"确定为交投集团党委书记项目重点推进。党委书记带队主动走进高等院校，与东南大学合作设立了"苏州交投育才奖学金"，与苏州大学轨道学院共建省级研究生工作站。大量 90 后青年才俊在直属企业中层副职竞聘中脱颖而出走上领导岗位。持续开展"大学习、大培训、大比武"活动，打造"书香交投"品牌，一批高技术人才获得了极大的成长空间。在交投集团党委书记的示范带动下，集团各级党组织书记均坚持以问题为导向，切实将本单位首要破解的难点问题确定为书记项目，带头攻坚推进，充分发挥了头雁引领作用。

（三）行动支部攻坚克难

对照"四化四有"，即"组织设置目标化，支部行动有方向；工作任务项目化，支部行动有抓手；组织生活标准化，支部行动有实效；服务机制统筹化，支部行动有资源"的建设要求，围绕重点目标任务，切实把行动支部建在班组、科研小组、项目部上，以支部行动带头攻坚克难、引领改革创新、实践倍增计划、促进转型升级。作为省级重点项目，苏台高速公路七都至桃源段工程在建设伊始就面临着千头万绪的困境。交投集团交建公司党支部联合参建各方基层党组织等组建"先锋苏台"党建联盟，并以此为依托，由5个项目部分别牵头，组建了"平安苏台""品质苏台""创新苏台""绿色苏台""廉洁苏台"等5个行动支部，吸纳党员40名。其中，"平安苏台"行动支部牵头，历时半年多，编制了全套安全文明施工标准化图册，不仅提高了施工的安全性，而且整体吊装、移动，施工效率提升了30%。在"平安苏台"行动支部的带动下，苏台工程项目荣获2022年度江苏省公路水运工程平安工地建设"示范工程"。

（四）先锋阵地多向发力

按照"基本内容完备、基本标识鲜明、基本功能健全"的基本标准和"内容有特色、氛围有亮点、功能有创新"的先锋标准，着力打造"海棠花红"先锋阵地集群，不断完善政治引领、宣传展示和党建服务三大功能，使集团每一个基层党组织阵地都成为"宣传党的主张、贯彻党的决定、教育管理党员、团结服务群众、彰显先锋形象"的平台和窗口。集团现有先锋阵地 27 个，其中市级"海棠花红"先锋阵地 3 个，国资系统先锋阵地 6 个，集团级先锋阵地 8 个。同时，交投集团党委还积极打造"1＋N"新时代文明实践和党群服务中心两个集群，建成新时代文明实践分中心 1 个，站点 5 个；党群服务中心 1 个，服务点 30 个，省交通运输行业标准化志愿服务站点 1 个，以及一批"红色驿站""戎耀之家""司机之家"等特色阵地，这些中心、站点和阵地在服务群众中发挥了重要作用。

（五）党员示范项目群策群力

党员示范项目围绕企业经营发展中的重点目标任务，突破机构和支部限制，由党员带头成立项目组，和职工群众想在一起、干在一起，强化学习钻研、开展专题研究、推动项目攻关，为决策提供参考，为高质量发展助力。列入苏州市政府实事项目的苏州平海路公园、P＋R 停车场项目就是推进"党员示范项目"建设的典范。项目组通过创建"党员示范项目"，建立起由党员带头、职工群众共同参与的模式，形成党员示范引领、职工群众群策群力的良好氛围。在项目组党员、群众的共同努力下，平海路公园和 P＋R 停车场项目的风险防范、技术攻关、品质管控各环节运转秩序顺畅，工程进度明显加快，有望比原计划提前 4 个月完成既定目标。

（六）党员先锋示范岗示范引领

对照"积极进取，政治思想好；以身作则，组织纪律好；勤奋好学，业务技能好；开拓创新，爱岗敬业好；乐于奉献，为民服务好；公道正派，廉洁自律好"的"六个好"标准，开展党员先锋示范岗评选。制定基层党建考核办法和党员积分考核管理，明确考核细则和标准，发挥考核指挥棒作用，促进基层党组织运行更规范、管理更严细、履责更到位。通过党员"亮标准、亮身份、亮承诺"，让每一名党员自觉成为一面旗帜。通过党员先锋示范岗创建成长起来的优秀党员已经超过100名。他们中既有努力钻研业务技能的技术能手，也有在管理岗位上独树一帜的中坚力量。

三、工作成效

通过"一品牌五示范"项目建设，实现了党建品牌引领作用持续深化，基层组织的政治功能和组织功能持续夯筑，党组织战斗堡垒作用和党员先锋模范作用在一个又一个难关攻克的过程中得以彰显，具体形成了"五个五"的发展成效。

（一）着力形成了"五融"发展格局

通过"一品牌五示范"，实现党建融入企业治理、融入战略规划、融入业务发展、融入风险防范、融入文化培育，从而构建大党建格局，服务大交通发展，提供大支撑保障，打造大人才队伍。各级党组织与近20家单位签订党建共建协议，不断扩大党建朋友圈。打造与党建品牌一脉相承的企业文化，持续加强文化的培育引领作用。依托人才"一号工程"，打响"才聚交投展宏图"品牌，2023年选拔任用集团及子企业中层干部54人，公开竞聘7人，引进定岗特选青年人才15名，位列市属国企前列，交投集团正在成为高素质人才聚集地、高技术人才首选地、高学历人才向往地。

(二) 着力形成了"五先"标杆队伍

通过"一品牌五示范",让争当站位先锋、学习先锋、担当先锋、服务先锋、勤廉先锋的良好氛围在集团上下蔚然成风。"交投红"志愿者服务队和"交投铁军突击队"规模持续壮大。其中,"交投红"志愿者服务队人数已经发展至2 197人,占集团职工总数的81.9%,有志愿服务记录的人数达1 743人,占比接近80%,成为"文明润万家""两保一强"以及新时代文明实践活动中的重要力量。从基层一线成长起来的全国工代会代表、省人大代表和省工代会代表成为集团近2 000名收费岗位员工成才的榜样。通过开展"交投十杰""交投之星"评选,树立了弘扬劳模精神、劳动精神、工匠精神的鲜明导向。

(三) 着力打造了"五舒"服务窗口

通过"一品牌五示范",在市管高速打造了最舒畅的道路通行条件,最舒心的公共服务产品,最舒适的道路出行体验,最舒安的通行保障体系,最舒服的配套服务项目。2023年全年优质服务车辆1.9亿辆次,落实通行费减免政策减免通行费4.76亿元。全国首个"智慧高速"示范项目、全省高速公路最长的71.2公里亮灯为民工程和全省高速公路服务区首座"光储充一体化"充电站等一批在全国全省具有重大示范意义的项目落地落实。

(四) 着力推动了"五畅"体系建设

通过"一品牌五示范",推动交投集团在建设更畅通的区域大通道、市域一体化、公共交通网、物流服务网和能源配给网等方面形成更多成果。30 项重大基础设施项目攻坚推进，完成投资 76.58 亿元，为年度计划的 105.62%，吴中大道东段暨南湖路快速路工程和杨林塘航道整治工程分别荣获公路交通优质工程奖和水运交通优质工程奖。静态交通、"交邮融合"扎实推进，新能源、新材料运用场景持续丰富。

（五）着力实现"五通"发展目标

通过"一品牌五示范"，最终实现了思想通、道路通、管理通、发展通、民心通五个方面的目标。"第一议题"、党委中心组集中学习、线上线下的微党课评选以及宣讲员队伍组建，形成了覆盖全面的理论学习矩阵；集团上下对党的创新理论理解持续深化；通过延链、补链、强链的生动实践，持续优化交通产业布局，在助力构建现代综合交通运输体系上迈出了更加坚实的步伐；持续对标世界一流企业，在推动国企改革，构建现代企业管理制度进程中树立了更加坚定的决心；锚定"国内领先、国企示范"目标，资产规模、营业收入和利润总额持续增长，高质量发展的路径更清晰、步伐更有力；扎实服务基层治理，实施楼道亮灯、小区议事厅建设，建设人民满意交通场景更加丰富，2023 年获得 10 余面各类锦旗表彰。

四、经验启示

（一）打造贴近中心工作的党建赋能新机制是激发基层党组织活力的重要手段

结合实际在推动自身发展的过程中精准找到问题与难点，通过党建品牌建设、基层组织夯实、党员作用发挥，充分激发活力，寻求破解新时代国有企业党建工作和生产经营难题的方法和途径，使企业始终处于创新前沿。同时，充分发挥党员先锋模范作用，提高宣传效应，通过新理念、新方式和独有的创造力去打造党建品牌，使党建工作更具有时代特征。

（二）打造具有特色亮点的党建赋能新机制是贯彻落实党建工作的重要抓手

基层党组织通过"一品牌五示范"项目的建设，可以及时总结经验做法，研究党建工作规律，不断创新工作思路、工作机制和方式方法，有利于提升党建规范化建设水平，形成独具特色的党建经验和工作法，对于提高党建工作质量起到至关重要的作用。同时，特色鲜明的党建赋能机制有利于各不同领域基层党组织发挥出各具优势的党建示范引领作用，扩大带动和辐射范围，提升党员履职担当意识，有力增强党组织的影响力和感召力。

（三）打造符合民心民意的党建赋能新机制是促进党建与生产经营深度融合的重要载体

党建工作的目标就是要把党的政治优势转化成为企业发展的核心竞争力，转化成为企业发展的优势，引领推动企业高质量发展。建设和打造党建创新项目，就是通过寻找党建工作和生产经营的契合点，形成一套具有企业特色的方法论和价值观，构成党建引领业务、业务促进党建的良性循环模式，让党建工作在围绕中心大局和保障主营业务的同时体现"以人民为中心"的工作思路。

 **案例点评**

　　如何能够扎实贯彻"两个一以贯之",着力落实新时代党的建设总要求?苏州交通投资集团有限责任公司党委始终坚持以习近平新时代中国特色社会主义思想和党的二十大精神为引领,扎实学习领会习近平总书记视察江苏时的重要讲话精神,认真贯彻落实"争当表率、争做示范、走在前列"要求,充分结合自身工作实际,以项目化思维推进党的建设,以党的建设引领赋能项目开展,认真梳理影响阻碍高质量发展的重点难点问题,扎实开展"一品牌五示范"建设(一品牌是指党建品牌建设,五示范指包括行动支部、先锋阵地、书记项目、党员示范项目、党员先锋示范岗在内的五个示范项目建设),推动党建与业务深度融合,以高质量党建引领高质量发展。

推动联建共建　凝聚共识合力
助力探索面向世界贡献古城保护的苏州方案

苏州名城更新发展有限公司党支部

【引言】 苏州是一座延续了 2 500 多年历史的城市，习近平总书记考察苏州时讲到："住在这里很有福气，古色古香，到处都是古迹、到处都是名胜、到处都是文化。'百步之内，必有芳草'，这句话可以用在这里。"2012 年，经国务院、江苏省政府批复同意，苏州原平江、沧浪、金阊三区合并成姑苏区，成为国内首个也是唯一一个国家历史文化名城保护区。2024 年，江苏苏州文物建筑国家文物保护利用示范区获国家文物局授牌，成为首批 6 处国家文物保护利用示范区之一。在市委、市政府的领导下，保护区、姑苏区按照示范项目"先行先试"理念，不断探索国家历史文化名城"苏州方案"。

【摘要】 苏州名城更新发展有限公司（以下简称"公司"）是苏州名城保护集团下属全资子公司，公司党支部紧扣习近平总书记"保护好、挖掘好、运用好"的殷殷嘱托，根据集团党委部署安排，立足做精做优古城保护"续、多、新"三篇文章，积极探索以街坊为单位连片保护更新模式，遵循"整体保护、风貌协调、持续管理、有序更新"的理念，协同开展老宅保护修缮与活化利用、基础设施改善与环境整治提升、重要载体与零星地块更新，着力将 32 号街坊打造为"特色金融小镇"和"苏式生活体验街区"。公司一以贯之地坚持党对国有企业的领导，一以贯之地建立健全现代企业制度，把党的领导融入公司治理各环节，把企业党组织内嵌到公司治理结构之中。党建共建凝共识,行动支部在行动,切实把党的组织优势转化为古城保护更新发展的强劲动能,助力探索面向世界贡献古城保护的苏州方案。

【关键词】 基层党建;苏州古城;历史文化保护

扫码看VR

一、案例背景

为深入贯彻苏州市委、市政府关于古城保护更新工作的决策部署和保护区党工委、管委会工作要求，充分发挥市、区各相关党组织在推进古城保护更新工作中的引领和保障作用，深入实施"融合发展先锋行动"，按照集团党委成立"名城保护"党建共建的工作部署，组建名城保护32号街坊项目"行动支部"，公司党支部是其中的主体力量。

公司党支部以32号街坊保护更新为抓手，实施32号街坊保护与更新项目，充分发掘历史文化资源，推动传统产业转型升级，把一体化推进古城保护、老旧小区改造和城市更新同地域特色文化的挖掘聚合与传承保护结合起来，致力于打造"古城新居"、涵养"江南文化"的新样本，探索传统历史街区更新改造的新理念、新方式、新路径。

二、主要做法

（一）以联建促进党建水平共进提升

积极开展名城保护党建结对共建活动，市委市级机关工委、市国资委、市发改委、市财政局、市资规局、市住建局、市文物局等市级机关党组织，市广电总台等国企党组织，保护区、姑苏区古保委和姑苏区城管委、姑苏区住建委、姑苏区行政审批局、资规姑苏分局等区级机关党组织以及相关街道党组织为共建成员单位，以党建联建促进业务提升，"党建共建"作为市级机关、板块、国企党员干部间学习交流平台，互通先进经验、创新举措，互提工作意见、建议。建强名城集团"行动支部"战斗堡垒群，创新优化组织设置，将"实施主体—属地—参建方"三级党组织党员充实到"行动支部"，以支部行动凝聚增强项目的先锋战斗力。以"党建共建"＋"行动支部"的模式，扩大"名城保护"党建朋友圈，为推动苏州古城保护事业高质量发展提供坚强的政治保障和组织保障。推进党建与中心工作深度融合，认真贯彻落实党的二十大报告中"加大文物和文化遗产保护力度，加强城乡建设中历史文化保护传承"重要指示要求，公司党支部集合多方力量成立项目党员先锋队、青年突击队，以党建工作为纽带，通过实境教学，推动学做结合，激发党员和青年干事创业的"精气神"。

（二）资源联享促进中心工作互促互进

长期以来，城市基础建设和民生保障由多个部门实施，以苏州为例：文物保护修缮责任单位为文物局；古典园林维护保养责任单位为园林和绿化管理局；传统民居公房部分修缮、市政工程建设责任单位为住房和城乡建设局；河道治理、驳岸整治责任单位为水务局；环卫设施改造责任单位为城市管理局等等。公司党支部作为探索以街坊为单位整体改造的先锋军，32号街坊保护更新项目的实施主体、建设单位，发挥国企优势，依托党建共建平台，了解古城保护更新工作的新政策、新资源，整合各渠道信息，统筹各类资金、资源、资产。行动支部作为项目一线的中坚力量，共建成员单位党员干部走进街巷老宅、走近历史文化，以问题为导向，以党建为引领，倾听群众的新问题，了解群众的新需求，为古城保护更新出谋划策，促进解决古城保护的痛点难点问题，建立定期商议、联合共建工作机制，形成古城保护事业高质量发展的强大合力。

（三）活动联办引领古城保护示范

通过党建共建深化联学共建机制，共同举办理论学习、实地参观、交流研讨等主题活动，将共建工作与加强各单位之间交流合作结合起来，与助推苏州古城保护更新重点难点工作结合起来，与全市高质量发展综合考核结合起来，与学习宣传贯彻党的二十大精神结合起来，做到同频共振、相互促进。支部践行党的宗旨和群众路线，让支部和群众想在一起、干在一起。在项目实施前组织居民座谈会，搭建与社区居民之间的沟通桥梁，宣传政策、收集意见、解决问题，方案形成过程中坚持共同缔造的原则，做深、做实"以群众需求为导向"的项目生成机制；在项目实施过程中，通过新春走基层、元宵送温暖、老旧小区改造送政策讲解服务、夏日送清凉、重阳慰老、腊八赠粥等系列活动，党员亮身份、亮承诺，拉近与老百姓的距离；在项目建设完成后，持续进行文化挖掘和活力注入，举办高质量发展大会，加入古城保护更新"伙伴计划"，面向市场公开征集"合伙人"实现以用促保，助力构建"政府主导、市场运作、多方参与"古城保护更新体制机制。

三、工作成效

（一）民生改善保障：添彩美好生活

公司实施的32号街坊保护更新项目是一项复合多元的民生实事项目，支部工作始终践行以人民为中心的发展思想，致力于提升人民群众的获得感、幸福感、安全感。街区内许多传统民居年久失修，安全等级低、居住条件差，原住民无力承担改造费用，有强烈的搬迁意愿，公司扛起民生保障责任，承担搬迁过程中产生的改善差价，仅2023年就完成465户居民的搬迁安置工作；公司通过老旧住区环境改善提升、架空线整治和入地等工程，改造老旧住区、零星楼等总建筑面积约45 000平方米，惠及168户居民，整治、新增绿化约3 000平方米；充分考虑居民实际，实现增梯、用电增容、引入燃气、公共充电桩、停车规划等需求。一处典型案例是盘活闲置老旧房屋资源，创新打造的一所集理论学习、便民服务、旅游打卡于一体的全天候24小时免费开放的便民服务微型党建综合体，让居民免费阅读纸质书籍、扫码"听"学，联合共建单位，提供理发、缝补、体检、小家电修理、健康咨询、心理疏导等服务。

（二）文物活化利用：焕发文化价值

公司党支部聚焦国家战略和公共服务领域，保持历史文化资源的原有魅力，弘扬文化自信；挖掘人文历史、让文化价值转变为经济价值、社会价值，在推动共同富裕中彰显国有企业的责任担当。案例一是控保建筑曹沧洲祠，公司基于其中医文化属性，引入苏州雷允上打造吴门医派中医药（雷允上）研究所、雷允上中药非遗加工技艺研究所，发挥社区医院作用的同时植入名人故居展览展示、文物陈列展览功能。开展丰富的中医药文化、非遗传承活动。定期组织传统文化公益活动，将曹沧洲祠作为文化宣传、教育、体验基地，拓展文化服务功能。案例二是省级文保单位畅园，依托优质园林，整合市、区两级多主体物业资源，引入万科"有熊"品牌，实现产业转型升级，打造居民、游客、企业共享的城市会客厅,提升整个街区生活品质。企业借用畅园的文化价值,扩大品牌影响力,园林依托企业对其进行日常养护,探索可持续的保护模式。

(三)古城更新发展:打造金融小镇

公司把党的领导的政治优势、组织优势转化为企业的竞争优势、发展优势,为做强做优做大国有企业提供坚强组织保证。公司推进市场化经营机制改革,增强国有企业市场经营活力和竞争力,围绕集团党委战略部署,推进打造"金融小镇"。目前,32号街坊24.34公顷范围内已注册金融投资类企业12家。公司主动对接金融投资单位,积极拓展"党建共建"朋友圈,通过协调对接相关政府部门,宣传相关扶持政策,为招商引资对象提供公共产品服务基础。公司作为片区改造实施主体,充分发挥32号街坊的停车规划、市政环境提升、商业开发等配套优势,挖掘文控保文化资源,践行"招商先行、量身订制"原则,为古建老宅和传统民居引凤筑巢,有序推进"金融小镇"建设,进一步在提升经济效益、扩大税收贡献、创造就业机会等方面发挥重要作用。

四、经验启示

(一)创造一流的生产经营业绩

在党建引领下,公司生产经营取得系列成果。公司围绕古城"保护""更新"的主责主业,一体化推进协议搬迁、前期设计、工程建设、招商运营,2023年,46个项目纳入城市更新试点,28个项目完成城市更新认定，12个项目完成建设，完成产值约14.53亿元；活化利用房屋面积约3 018.5平方米，意向签约房屋面积约1 589.23平方米；利润总额达到全年目标的183.84%；获得各项荣誉称号8个，"苏州32号街坊保护更新项目"入选中宣部《宣传工作》典型案例，以32号街坊为案例的《城市更新中历史建筑、历史街区保护利用消防设计优化及审验管理技术指南》代表苏州入选2023年度江苏省城市更新试点项目和住建部历史街区消防保障方案课题案例，庙堂巷22号畅园有熊酒店项目、瓣莲巷4号曹沧洲祠项目入选苏州文物建筑保护利用优秀案例，架空线整治和入地工程获评2023年度苏州市"姑苏杯"优质工程奖（市政等类）等。

（二）探索先进的可复制推广模式

在基层党建融合联动下，国有企业价值创造能力和社区治理水平得到共同提升。在32号街坊保护更新过程中，公司党支部通过"行动支部"工作模式，营造共享、分享、创享的社区氛围，让居民、游客、企业、商户等多方紧密联系、共同参与社区治理。这不仅探索了古城保护与活化利用的重要性和可能性，也实践了古城保护与活化利用的方法和路径。"党建共建"+"行动支部"的模式，让来到32号街坊的所有人，不仅共同享有这里的历史文化资源，还共同参与这里的社区治理和发展。基层党建工作不仅展示了国有企业党组织的引领作用和服务功能，还为其他历史文化名城的保护更新提供了借鉴样本和经验启示；不仅保护了古城的历史文化遗产，还赋予了古城新的生命和活力；不仅让居民和游客共享古城的魅力和乐趣，还让企业和社区共享古城的价值和效益，探索形成了古城保护领域内可复制推广的更新发展模式。

 **案例点评**

2 500多年城市历史的传承是一份沉甸甸的责任,苏州名城更新发展有限公司牢记习近平总书记"保护好、挖掘好、运用好"的殷殷嘱托,面对历史传承厚重、工作条线繁多、新式问题层出的三大课题,公司以党建共建凝共识,行动支部在行动,切实把党的组织优势转化为古城保护更新发展优势,以街坊为单位重点将32号街坊打造为"特色金融小镇"和"苏式生活体验街区",不仅使老城社区微更新旧貌换新颜,而且打造出新苏式生活的街坊单元标杆,助力探索面向世界的古城保护苏州方案。

强化协同聚合力　打造党建共同体
助力港航物流市域一体化发展

苏州市港航投资发展集团有限公司党委

【引言】 习近平总书记强调,"国有企业是中国特色社会主义的重要物质基础和政治基础,是我们党执政兴国的重要支柱和依靠力量","坚持党的领导、加强党的建设,是我国国有企业的光荣传统,是国有企业的'根'和'魂',是我国国有企业的独特优势"。坚持党建先行能保证企业始终遵循党和国家的发展战略,在经济建设中发挥支柱作用;能使国有企业在复杂的经济环境和市场竞争中保持坚定的政治立场,不偏离社会主义道路;能提升企业凝聚力,形成强大的团队合力,激发职工的积极性和创造力;能塑造积极向上、富有责任感的企业文化氛围;能激发职工的创新精神和工作热情,提高企业的核心竞争力。

【摘要】 苏州市港航投资发展集团有限公司党委强化协同聚合力,打造党建共同体。通过整合港航物流资源,推动内河港口网络化、江海河联运一体化,实现港航物流市域一体化发展。以党建引领业务,优化运输结构,推动港产城融合。该案例体现了党委在港航物流领域的创新实践和积极作用。

【关键词】 党建引领;协同联动;物流市域一体化

扫码看VR

苏州市港航投资发展集团有限公司（以下简称"苏州港航集团"）党委坚持以党建为突破口，以推动港航物流市域一体化为目标，通过渠道融合、资源共享、人才共育，更大范围统筹、调动与整合苏州市域港口、仓储等资源，更深层次凝聚各方合力，更高维度汇聚治理动能，着力做实党建强引领、项目助攻坚、先锋做示范，全方位打造党建共同体，为助力港航物流市域一体化发展注入"红色动力"。

一、案例背景

习近平总书记在全国国有企业党的建设工作会议上指出，要通过加强和完善党对国有企业的领导、加强和改进国有企业党的建设，使国有企业成为党和国家最可信赖的依靠力量，成为坚决贯彻执行党中央决策部署的重要力量，成为贯彻新发展理念、全面深化改革的重要力量，成为实施"走出去"战略、"一带一路"建设等重大战略的重要力量，成为壮大综合国力、促进经济社会发展、保障和改善民生的重要力量，成为我们党赢得具有许多新的历史特点的伟大斗争胜利的重要力量。要坚持有利于国有资产保值增值、有利于提高国有经济竞争力、有利于放大国有资本功能的方针，推动国有企业深化改革、提高经营管理水平，加强国有资产监管，坚定不移把国有企业做强做优做大。

二、主要做法与工作成效

（一）织密市域一体化组织体系，推动党业融合、同频共振

苏州港航集团牢固树立一盘棋思想，坚持党建先行，推进基层党组织建设向苏州市三个沿江港区延伸，织密港航物流市域一体化组织体系，以党组织的桥梁纽带作用，畅通市域一体联动渠道。**一是以强基提质为抓手，实现基层党组织全覆盖**。集团党委坚持把组织力渗透到联动发展最活跃的细胞上，抽调骨干力量成立"沿江工作专班""沿江工作专班临时党支部""沿江工作青年突击队"，全面推动太仓、常熟沿江港口资源整合。在太仓、常熟成立区域公司基础上，同步优化调整党组织设置，新增设立沿江党支部，为融入和服务沿江港区高质量发展提供组织保障。采取单独组建、区域联建、跨区共建等方式，沿江行动支部、航港SZV行动支部、多式联运行动支部等多个行动支部，在推进港航物流枢纽建设、水公铁空多式联运业务发展上，发挥积极作用。**二是以业务融合为纽带，凝聚协同联动向心力**。集团党委打破体制限制、行业约束，围绕市委、市政府《关于苏州港改革创新发展的意见》确立的"主攻近洋、拓展远洋、重抓沿海、深耕长江、联动内河"基本战略，积极对接张家港市、常熟市、太仓市人民政府，通过签署合作备忘录、举办座谈会、交流研讨会等方式，持续加强与三个沿江港区的联动，系统集成各地各单位优势力量，形成上下贯通、执行有力的组织体系。**三是以创新发展为目标，积极拓展港航物流"朋友圈"**。按照"党建引领、区域联动、优势互补、抱团发展"的思路，集团党委与苏州工业园区高端制造与国际贸易区、园区自贸区综合协调局、园区海关驻唯亭办事处、上海机场集团物流发展有限公司共同签署党建联动合作协议，深化各方党建联动，推动平台互建、载体互联、系统互通，创新探索跨省市、跨行业、跨领域党建深度协同，打造长三角国际空港党建合作创新样本。持续深化与省港口集团、省班列公司等企业的合作，以加入江苏省物流园区联盟为契机，扩大与省内同行企业的合作，做到互通有无、互学互鉴、互帮互助，切实将党的政治优势、组织优势转化为企业竞争优势、产业发展优势，有效增强企业整体实力。

（二）搭建市域一体化发展平台，促进资源整合、同向发力

苏州港航集团党委聚焦推动内河港口网络化、江海河联运一体化，创新搭建人才联动、项目联动平台，充分激活港航市域一体化创新发展的动能，构建党建引领、全域统筹、多方融合、协同发展的工作新格局。**一是创新人才培养引进机制**。聚焦苏州港改革创新发展目标，集团党委创新实施"领航人才计划"，全面推进党群人才、经营管理人才、职业经理人才和专业技术人才四支队伍建设。推进实施青年人才"拔节行动"，抓好青年人才"萌芽""育苗""拔节""收获"全生命周期管理，为集团持续高质量发展积蓄新生力量。**二是开展跨区域挂职探索实践**。将干部共管共用、共育共培作为推动港航物流市域一体化发展的突破口，集团党委与苏州港管委会积极互动，双方各选派1名优秀年轻干部开展跨区域挂职，合力加强专业人才的培育。深化推进与参股公司的交流，2023年，相继选派6批次干部赴太仓港集装箱海运有限公司、中外运高新物流（苏州）有限公司等参股公司任职，有效加强与参股公司之间的交流联动。**三是搭建业务合作发展平台**。依托江苏（苏州）国际铁路物流中心（以下简称物流中心），围绕"一链一联盟、一园一阵地、一企一支部"产业链党建布局思路，集团党委积极统筹政府、企业、海关、铁路等相关单位力量，构建以港航物流产业为主体，孵化器、众创空间为依托，行业协会为补充的多维度港航物流发展服务体系。自物流中心投入运营以来，已集聚14家物流相关企业，累计组织党员干部走访企业150余次，共收集诉求200余条，办结率达100%。

（三）抓牢市域一体化重点业务，助力产业融合、共创共赢

聚焦重点领域、重点区域、重大项目，集团党委找准党建工作的切入点和发力点，把强大的组织优势转化为高质量一体化发展的优势，在服务中心大局中画好最大"同心圆"。**一是持续完善港航物流枢纽布局**。完成常熟新泰码头纳入苏州港航集团一体化管理运营，并研究码头提升改造及提高运营质效方案，2023年8月常熟新泰码头—韩国釜山港件杂货班轮航线首航，为"苏州制造"直达海外市场提供出海高速通道；完成太仓港综合枢纽（多式联运）物流园区规划设计方案，提升太仓港疏港铁路专用线运营质效，2023年完成集装箱吞吐量50 074标箱，首发科克舍套—霍尔果斯—苏州太仓中亚班列，打通太仓港区与霍尔果斯口岸间的常态运输路径，并开行海铁联运笼车班列，2023年9月至今累计发运商品小汽车2 350辆；开展太仓港集装箱五期工程前期工作，并研究与太仓港综合枢纽（多式联运）物流园区的联动。**二是探索构建运贸融合发展模式**。聚焦太仓市打造百亿木材交易集散中心的相关规划，依托中欧班列和港航物流业务优势，整合贸易采购、库内交易、金融服务、货物运输、清关报关等业务，研究开展木材等运贸融合业务，致力降低供应链成本，提升供应链安全，助推"港口流量"转化为"经济增量"。2023年，集团下属贸易类子公司成功在太仓开立首张国际信用证并完成货物采购。**三是主动融入"一带一路"发展大局**。集团党委深入学习领会习近平总书记致中欧班列国际合作论坛重要贺信精神，认真落实省委、市委常委会会议部署要求，联动太仓疏港铁路专用线，持续创新"班列＋"模式，拓展班列线路和特色产品，开行跨境电商专列、自贸区专列、长三角一体化示范区专列等特色班列，精准服务苏州

及长三角地区进出口产业需求。

三、经验启示

（一）打造党建共同体是坚持党的全面领导的必然要求

坚持以"大党建体系"统揽全局，激活党建效能，做到中心工作推进到哪里，党的建设就跟进到哪里。苏州港航集团以打造党建共同体为有效抓手，做到业务发展到哪里，组织资源就调配到哪里，党组织和党员干部的作用就发挥到哪里，形成上下贯通、执行有力的组织体系，实现党的组织和党的工作全覆盖，在加快融入长三角一体化发展过程中，切实发挥党组织的政治领导力、思想引领力、群众组织力、社会号召力。

（二）打造党建共同体是展现国有企业党建新成效的重要举措

在新时代基层党建融合发展的大背景下，党建共同体以"大党建、大融合"为工作格局，以党组织为"通关密码"，打破不同领域、不同行业党建工作条块分离、各自为战的"壁垒"，推动不同领域、不同行业党组织互联互动互促、共建共治共享，把"分散"各地的资源"凝聚"起来，实现同唱一台戏、同使一股劲，更好抵御市场风险，有效推动不同类别的党组织工作"共谋划"、活动"共开展"、品牌"共打造"，推动党建向基层延伸，全面提高国有企业党的建设影响力。

（三）打造党建共同体是加快建设世界一流企业的有力保障

面对蓬勃兴起的新一轮科技革命和产业变革，对标世界一流，港航集团在效率效益、科技创新能力支撑等方面仍存在差距，特别是世界一流企业党建格局日益区域化、多元化，单靠传统的党建模式已难以适应社会发展变化趋势，更无法解决区域之间行政体制约束、系统谋划不充分、资源互补不明显等发展问题。推行党建共同体能够形成抱团发展优势，进一步释放规模效应，促进集约化经营，确保各类企业党组织上下贯通、高效协同、执行有力，在更大范围、更广领域、更深程度、更高水平上推动跨区域创新资源互补和成果转化，加快培育港航集团成为具有品牌影响力、创新引领力、市场带动力的现代港航物流集团，为推动苏州港成为国内大循环战略节点、国内国际双循环战略枢纽的重要组成部分和重要窗口提供坚实的组织保障。

（四）打造党建共同体是助力港航物流市域一体化发展的有效路径

从物流一体化发展，再到港联江海河。苏州在开放型经济的发展中，不断拓宽港航物流市域一体化发展的路径。推进党建共同体，最重要的就是以推动港航物流市域一体化发展为目标，通过优化基层党组织形态，推动党建共同体内组织共建、思想共建、队伍共建，将散布在不同区域、不同领域、不同条线的资源力量优化重组、科学配置，释放最大发展效能，以组织融合带动发展融合，以组织共建引领发展共进，为进一步增强苏州和周边地区产业链供应链的韧性，提升产业链供应链自主安全可控筑牢坚实的组织保障。

 **案例点评**

　　如何加强和完善党对国有企业的领导？苏州市港航投资发展集团积极抢抓"一带一路"、长三角一体化、自贸区叠加优势，探索构建区域联动协作的"大党建体系"新机制，以党组织为"通关密码"，打破不同领域、不同行业党建工作条块分离、各自为战的"壁垒"，推动不同领域、不同行业党组织互联互动互促、共建共治共享，把"分散"各地的资源"凝聚"起来，有效推动不同类别的党组织工作"共谋划"、活动"共开展"、品牌"共打造"，推动党建向基层延伸，全面提高国有企业党的建设影响力，为服务苏州经济社会高质量发展持续赋能。

"三治"融合提效能 助力基层治理开新局

苏州轨道交通运营有限公司党委

【引言】 习近平总书记指出,"要加强和创新基层社会治理,使每个社会细胞都健康活跃,将矛盾纠纷化解在基层,将和谐稳定创建在基层"。苏州轨道交通运营有限公司党委通过自治让班组成员自主制定工作流程优化方案,提升班组活力和创造力,提高工作效率;以法治严格执行安全操作规程,增强规则意识,确保公平公正;以德治弘扬爱岗敬业精神,形成共同的价值取向和行为准则,增进团队凝聚力,从而为企业发展作出重要贡献。

【摘要】 苏州轨道交通运营有限公司党委通过"三治"融合提升效能,助力基层治理开新局。健全基层群众自治制度,深化议事协商,激发自治活动;加强法治供给,推行行政执法公示等制度,深化平安体系建设,完善公共法律服务体系;开展社会主义核心价值观宣传教育,推进社会公德等建设,培育道德典型。这些举措有效提升了基层治理效能,为推动基层治理现代化提供了有益借鉴。

【关键词】 "三治"融合;治理效能;基层治理现代

扫码看VR

一、案例背景

苏州轨道交通运营有限公司（以下简称"运营公司"）主要负责苏州轨道交通（网）的运营管理、乘客服务及设施设备的维修保养等工作，下设部门8个、分公司2家，共有班组488个、职工13 000余人；党委下辖基层党组织106个、党员1 300余名。随着运营公司现代化转型进程的不断推进，班组事务、职工诉求更加复杂多样，对班组治理体系和治理能力也提出了更高要求。为适应新时代基层治理形势变化的需要，破解在发展进程中群众关心的痛点、难点和焦点问题，运营公司党委探索党委领导下的班组自治、法治、德治"三治"融合方式，引导员工积极投身班组治理，共同打造共建共治共享的和谐班组。

二、主要做法与工作成效

（一）培育自治力量，探索基层治理新路径

自治是主体自我认识、自我制约、自我解放的活动。运营公司党委通过规范班组管理制度、开展班组长减负行动、培养员工自治思维，提高员工自治能力，提升基层治理效能。**一是规范班组管理制度，打造班组"自治"新气象**。运营公司党委充分授权班组自主制定班组管理、奖惩办法、班组建设经费管理等制度，由班组结合自身实际将公司指标细化分解至班组管理全过程，规范工作任务、流程、岗位职责，监督班组经费使用合理合规，落实考勤、考核、评优评先等管理方法，充分激发

员工自治潜能。**二是开展班组长减负行动，释放班组"自治"新活力。**面对基层班组迎检任务重、纸质台账多、考核杂项多、处理邮件耗时、日常工作饱和等问题，运营公司党委开展基层减负长效行动，通过整合检查形式、规范邮件发送、优化票务工作流程等方式，减轻一线班组长日常管理工作量，助力班组长释放自治活力。**三是开展从"问题背后的问题"到"手拉手、心连心"思维培养行动，激活班组"自治"新动力。**面对员工在自治过程中出现的积极性、主动性不高，沟通协调不畅、推诿扯皮类情况，运营公司党委从《QBQ！问题背后的问题》书籍出发，探索"问题背后的问题"（QBQ，即 Question Behind Question）管理思路，通过组织班员制作思维导图，开展工作复盘交流，启发班组成员掌握"学习、负责、创意、服务、信任"五项实践原则，通过多维度换位思考问题原因，提高责任意识和主人翁意识，内化为班组成员自觉自愿的行动准则，成长为"手拉手、心连心"（HIH，即 Hand in Hand and Heart in Heart）管理模式，最终实现学习型、自主型、共创型、服务型、互助型组织建设目标。通过多样化青年论坛、轮岗交流、表彰激励等活动，进一步激发团队活力和成长潜力，推动班组自治提质增效。

（二）夯实法治根基，激活基层治理新效能

法治是班组治理的根本保障。运营公司党委不断夯实基层治理法治根基，充分发挥基层党组织、各级部门的引领作用，以制度考核规范事务，以绩效荣誉激励员工，培养员工建立目标导向，凝聚团结奋进强大力量。**一是以"二次分配"机制激发员工主动作为。**为建立建全差异化考核和分配机制，引导员工拒绝躺平、主动作为，运营公司党委实行

"二次分配＋小立法"的参与式管理模式，将分配权下放至班组，授权各部门（中心、事业部）、车间、班组根据专业特点、工作内容，因地制宜制定"小立法"，进行差异化"二次分配"，激发员工参与意识和主人翁意识，实现从"干多干少一个样"到"干得多拿的多、干得好奖的高"的成功转变。**二是以"五型班组"创建压实班组管理责任**。运营公司党委进一步优化班组建设与组织管理，将班组民主自治专项、班组小立法专项等15个民主自治事项纳入"五型班组"建设方案，将评分占据提高至30％，将层层晋星调整为据实评星，最大限度激发班组积极性和员工创造力。**三是以"星级支部"评比构建党建引领格局**。运营公司党委充分发挥党建在班组建设中的引领作用，对现行支部标准化考评进行提档升级，从技术创新、安全管理、降本增效等方面新增30余项自选动作和挑战性工作，分数占比提高至70％，并在每年一评的基础上增加自评、复评、晋星、跨星、摘星等考评环节，以"多星多荣誉、不进则落后"为导向，将先进名额分配和星级支部评比结果相挂钩，全面压紧压实支部党建责任。**四是以线路承包经营模式激发基层治理活力**。运营公司党委以"降本增效"为出发点和落脚点，开展1、5号线承包经营制，在承包人向公司做出承包车间全口径成本、承包线路成本基础上的降幅、优化人员配置、优化车间运作等承诺的基础上，授权承包人团队成员选定权、下辖人员分流权、零星采购权、二次分配权。在经营管理过程中，根据生产成本、人力成本压降情况、高质量发展目标提高情况综合确定激励系数，激发各级组织和员工自觉由行政管理转型为自我管理，推动企业高质量发展。

（三）厚植德治沃土，赋能基层治理软实力

德治是班组治理的内在自律约束。运营公司党委立足基层青年职工占比超90%的基本情况，充分发挥道德教化作用，于润物无声处培植德治沃土，筑牢基层治理思想堡垒。**一是以青春领航员队伍树立道德标尺**。运营公司党委紧抓青年职工思想政治教育主线，把班组思想政治工作同生产运营、企业发展工作结合起来，从一线职工中选出政治思想好、示范带头好、群众基础好、沟通能力好、专业技术好的青年党员担任青春领航员，通过"年轻人影响年轻人"，增强思想政治工作的效果，引导班组职工树立正确政治观、价值观。**二是以工会"娘家人"队伍传递道德力量**。基层工会是班组与职工间的桥梁纽带，也是班组"德治"的"加油站"。针对基层班组工会作用发挥不强、职工认同感归属感不高的问题，运营公司党委积极探索，围绕基层工会工作者实际工作难点和职工关心的热点问题，创新编制《工会工作实务手册》《工会小组长制度》，进一步提升基层工会工作者能力水平。组织工会小组长定期召开班组民主生活会，积极了解班组职工思想动态并及时引导，紧抓"三张清单"落实，确保每位班组职工的声音和意见都能够被充分听取和尊重，培养职工主人翁意识，提高班组职工的归属感、责任感。**三是以纪检委员队伍坚守道德底线**。运营公司党委紧盯职能部门管理人员、生产中心各级干部、基层班组长等基层权力运行关键岗位人员，聚焦选人用人、员工奖惩、物资管理等具体问题，建立"小微权力"清单。选优配齐基层党组织纪检委员，强化纪检委员履职尽责意识，把纪检监督履职情况列入支部评星定级考核项，推动支部纪检工作落实落细。加强基层法治教育，于钉钉公告平台开设廉政教育专栏"青廉提醒"，编印警示

教育口袋书，对近几年运营公司发生案例、"八小时外"问题行为深入剖析，充分发挥身边人身边事的震慑警醒作用。**四是以先进典型队伍引领道德风向**。强化典型选树，围绕先进典型、平凡小事、自主创新、风采展示等内容打造内刊《星火》。围绕劳模工匠、时代青年、文明职工等先进典型，制作图文海报，常态化通过车站车厢、大楼电梯厅进行滚动播放。开展道德讲堂、"最美家庭"故事评选、"七一"表彰等活动，引导员工向先进典型靠拢。制定荣誉表彰管理办法，运营公司党委成立工作委员会，坚持荣誉表彰向一线倾斜，规范荣誉表彰设置、管理、实施、监督等流程，梳理提报荣誉增设项目，进一步激励员工，增强员工的工作自信、工作动力和归属感。

三、经验启示

（一）坚持以"人本"化"人心"，是提高基层治理的出发点和落脚点

人民群众是我们党的力量之源、胜利之本。只有坚持以人为本，以员工需求为导向，以员工满意度为标尺，才能将更多资源、服务、管理放到一线、沉到班组，让员工从互动参与、决策制定、提升激励中感受爱和尊重，实现自治为了班员、发展依靠班员、发展成果由班员共享，让班组自治成果更多惠及全体员工，着力提升员工幸福感。

（二）坚持以共创谋共赢，是提高基层治理的关键点和结合点

企业发展离不开全体员工的共同努力。只有紧盯企业发展目标方

向,找准关键点、结合点,通过"三治"融合机制将党组织书记、班组长、员工等多元主体利益与班组利益、企业利益高度结合,才能构建共治共创共享的多元治理格局,在开拓创新中合力推动质量效益稳步提升,共享高质量发展成果。

(三)坚持以自治提质效,是提高基层治理的着力点和突破口

党建和业务是一枚硬币的两面,二者有机统一、密不可分。只有推动党建工作与中心工作深度融合,充分发挥支部战斗堡垒和党员先锋模范作用,才能真正构建"三治"融合机制,实现班组自治、法治和德治主体补位和功能聚合,推动基层治理向末端延伸、矛盾纠纷在基层化解、和谐稳定在基层创建,不断提高工作质效,夯实高质量发展根基。

 案例点评

> 如何把党的建设作为企业的"根"和"魂"?苏州轨道交通运营有限公司党委坚持大抓基层的鲜明导向,积极探索党委领导下的班组自治、法治、德治"三治"融合新模式,从生产最小单元班组着手,通过搭平台、建机制、促发展,着力推进"三治"融合新体系,不断提升基层治理能力水平。

"苏行e先锋"党建数字化平台
迸发数字党建新动能　赋能高质量发展新篇章

苏州银行股份有限公司党委

【引言】　习近平总书记强调,"各级党政机关和领导干部要学会通过网络走群众路线","善于运用网络了解民意、开展工作,是新形势下领导干部做好工作的基本功"。数字时代给基层党组织做好党的建设工作提出了更高要求,利用信息技术激发基层党建工作活力,推动基层党建创新发展、助力党建引领基层治理,是党建工作面临的重要时代课题。苏州银行股份有限公司"苏行e先锋"党建数字化平台实现党建工作流程的优化和自动化,提供便捷的途径让党员随时随地参与党建活动、学习和交流,便于进行科学决策和管理,明确各项工作的标准和流程,使党建学习资料、优秀案例等资源在更大范围内共享,丰富党员的知识储备和经验积累,开创具有时代特色的党建工作新方式、新方法。

【摘要】　苏州银行股份有限公司党委打造"苏行e先锋"党建数字化平台。该平台整合党建资源,实现线上管理与服务。通过数字化手段加强党员教育、组织活动,提升党建工作效率。以数字党建新动能激发员工活力,促进业务创新,赋能高质量发展,为公司发展提供坚强的政治保障和组织支撑。

【关键词】　党建数字化平台；数字党建；高质量发展

扫码看VR

一、案例背景

（一）强化使命任务

为更好地适应新时代党的建设工作新要求，苏州银行股份有限公司（以下简称"苏州银行"）党委走进基层，深入开展调查研究，作为拥有23个基层党委（总支）、106个基层党支部、2 100余名党员的市属国企党组织，由于基层党组织数量多且遍布全省，基层党建和业务两张皮、数据缺失、统计效率不高、党务工作者专业能力不强、决策支持不足、党建工作传导"上热中温下冷"的顽瘴痼疾，始终没有得到有效根治。所以，无论是在当下还是在长远的未来，"数字化"的主旋律已经奏响，拥抱变化、拥抱新技术、拥抱数字时代的机遇和挑战，是苏州银行党委必须走的路。为充分解决基层党建管理存在的不足，让苏州银行党的建设工作迈上一个新的台阶，苏州银行党委以大数据、人工智能为支撑，自主设计开发了"苏行e先锋"党建数字化平台，旨在用数字记录、用数据决策、用数智创新，构筑数字党建新场景，实现对党建工作"可查、可见、可考"，打通总行党委与基层党组织间的"信息壁垒"。

（二）赋能高质量发展

推进国有企业高质量发展，重点是认真贯彻"创新、协调、绿色、开放、共享"的新发展理念，解决好党建工作与业务工作"两张皮"问题，处理好党组织和其他治理主体的关系，形成各司其职、各负其责、协调运转、有效制衡的公司治理机制。这就决定了做好新时代国有企业党务工作的重要性、迫切性，"苏行 e 先锋"党建数字化平台通过充分对接行内人力资源系统、法律合规系统、"小苏 e 学"线上培训系统等，利用大数据资源优势，实现对党组织和党员的精准画像，立体呈现党组织和党员个体的综合表现，更好地对党员实施教育、管理、监督，推进党组织发挥作用组织化、制度化、具体化，通过对传递压力，赋能企业管理，进一步助力国有企业高质量发展。

二、主要做法和工作成效

"苏行 e 先锋"党建数字化平台，不单单是依靠平台进行数据分析，也不仅仅是进行数据挖掘，而是对党建日常工作、业务体系的规范和重新设计。根据不同群体的需求维度出发，通过不同业务角色，纵横贯通、立体互动、汇聚资源。以精细化、深入化和系统化的模式，让基层党建更好融入业务、互融互促，实现赋能管理。

（一）党内信息"云"存档，打造党务工作"数据库"

1. 精心设计

平台开发过程中，苏州银行党委始终坚持把筑牢安全屏障摆在首要位置。通过打造"一平台、双终端、多应用"，将平台化作为数字党建的基本呈现形式，把建立在"地面上"的党组织体系复制到"云上"，在 PC 端和移动端形成"空地一体"的管理模式，链接党组织和党员，打破时空限制。结合运用"四横四纵"体系，用政策制度规范工作标准、用技术支持为组织提供保障、用数据资源支撑业务应用，打造党组织管理、党员管理、发展党员管理、活动管理、学习管理、党费管理、考核管理等七大模块，涵盖日常基层党建工作中所需的所有场景，让"小应用"实现"大功效"，实现对党组织和党员的教育、管理、服务等，使党建工作变得便捷。

2. 精益管理

苏州银行党委始终坚持筑牢基层战斗堡垒，通过设定不同的系统角色对应不同的系统权限，让系统管理员管全行、党委管理员管党委、支部管理员管支部，打造"总行统揽、分行统筹、总分共建"的治理格局。

3. 精准落实

平台的搭建和数据的动态更新，既能从上级的要求出发，又能从基层党组织的日常工作和党员实际所需出发，既能告别党委管理者、支部管理者不了解辖内党员基本情况的问题，又能让基层乐于接受、便于操作，让工作管理到位，让工作成效翻倍。

（二）党建业务"云"协同，打造党务管理"新引擎"

1. 聚焦"素质升级"，为工作蓄能攒劲

一是加强组织管理。通过线上发起"三会一课"、主题党日、组织生活会等活动签到，线上处理请假、审批等流程，动态掌握辖内党员参加组织生活情况。通过"专题学""深入学""融入学"等多种形式，组织党员干部认真学习贯彻习近平总书记重要讲话重要指示批示精神，

2023年度各级基层党组织通过平台发起活动、会议邀约2 644次，线上签到29 262人次，请假674人次。二是做细党员管理。将党员组织关系与员工入离职相关联，依据党员入职、离职、内部调动实况开启党组织关系转接审批程序，2023年度处理1 110条组织关系转接，高效解决入职党员组织关系确认、岗位变动党员组织关系调整、离职党员组织关系空挂等现实问题。细化发展党员五个阶段的工作程序，设定环节准入标准，确保党员发展过程的阶段条件、要求条件达标，实现了发展党员的全流程闭环管理，在发展时间节点触发事前提醒，确保党员发展流程无误。加强对党员的关心关爱，通过党员信息、活动的实时记录，架起党委（党总支）、党支部与基层党员之间的便捷、实时的信息共享桥梁。结合线下谈心谈话，慰问党员等活动，促使教育管理服务更加精准化、差异化、个性化。三是做精日常工作。通过获取HR系统中的员工工资数据，依据党费交纳规定自动生成党员个人党费交纳基数，通过建立"月初提醒、月内交纳、月底汇总、季度梳理"的党费收缴工作机制，确保党费收缴定时、足额、高效，增设数字人民币交纳党费端口，丰富数字人民币使用场景，2023年度通过数字人民币交费渠道收缴党费6 222笔，跟进未交纳党费情况6次。

2. 突出"先进典型"，为工作助力增效

实施"双挂钩"机制，强化正向激励。把党员年度积分情况与评优推先、民主评议党员挂钩，并作为岗位竞聘、职务晋升的重要参考依据，形成鲜明的树立典型导向。通过平台宣传展示10名优秀党员、7名党务工作者、7家先进党组织，5个"优秀书记项目"、10个"十佳行动支部"的先进事迹，形成典型引路、你追我赶、整体创优的生动局面。

3. 紧盯"项目管理"，为工作保驾护航

推广"书记项目""行动支部"两大项目品牌。系统推进总行年度重点工作任务，党建工作与中心工作深度融合，防止党建业务"两张皮"现象，以党建工作成效推进全行一体化经营战略落地见效。全行各级党委书记及基层党支部书记紧扣"高质量发展"中心要求，围绕中心工作的痛点、难点，聚焦服务实体经济、服务乡村振兴、发展民生金融、助力产业创新集群等方面，2023 年度公示 27 个"书记项目"、105 个"行动支部"。通过平台记录项目开展关键节点、跟进项目推进进程，第一时间解决项目推进过程中的堵点、难点，让党建助力业务发展落到实处。

（三）党建数据"云"采集，打造党建信息"监控盘"

一是全方位记录。通过 HR 系统、法律合规系统、小苏 e 学等多个平台的链接，多维度地汇集党员年度工作考核、业务经营合规处罚、业务知识培训积分等信息，对各级党组织和党员个人的年度数据进行横向对比、历史数据进行纵向比较，掌握各级党组织、党员的差异和变化，科学地反映党组织、党员年度综合表现，为定量定性分析提供数据支持和决策依据。

二是全过程跟踪。通过考核管理反映各级党组织党的建设工作成效，实现了总行党委对 23 个基层党委（党组织）、106 个基层党支部跨地域实时指导、督促，做到事前有提醒、事中有督导、事后有考核。通过在考核管理模块建立科学合理的考核评价体系，结合考核清单让各级党组织了解党建工作的薄弱环节与扣分点，了解党组织在全行的排名情

况，形成比学赶超的氛围。

三是全自动生成。"苏行e先锋"平台对接苏州智慧党建平台，通过"一次录入、多数据抓取、自动同步"的模式，实现系统中的活动数据同步更新、信息同步处理，有效减轻人工录入工作量，实现工作效率、工作质量"双提升"。

（四）党建工作"云"量化，打造工作考核"天平秤"

1. 教育引导体验化。

一是建立党的理论学习"加油站"。定期更新习近平总书记最新讲话、最新指示批示精神以及党的创新理论成果、党内法规文献，党员可通过平台自行下载，强化自学。二是建立党务知识微党课"视频库"。根据日常党务工作制作10门基层党务知识微党课并植入平台，为基层党务工作者提供专业知识"补给"。三是建立线上党员教育"新阵地"。平台首页循环播放苏州银行党委党建宣传片《领航》，宣传全行党建工作成效，扩大"苏行先锋"系列品牌效应，凝聚全行党员之力，为高质量发展保驾护航。通过对接"小苏e学"平台，健全完善线上教育课程体系，邀请专家教授在线上开展授课，打破了时间和空间限制，拓宽教育培训的渠道和方式，及时为党员提供百余门政治理论培训、业务知识学习以及主题教育专题课程等，加强全行2 100余名党员、青年员工党性修养，扩大教育培训的覆盖面和影响力，增强了教育培训的互动性和实效性。

2. 管理工作可视化

基于对党组织和党员教育、管理、监督、考核等需求，实现对各级党组织穿透式管理督导，利用可视化驾驶舱，全面监测和动态掌握各级党组织党建工作情况，实现省内党组织和党员"点面结合"的良好局面，为管理者"对症下药"提供有针对性的决策建议，为组织选人用人考核激励提供有力数据支撑，形成齐抓共管、层层负责、逐级落实的党建工作格局，有效解决各地党建工作发展水平不均的情况，推动党建工作实现常规向精准、线下向线上、实地向数字"三个转变"。

3. 阵地呈现场景化

运用场景化理念，改变传统展厅的做法，打造线上党建阵地，通过上传党建、清廉阵地照片及简介，各级党组织间相互借鉴学习，开通线上预约参观功能，让党建阵地功能最大化。

三、经验启示

"苏行e先锋"党建数字化平台着眼于党建数字化转型的核心要义，立足于"党务工作者的智能助手、各级党员干部的'驾驶舱'、党建信息的数据仓库、党组织作用发挥的展示平台"的功能定位，打造出了"集成设计、数字互联'云平台'""智慧为径、规范创新'竞技场'""线上用心、线上用情'服务端'"。

（一）构建"数字党建"格局

整合思想、制度、纪律等内容，提供清晰的工作任务清单，实现各业务管理的互联互通，使各级党组织书记做到心中有"数"。

（二）全面推动扁平管理

通过对基层党组织部门、分支机构等组织结构一一映射，将基层党组织结构与党组织所在区域进行可视化展示，构建横向到边、纵向到底的工作治理体系，有效延伸了基层党组织的触角。

（三）层层压实强化责任

通过考核评价的正向驱动，切实把全面从严治党责任落实到各级党委、各个党支部、每位党员，真正做到一级抓一级，层层抓落实，从工作层面、情感层面实现全面覆盖，让基层党组织的组织功能和政治功能作用发挥更加明显。

（四）管理强化逐级穿透

实行"一竿到底"的穿透管理，通过"明责、履责、考责、问责"闭环管控机制，真正实现"事前、事中、事后"管控，针对存在的问题及时整改，实现持续改进提高。

数字驱动未来，党建引领发展。抓好"数字党建"是苏州银行党委的一道必答题，苏州银行党委将继续深入学习贯彻习近平新时代中国特色社会主义思想，用好"苏行e先锋"党建数字化平台，深化"苏行先锋"党建系列品牌效应，让基层党建工作更加高效、便捷，让"党建引领、数字赋能"的新模式,助力苏州银行高质量发展交出满意答卷。

 案例点评

> 如何让党建数字化更高效、更切合实际？"苏行e先锋"党建数字化平台着眼于党建数字化转型的核心要义,立足于"党务工作者的智能助手、各级党员干部的'驾驶舱'、党建信息的数据仓库、党组织作用发挥的展示平台"的功能定位,从不同群体的需求维度出发,通过不同业务角色的纵横贯通、立体互动、汇聚资源,以精细化、深入化和系统化的模式,让基层党建更好地融入业务、互融互促,打造出了"集成设计、数字互联'云平台'""智慧为径、规范创新'竞技场'""线上用心、线上用情'服务端'"。

深化"行动支部"工作法
推动党建引领高质量发展新实践

东吴证券股份有限公司党委

【引言】 习近平总书记强调,党的建设搞得好不好,事关金融系统的凝聚力和战斗力,决定金融事业成败;要以党的政治建设为统领,全面加强党的各方面建设。金融系统要切实把思想和行动统一到党中央决策部署上来,以高质量党建促进金融高质量发展,把我们的政治优势和制度优势转化为金融治理效能,为坚定不移走中国特色金融发展之路、加快建设金融强国提供坚强保证。

【摘要】 东吴证券股份有限公司党委将加强党的建设作为企业发展的"根"和"魂",充分发挥党的领导和现代公司治理双重优势,树立"坚持根据地、融入长三角、服务中小微"战略导向,持续擦亮"海棠东吴红"党建品牌,逐步形成了与自身企业文化相一致、发展模式相适应、管理机制相协调的党建工作新格局。

【关键词】 国企党建;基层党建;行动支部

扫码看VR

一、案例背景

作为市属金融国企，为推动党建引领高质量发展新实践，更好地提升综合实力，勇担历史使命，东吴证券股份有限公司（以下简称"东吴证券"）党委全面深入学习贯彻习近平新时代中国特色社会主义思想和党的二十大精神，牢记"国之大者"，将加强党的建设作为企业发展的"根"和"魂"，充分发挥党的领导和现代公司治理双重优势，树立"坚持根据地、融入长三角、服务中小微"战略导向，根据证券行业党建特点和规律，不断探索证券公司党建工作新方法、新路径、新模式。持续擦亮"海棠东吴红"党建品牌，以"行动支部"建设为重要抓手，推进党建工作与公司治理、经营发展和企业文化深度融合，积极服务国家重大战略，助力实体经济发展，积极履行社会责任，推进乡村振兴，逐步形成了与自身企业文化相一致、发展模式相适应、管理机制相协调的党建工作新格局，进一步发挥好基层党组织的战斗堡垒作用和党员先锋模范作用。

二、主要做法

近年来，东吴证券党委坚持以习近平新时代中国特色社会主义思想为指导，深入贯彻新时代党的建设总要求和新时代党的组织路线，充分发挥党的领导和现代公司治理双重优势，制定《关于推进新时代党的建设高质量发展三年规划（2020—2023年）》，持续擦亮"海棠东吴红"党建品牌，围绕"三个融合、六项引领"在公司党建6个方面提出17

条具体措施，将党建优势切实转化为发展优势、竞争优势、创新优势，为实现规范化、市场化、科技化、国际化的现代证券控股集团提供坚强政治和组织保证。

目前，东吴证券党委下设 5 个党总支，43 个党支部，党员 1 020 人。为使党组织设置在业务一线、行动在经营一线、争先在项目一线，以"行动支部"建设为重要抓手，党委制定了《东吴证券推广"行动支部"工作法实施方案》，围绕公司发展战略、重大项目、技术难关等经营重点难点问题，推广"行动支部"工作法。按照"一行动一清单"要求，明确"行动支部"建设的具体路径，推动工作任务项目化、组织生活规范化、服务机制统筹化，从而探索党建引领高质量发展新实践。

（一）基础奠定阶段

2018 年 4 月，苏州市委组织部印发《关于创新基层组织设置和活动方式推广"行动支部"工作法的实施办法》，对国有企业提出了"把支部建在车间、班组、技术中心、研发机构、重大项目和急难险重任务上，以支部行动带头攻坚克难、引领创新创效、促进转型升级"等要求。同年 6 月，东吴证券党委结合公司第一次党代会的成功召开，选举产生了新一届党委班子，并结合相关业务条线调整，对公司党组织架构作出调整，促进党建工作与业务发展相适应，在服务国家战略和支持地方经济发展方面加大党建引领力度。2019 年，为进一步强化党建与经营同频共振，坚持把党的路线方针政策和决策部署转化到发展战略和中心工作上，公司党委制定《东吴证券党支部工作考核办法（试行）》和《东吴证券党员积分管理办法（试行）》等制度文件，从而规范基层党组织设置、激发党员争先创优活力，营造良好党建文化和企业文化氛围，为行动支部实体化推进奠定坚实的制度基础和组织基础。

（二）稳步推进阶段

为贯彻落实《中国共产党支部工作条例（试行）》和《中国共产党国有企业基层组织工作条例（试行）》等文件精神，东吴证券党委在深入调查、结合实际的基础上，研究制定了《关于推进新时代党的建设高质量发展三年规划（2020—2023年）》。将"坚持党建工作与经营管理和业务发展深度融合"作为"三个融合"的重要组成部分，始终围绕服务公司中心工作抓落实，以改革发展成果检验党建工作成效。因此，为使党组织设置在业务一线、行动在经营一线、争先在项目一线，以党的组织优势，为公司业务转型和公司重大项目落实做好服务保障工作，公司党委以优化党组织架构为契机，把建强基层党组织和服务中心工作结合起来，在公司业务经营条线及时发现和培育一批行动支部，在聚焦中心、服务大局中发挥行动支部战斗力。

（三）深化拓展阶段

2020年4月，东吴证券党委制定《2020年度基层党建"书记项目"实施方案》，将"行动支部"建设作为基层党建"书记项目"进行推进，形成了党委书记亲自抓，分管领导直接抓，各支部协同抓的良好格局。在深入摸排下，公司党委挑选出一批党员基础好、党组织战斗力强的党支部先试先行，多次召开"行动支部"建设专题座谈会，并邀请苏州市委组织部领导进行工作指导。同年10月，制定了关于《东吴证券推广"行动支部"工作法实施方案》，从"工作任务项目化，确保行动有抓手""组织生活规范化，确保行动有实效""服务机制统筹化，确保行动有保障"等三个方面明确"行动支部"建设的具体路径，以经纪、投行等业务转型和公司重大项目为抓手，将信息技术总部党支部、固定收益总部党支部、投资银行党支部、中小企业融资党支部、东吴期货公司党支部等5个党支部作为"行动支部"试点单位，明确行动主题和目标任务，制定详细行动清单，明确时间节点，分解任务到人，确保取得成效。同年底，通过总结、宣传和推广好"行动支部"试点工作经验，结合发布《东吴故事》宣传报道，坚持以点带面，不断提升"行动支部"建设的影响力，努力打造一批"建有规范、行有方向、动有能力、做有实效"的党支部。

（四）引领示范阶段

东吴证券党委持续深化"行动支部"建设成果，带动公司工会、共青团等群团组织发挥合力，为公司改革转型和高质量发展奠定支部精细化托底、区域系统化共享、整体协同化解难的党建引领新机制。2021年，公司党委以庆祝建党100周年为契机，重点宣传表彰了一批"行动支部"，发布了"东吴故事"宣传册，进一步增强标杆引领的持久效应。2022年公司实现了总部和分支机构"海棠花红"先锋阵地在全国建设全覆盖，通过在公司总部党群服务中心和各分支机构党群服务站、服务点增设"光荣榜"对"行动支部"进行专题宣传，使其在与企业文化的融合中将党建工作转化为看得见、摸得着、能感知的实体化成果。2023年，公司党委进一步扩大了行动支部覆盖面，结合公司成立三十周年，大力评选表彰了一批具有实践意义的优秀"行动支部"。

三、成效与启示

(一) 开展"行动支部"建设的成效

东吴证券党委持续打造"海棠东吴红"党建品牌，连续多年推进实施"行动支部"工作法，推动党建工作与业务工作、社会责任深度融合、相互促进。"行动支部"围绕公司发展战略、重大项目、技术难关等经营重点难点问题，制定切实可行的行动方案，积极落实行之有效的行动举措，在所在党支部的积极推动下，充分发挥党员的先锋模范作用，"行动支部"建设取得了显著成效。公司及公司内多个团队获评"全国巾帼文明岗""金融科技发展奖""江苏省文明单位""江苏慈善奖""江苏省工人先锋号"等多项省部级以上荣誉。

一是"行动支部"与业务深度融合，服务实体经济。"公募基金创新REITs（不动产投资信托基金）行动支部"服务苏州工业园区成功发行全国首批、全省首单公募REITs项目，2023年REITs项目岗获评"全国巾帼文明岗"荣誉。"企业金管家行动支部"服务两家企业在北交所首批上市，包揽前两单过会项目，助力企业打开资本市场新赛道。2023年，完成北交所上市项目5单，行业排名第3位；新三板业务年内推荐挂牌14家，行业排名第4位；完成挂牌企业定增融资23次，行业排名第4位；行动支部所属的中小企业融资总部获评"江苏省工人先锋号"、2022年度全市"推动数字经济时代产业创新集群发展工作先进集体"。"债券融资行动支部"围绕降低中小企业融资成本创新金融工具，推动绿色债发行，数量居行业第二，双创债发行数量保持行业领先，公司债和企业债承销规模和只数稳居行业前十，市占率连续6年全省第一。

二是"行动支部"服务国家发展战略，推进自主可控安全高效的金融基础设施体系建设。 "新一代交易系统A5行动支部"通过全力攻坚，打造了行业首个全内存、全业务集中交易系统A5，摆脱了券商交易系统一直以来对国外IT企业的依赖，标志着中国券商IT核心技术迈入全面自主可控新阶段，有效保障金融安全。该"行动支部"上线的证券新一代交易系统A5和RAMS信息系统支撑平台分别荣获由中国人民银行授予的2020年度金融科技发展奖二、三等奖。"行动支部"所属的信息技术总部2022年获评首届"苏州青年五四奖章集体"。

三是"行动支部"与履行社会责任深度融合，助力乡村振兴。 "投行委行动支部"紧紧围绕乡村振兴国家战略，发挥专业优势，创新乡村投融资机制，通过市场化方式设立苏州市东吴乡村发展产业引导基金，先后设立"苏州漫山东吴乡村生态股权投资基金""苏州东吴周庄乡村发展股权投资基金""常熟东吴恒智产业投资基金"和"苏州东吴田园长漾里股权投资基金"等四个子基金，重点布局苏州乡村文旅、乡镇工业、乡村产业等领域，通过市场化的投资提升乡镇产业内生动力，实现基金带动产业、产业促进乡村振兴的投资格局，全力解决乡镇融资难、融资贵的问题。在党支部的推动下，公司2023年荣获中国上市公司协会评选颁发的上市公司乡村振兴最佳实践创建活动"优秀实践案例"称号。

（二）开展"行动支部"建设的思考

1. 明确目标，让行动支部有方向

"行动支部"建设要提高政治站位，突出政治意识大局意识，牢记"国之大者"，以服务国家发展战略、提升服务实体经济能力、积极履行社会责任、促进乡村振兴为努力方向，紧贴中心工作和群众需要。党建引领的目标设置应切实可行，路径方法力求务实具体接地气。

2. 完善机制，让支部行动有依据

要进一步完善公司基本制度，不断优化"三重一大"决策机制，充分体现公司党委在经营管理活动方面的核心领导作用。开展"行动支部"活动要严格落实"三会一课"、组织生活会等各项基本组织生活制度，方式上结合具体行动或单独开展，增强组织生活的实效性。做好党对群团组织的直接领导，充分发挥群团组织的桥梁纽带作用，推动党支部组织生活与中心工作同步开展、同步落实。

3. 强化协调，让支部行动有资源

要发挥党建引领作用，弘扬"支部建在连上"的光荣传统，完善治理机制，强化组织协调。通过在行动一线建支部、让支部到一线行动，推动各支部围绕公司重大决策部署或业务经营需求开展工作，按照既能符合实际、又能满足党员群众共同意愿的方式灵活设置组织。

4. 重视评估，让支部行动有干劲

用中心任务落实情况和党员群众认可度来评估"三个融合"实施成效，支部建设与公司中心工作紧密结合。将党支部所在部门担负的重点任务科学分解对接到支部层级，推动各项重点工作以支部为主体抓好落实，从而让每个支部围绕公司经营目标和重大项目行动起来。

5. 引领示范，让支部行动有榜样

党建引领要有示范作用。在推进"行动支部"过程中，通过在政治上引领、服务上牵头、资源上统筹等方式带动群团以及经营管理部门整体发力，推动基层党组织成为群众的"主心骨"和"领路人"。同时，把"行动支部"建设作为服务品牌打造突破口，树立一批组织设置合理、行动目标明确、组织生活规范、服务中心有力、先锋作用突出的先进党支部。

完成新时代新征程党的使命任务，必须旗帜鲜明坚持和加强党的全面领导，建设"行动支部"是党建与业务双推进共促进的有效结合。面对时代和行业新的机遇与挑战，东吴证券党委将继续秉持"金融报国"和"金融为民"初心，切实把思想和行动统一到习近平总书记在中央金融工作会议上的重要讲话精神以及党中央的决策部署上来，主动响应、积极承担新发展阶段使命担当，聚力服务实体经济和地方经济社会发展，持续擦亮"海棠东吴红"党建品牌，不断深化完善党建引领"三个融合"，以"行动支部"工作法推动党建引领高质量发展新实践，确保习近平新时代中国特色社会主义思想和党的二十大精神在东吴证券落地生根、开花结果，紧跟习近平总书记走好新的赶考之路、开创更加美好的未来。

 **案例点评**

> 东吴证券股份有限公司作为苏州市属国企，持续擦亮"海棠东吴红"党建品牌，深化"行动支部"工作法推动党建引领高质量发展新实践。公司将"行动支部"与证券业务相融合，服务本地经济发展，同时推进安全高效的金融基础设施体系建设，为国家金融安全贡献力量。在经济责任和安全责任之外，公司还切实履行社会责任，以乡村产业引导基金助力苏州乡村振兴事业。这些企业责任的延伸离不开党建品牌的成长与发力。

"322"机制推进"党建+"工程在基层落地的探索实践

国网苏州供电公司党委

【引言】 习近平总书记在全国国有企业党的建设工作会议上强调,"坚持服务生产经营不偏离,把提高企业效益、增强企业竞争实力、实现国有资产保值增值作为国有企业党组织工作的出发点和落脚点,以企业改革发展成果检验党组织的工作和战斗力"。《中国共产党章程》明确,国有企业基层党组织要围绕企业生产经营开展工作。《中国共产党国有企业基层党组织工作条例(试行)》明确,紧密结合企业生产经营开展党组织活动。习近平总书记的重要论述以及党内有关规定,明确了国有企业党建工作的目标定位、检验标准,给出了抓好党建工作与生产经营融入融合的方法论。

【摘要】 国网苏州供电公司党委坚决贯彻落实全国国有企业党的建设工作会议精神,紧密围绕生产经营各项工作实施"党建+"工程,开展"322"机制推进"党建+"工程在基层落地的探索实践,以"3化"(即工具化、场景化、项目化)为核心,建优"2个团队"(即专业管理团队、基层实践团队),强化组织保障,用好"2个平台"(即交流借鉴平台、信息化应用平台)强化价值输出,切实把党建优势转化为创新优势、竞争优势、发展优势,公司"党建+"工程实施质效显著提升,有力推动公司高质量发展。

【关键词】 国企党建;融合党建;党建+

扫码看VR

一、案例背景

国网苏州供电公司党委在国网公司党组、国网江苏电力党委和苏州市委的正确领导下,全面贯彻落实国企党建工作会议精神,紧扣国网公司党组"旗帜领航"党建工程部署要求,国网江苏电力党委遵循"党建＋"工程项目化管理要求,将"党建＋"工程作为党建与生产经营工作全域融合管理的核心载体,初步形成"公司党委抓全局—专业部门促融合—基层党支部重实践"的三级阶梯式"党建＋"工程管理格局。但在基层实践中,部分基层党组织存在"党建＋"想不起来加、"党建＋"想加不会加和成效输出不明显等问题。为此,公司党委以进一步增强基层党组织"党建＋"意识、"党建＋"实操能力、"党建＋"专业管理、"党建＋"成果输出为方向,探索开展"322"机制,即以"3化"为核心,建优"2个团队"强化组织保障,用好"2个平台"强化价值输出等系统化机制建设,持续推动党建与业务深度融合,切实发挥好党建在高质量发展中的引领保障作用。

二、主要做法

国网苏州供电公司党委积极探索"党建＋"工程在基层落地的实践路径,针对性研发工具化指南,编制场景化应用手册,加强项目化管理,组建两个专业团队,并搭建宣传推广平台抓好价值输出,确保"党建＋"工程见实见效。

（一）研发工具化指南，助力基层党支部想得到

研发"党建＋"工具包，提供有效指导。整合梳理党建历史素材、专业文件36份，形成包含"政治思想引领""组织作用强化""党员示范提升""人心凝聚激励"4类42项的"党建＋"工具包，为基层实践提供字典式工具库。**深化工具包解析，助力理解掌握。**从"历史脉络、适用范围、应用说明、目标作用"四个维度开展"党建＋"工具包解析，让使用者进一步感受各项"党建＋"工具的历史特质和精髓要义，增强深层认知，帮助基层党组织理解好、掌握好"党建＋"工具包。

（二）编制场景化应用，启发基层党支部用得好

开展场景化应用识别。为帮助基层单位会用工具、用好工具，系统梳理生产经营工作中的典型场景、关键节点，通过案例式、场景化阐述"党建＋"工具应用方法，梳理形成涵盖7大类25个"党建＋"工具场景化应用指导手册，以场景案例启发基层党支部思考联想能力，找准"党建＋"工程结合点。**拓宽场景化传播模式。**依托"党建＋"工程基层实践优秀经验，制作一系列"党建＋"场景化应用动漫，增强工具应用的生动性和趣味性，依托公司宣传媒体矩阵宣传推广，激发基层党组织开展"党建＋"工程执行力、创造力，激发工具使用内生动力。

（三）加强项目化管理，推动基层党支部抓得牢

深化运用项目化管理模式。围绕"党建＋"工程部署，立足专业工作中的突出问题和薄弱环节，压实党支部书记抓党建"第一责任"，由基层党组织书记牵头实施"党建＋"工程并命名为书记项目，固化"针

对性选题、专业化落地、立体式评价"的书记项目推进模式，以项目化形式推进党建与业务在末端单元、典型工作中融合共进。**强化基层书记项目全周期管理**。项目前期，聚焦中央重大决策、国网重要部署、公司重点工作和改革发展中的重点难点问题等，激发业务部门的专业优势和抓融合的积极性，引导各基层党组织结合部门工作实际，聚焦中心业务关键性、阶段性、环节性的问题，确立项目方向，策划"党建＋"工程专项行动。项目中期，持续发挥业务管理部门专业化优势，深入分析项目推进中的关键环节，提前构建项目使用场景清单，强化"工具包"使用指导，确保"党建＋"加在点上、加出实效。项目后期，开展书记项目集中发布、展示和评价活动，进一步推动基层党支部互学互鉴、比学赶超。

（四）组建两个专业团队，强化管理与实践指导

组建专业管理团队，推动管理责任有力落实。构建以"管理部门党组织书记、党建专职、党建联络员"为主要配置的党建专业管理团队，结合各专业年度工作任务，详细策划审核各专业部门"党建＋"工程年度实施方案，定期跟踪实施情况，确保"党建＋"工程高质量推进。同时，开展"党建＋"工程专项研究，针对"党建＋"工程实施过程、效果等进行总结提炼，形成"党建＋"工程规律性成果。**组建基层实践团队，支撑开展专项攻坚**。构建"党员骨干示范引领、基层业务骨干提供支撑"的基层实践团队，党员骨干发挥政治思想引领作用，团结带动基层业务骨干发挥专业优势，在细分业务中共同攻坚克难，推进"党建＋"工程高质量落地。

（五）用好两个平台，确保党建价值高效输出

搭建交流借鉴平台。依托每季度基层党组织书记会议，开设"党建＋"工程实施案例交流栏目；依托"苏供先锋"微信公众号，开设"党建＋"工程工具典型运用案例专栏。适时开展公司"党建＋"工程成果发布活动，总结提炼基层特色做法，汇编典型案例，在公司层面探索形成可复制、好推广的管理模式和工作机制，培育特色"党建＋"工程品牌。**深化信息化应用平台**。将"党建＋"工具包融入公司"一点通"数字化党建平台，通过菜单式服务和信息化管理，提高工具查找使用的便捷程度，让"党建＋"工具包成为可以随身携带、随时使用的灵活工具袋。

三、工作成效

"322"机制推进"党建＋"工程在基层落地的探索实践，从管理机制、实践载体、组织架构等方面构建出"党建＋"工程基层实践路径，有效提升了各级党组织开展"党建＋"工程的思想自觉、行动自觉，有效激发了党组织战斗堡垒和党员先锋模范作用，为公司高质量发展注入了强大的红色动能。

（一）切实增强了各级党组织"围绕中心抓党建、抓好党建促发展"的融合理念

各级党组织普遍把围绕企业生产经营工作开展"党建＋"工程作为一种思想自觉、行动自觉，在开展中心工作时注重与"党建＋"工程的

同谋划、同部署，特别是在急难险重任务中开展"党建＋"工程，把对党的理想信念的引领发挥到极致，把党员的先锋模范作用和支部的战斗堡垒作用发挥到极致，从而充分发挥"党建工作聚人心"的政治功能，充分发挥党组织"集中力量办难事"的组织功能。通过使命共担、事业同干、困难齐办，融合推进党建与业务条口同频共振，协力攻坚克难，真正实现各级党组织围绕中心抓党建，抓好党建促发展，发展好了党建优，持续推进党建与业务融合成效螺旋式上升。自建立"322"机制以来，公司236个基层党组织，累计推进300余项"党建＋"工程，形成了党建与业务拧成一股绳的生动实践。

（二）有效形成了一套满足基层党组织需求的"党建＋"工程实践机制

"党建＋"工具包以清单的形式罗列出党建工具载体、措施、方法，加深了基层党组织对于党建工具载体的认识，为基层党组织开展"党建＋"工程提供一套菜单式的工具库，便于基层党组织尽快找到钥匙，精准解决问题。同时，工具包及场景化应用指南，构建出一套"从工具包中找载体、从场景化中受启发"的科学实践机制，帮助基层党组织将"党建＋"意识深植于日常思考和工作安排中。基层党组织在实践中总结经验、创新探索，不断丰富工具包与场景化应用，持续推进"党建＋"工程实践机制的优化升级，形成了实践与机制之间互促共进的螺旋上升机制。相关管理成果获省管理创新成果二等奖。

（三）全面推动了中心工作高质量完成

"322"机制使"党建＋"工程在基层一线"有目标、有抓手、有路径"。公司各级党组织紧密围绕电力保供、能源转型、优质服务、民生工程等习近平总书记念兹在兹的"国之大者",把发挥党组织战斗堡垒作用和党员先锋模范作用的要求,有效转化为具体的目标、任务、措施、行动,把大战大考作为试金石、磨刀石。面对政治保电、抢险救灾等重大挑战,激励引导广大党员在各条战线冲锋在前、奋勇当先,在关键时刻彰显"顶梁柱、顶得住"的责任担当。例如,在白鹤滩—苏州特高压工程建设中,公司党委深入实施"党建＋"工程,凝练出"没有攻坚不了的工程、没有协调不了的现场、没有团结不了的力量"为内核的"苏白精神",助力国网公司服务"双碳"目标的重大绿色工程提前竣工投产,每年可输送300多亿千瓦时清洁电能,进一步优化能源结构,提高能源消费清洁化水平,相关成果获评2022年度电力行业党建创新优秀案例;在古城电力设施美化改造工程中,公司党委会同姑苏区制定《古城区架空线整治三年行动计划(2024—2026)》,政企协同推进老旧小区"上改下"等改造项目实施。在改造过程中,运用党组织结对创先工具,与社区街道、政府住建部门建立三方联席工作机制,推出"菜单式"老旧小区供配电设施标准化改造方案,实现一次改造满足多方需求,截至目前已实施26个老旧小区改造,惠及1.1万户居民;在为社区居民解决实际困难中,公司党委深入实施"党建＋优质服务"工程,运用典型引领和共产党员服务队工具,组织党员与全国劳动模范韩克勤、全国公安二级英模彭美琳进行师徒结对,成立"电水气讯警'琳'距离"联合党员服务队,共同开展针对孤寡老人、困难群众的电水气讯志愿服务、校园安全教育、社区走访等活动,为社区特殊家庭"一站式"解决实际困难,被央视等主流媒体报道9次。

四、经验启示

"322"机制推进"党建+"工程在基层落地的探索实践,是公司贯彻落实国有企业党的建设工作会议精神的必然要求,是对国网公司"旗帜领航"党建工程和省公司"三全三有六示范"党建工作格局要求的落实之举,是以党建引领推动公司高质量发展的重要内容。"322"机制具有以下几个特点。

(一)具有很强的理论性

"322"机制推动"党建+"工程基层实践,符合加强党的制度建设、实现制度治党理论的总体要求。同时,构建"党建+"工具包场景化应用,将一个复杂的工作流程,分解为若干个关键节点,为关键节点匹配合适的党建工具载体,这一做法蕴含着标准化、结构化、项目化等管理学方法,具有很强的理论价值。

(二)具有很强的实践性

"322"机制推动"党建+"工程基层实践,具有鲜明的实践性,其中的"工具化、场景化、项目化"是针对基层实践中"想不起来加""想加不会加""加不到最优"等问题而制定的,切实解决了基层实践和管理问题。另一方面,它又从基层实践中不断归纳优秀经验,推动自我迭代升级,又以自我升级更好地推动实践,形成了互促共进的正向螺旋升级机制,取得了良好的实践效果。

（三）具有很强的创新性

"322"机制推动"党建＋"工程基层实践，是由公司探索形成并提出的，特别是其中的工具包、场景化应用等内容，由公司梳理党内历史文件，并紧密结合公司实践经验研发形成，具有首创性。"322"机制从思想认识、专业管理和基层实践等维度，促进党建与业务相融并进，具有新意。

（四）具有很强的指导性

"322"机制推动"党建＋"工程基层实践，蕴含了党建思维和管理学方法，已经作为指导性的工作思路和工作要求在公司整个系统内部推开了，为强化"党建＋"工程管理和基层单位创新实践起到了指导作用，有效发挥了正向推动作用，有效激发了党建的活力和动力。

（五）具有很强的可推广性

"322"机制推动"党建＋"工程基层实践，深度梳理党建工具载体，蕴含了在基层单元实现党建与业务融合的一般规律，同时也充分立足电网企业的工作实际，具有电网企业的党建特色，可以在电网企业乃至于广大国资央企中进行推广。

在总结归纳上述特点的同时，我们认为要推动"党建＋"工程成效再上新台阶，推进党建与业务全面深度融合，还要在以下几个方面持续发力、久久为功：

一要持续发挥专业部门党组织优势。推进党建工作与生产经营深度融合，单靠党建专业部门是不够的，更要发挥好各专业管理部门党组织的政治功能和组织功能，充分激发专业部门的专业优势和融合主体作用，推动党建工作业务工作一起抓、一起管，才能最大程度发挥党建引领保障作用。

二要持续发挥基层党组织书记带头作用。抓好基层"党建＋"工程，关键是抓好"一把手"责任。要继续深化实施书记项目，以书记带头凝聚全员合力，持续推动党建与业务在末端单元深度融合。

三要持续丰富"党建＋"机制载体。伴随着新型电力系统建设、数字化转型等新业务的不断涌现，在充分运用好党员服务队、突击队、责任区等党建与业务融合的传统载体之外，更要紧密结合实际，创新"党建＋"机制载体，持续提升"党建＋"工程质量。

 案例点评

> 国企党建怎么做？"党建＋"怎么开展？国网苏州供电公司给出了可借鉴的优质方案。通过运用政治上、思想上、组织上的党建手段，充分发挥"党建工作聚人心"的政治功能，充分发挥党组织"集中力量办难事"的组织功能，与业务条口同频共振，共同攻坚克难，攻克工作中遇到的关键性、阶段性的突出难题。"党建＋"的磅礴力量在这一案例中得到充分体现。

后　记

在苏州市委组织部指导协调和各案例单位的大力支持下，经过编写组成员的共同努力，《水乡红韵党旗扬》终于付梓。全书由"城市社区党建""'三新'党建""农村党建""机关党建""事业单位党建""国有企业党建"六个篇章构成，共收录全市各个板块50个优秀典型案例。全书内容丰富，涵盖了多个领域，能够全面展示苏州基层党建的工作成果和经验；实用性强，通过具体案例分析，阐述了基层党建工作的方法和策略，对其他地区的基层党建工作具有一定的指导和借鉴意义；创新性突出，展示了苏州在基层党建工作中的创新实践，为基层党建工作提供了新的思路和方法；时代性鲜明，反映了新时代基层党建工作的新要求和新任务。

本案例教材由苏州市委组织部和江苏苏州干部学院共同编撰。案例征集过程中，苏州市委组织部通过发文协调、广泛征集并层层审核把关，将苏州基层党建实践的优秀案例转化为干部教育培训典型案例教材，为本书编写提供了丰富的案例库和干部教育视角下的专业指导，江苏苏州干部学院院长张健审阅框架和文稿，副院长金伟栋全程指导。本书编撰过程中，苏州市委组织部组织二处倪夏梅、陈磊等同志提出了很多宝贵的意见和建议。江苏苏州干部学院副院长沈明星、汤艳红、仇光辉等参与本书调研。本书由徐继梅负责具体编撰工作，苏州市委组织部组织二处陈磊、江苏苏州干部学院周云涛参与本书编写和审稿，并得到了南京大学出版社的大力支持。在此一并表示感谢。

本书的编写难免存在疏漏和错误，敬请读者不吝指正。

编　者

2024 年 12 月

图书在版编目(CIP)数据

水乡红韵党旗扬 / 徐继梅,陈磊,周云涛主编.
南京:南京大学出版社,2025.3. —(中国式现代化苏州新实践 / 张健主编). — ISBN 978-7-305-28553-0

Ⅰ. D235.533

中国国家版本馆 CIP 数据核字第 20243NS741 号

出版发行	南京大学出版社
社　　址	南京市汉口路 22 号　　邮编　210093
丛 书 名	中国式现代化苏州新实践
主　　编	张　健
书　　名	水乡红韵党旗扬
	SHUIXIANG HONGYUN DANGQI YANG
本册主编	徐继梅　陈　磊　周云涛
责任编辑	李晨远
照　　排	南京南琳图文制作有限公司
印　　刷	南京新洲印刷有限公司
开　　本	718 mm×1000 mm　1/16　印张 29.5　字数 351 千
版　　次	2025 年 3 月第 1 版　2025 年 3 月第 1 次印刷
ISBN 978-7-305-28553-0
定　　价	80.00 元

网址:http://www.njupco.com
官方微博:http://weibo.com/njupco
官方微信号:njupress
销售咨询热线:(025) 83594756

* 版权所有,侵权必究

* 凡购买南大版图书,如有印装质量问题,请与所购
　图书销售部门联系调换